TRIBULATIONS

DES VOYAGEURS

ET DES EXPÉDITEURS

EN CHEMIN DE FER

PARIS. — DE SOYE ET BOUCHET, IMPRIMEURS, 2, PLACE DU PANTHÉON.

TRIBULATIONS
DES VOYAGEURS

ET DES EXPÉDITEURS

EN CHEMIN DE FER

CONSEILS PRATIQUES

PAR

Eugène DELATTRE

AVOCAT A LA COUR IMPÉRIALE DE PARIS

> Le public appartient-il aux chemins
> de fer, ou les chemins de fer appar-
> tiennent-ils au public? — A chacun
> son droit,

PARIS

A. TARIDE, LIBRAIRE-ÉDITEUR

2, RUE DE MARENGO

(ANCIENNE RUE DU COQ)

1858

A Agénor BARDOUX

Avocat à Clermont-Ferrand

L'auteur grave de l'*Influence des Légistes* ne m'en voudra pas, j'espère, d'avoir placé son nom en tête de ces pages de forme légère. Il eût été imprudent de partir sans étoile. La Fortune ne doit pas sourire à qui n'a pas dédié son premier volume à son meilleur ami.

Paris, 1858.

AVANT-PROPOS

Innombrables sont les voyageurs et les expéditeurs qui ont éprouvé en chemin de fer des contrariétés et des embarras, ou subi des altercations, ou supporté des préjudices. Nous avons pensé qu'il serait utile d'énumérer les droits et devoirs réciproques des compagnies et du public.

Suivre le voyageur au moment où il se rend à une gare, l'accompagner lorsqu'il prend son billet, lorsqu'on enregistre ses bagages ; causer avec lui des mille tracas et incidents auxquels il est exposé, *avant, pendant* et *après* le trajet ; renouveler pareils entretiens avec l'expéditeur ; babiller sur les procès gagnés ou perdus par les compagnies ; chercher à sortir d'une situation fâcheuse, surtout aider à la prévenir : tel est le but de cet essai.

Ce n'est ni un ouvrage de droit, ni une œuvre littéraire, ni un traité d'économie politique, ni même de statistique. Il est très-aisé de dire tout ce que ce livre n'est pas. Vous dire ce qu'il est serait peut-être plus difficile. J'ai cherché d'abord à ce qu'il fût le moins ennuyeux possible, puis à le remplir de conseils pratiques, comme certains manuels, à l'usage du public.

Autrefois, dans une pensée analogue, on construisait des ouvrages dits pompeusement : « *à l'usage du Dauphin,* » lequel Dauphin n'en faisait aucun usage, comme chacun sait.

Puisse le public, pour l'auteur de ces pages, ne pas trop ressembler au Dauphin !

INTRODUCTION

L'industrie accomplit sans relâche une révolution gigantesque, dont nul ne peut prévoir l'issue.

Hier elle n'avait que des ateliers, aujourd'hui elle habite des palais, où presque chaque année elle tient des états généraux qui consacrent ses conquêtes dans toutes les parties de l'univers.

Le signe de sa grandeur est dans la solution d'un problème taxé de rêve, il n'y a pas encore un demi siècle : fondre les intérêts des peuples. Elle y est parvenue en partie. Avec la communauté d'intérêts arrive sourdement la fusion des idées, et les nationalités sont brisées.

Sa plus féconde création s'appelle *chemin de fer*. C'est avec ce levier, d'une puissance inculculable, qu'elle a soulevé et fait écrouler la frontière. Désormais ses machines, à poumons d'airain, traversent les flancs de la haute montagne avec la rapidité de la foudre. Le fleuve, vieille limite des nationalités, elle ne s'en préoccupe que quand il peut servir de correspondance à l'une de ses stations.

Voyez, aujourd'hui, le Rhin, barrière antique, toujours gardée par des armées? La barrière n'est plus, une locomotive l'a culbutée en passant. « Pourquoi m'arrêter? dit le nouveau conquérant. Je ne m'appelle ni France ni Allemagne, mais train de l'Occident à l'Orient, train de Paris à Strasbourg, Stuttgardt, Munich, Vienne, Constantinople... Plus d'obstacles! Plus de bacs! Un large pont, s'il vous plaît, et laissez-moi passer... j'accorderai au vieux Rhin dix minutes d'arrêt! »

La voie de fer n'a rien à redouter pour l'avenir. Aucune puissance ne l'attaquera ; elle n'est sujette d'aucune puissance, ou mieux elle appartient à toutes. Les actionnaires sont de tous les peuples. Tous la défendront.

D'ailleurs, nul ne la craint. Elle porte le travail et la richesse ; à droite et à gauche de son réseau, elle fait circuler la vie active et ardente ; les pays qu'elle parcourt sont réputés privilégiés.

A tous elle rend des services incessants, mais ses efforts les plus énergiques sont pour sa mère l'Industrie. Nuit et jour, elle porte l'alimentation à l'usine, les machines à la révolution de l'agriculture, et tout le matériel propre aux grandes entreprises.

Là où un chemin de fer passera, une industrie intelligente est certaine du succès. Car, non-seulement

le chemin de fer offre de faciles débouchés, mais surtout il sème en passant les deux idées les plus fécondes pour le bien-être des peuples : l'esprit d'association et le crédit.

Aussi, depuis la création des chemins de fer, l'industrie produit avec une activité fiévreuse. Elle compte
ses découvertes par semaines comme autrefois par
siècles.

Tourmentée sans relâche, par je ne sais quel démon
intérieur, elle fait suer chaque jour à son cerveau des
idées nouvelles. Avide, elles les réalise aussitôt, et, en
si grande quantité, que quiconque tenterait de les passer toutes en revue serait saisi de vertige.

Hier, elle a effacé le mot *distance* pour la parole.
La foudre est devenue son courrier. L'électricité, con-
densée, réglée, numérotée administrativement, transmet ses ordres aux deux pôles avec la même régularité
et la même instantanéité que le cœur qui chasse le
sang dans tous les membres.

Chemin de fer! Télégraphe électrique! Fleuve de
fer et de feu qui porte rapide l'humanité inquiète vers
des rives inconnues!

Et maintenant, adieu, les existences sédentaires et
monotones, les repos indéfinis; adieu, les longues haltes
dans la vie... Il faut marcher, il faut courir!

Qui pourrait résister à l'attraction magnétique du
nouveau monstre? De quelle étrange fascination est
douée la locomotive avec sa gueule béante et ses feux
verts, jaunes, rouges! Quand elle s'élance le soir dans
une vallée sombre, comme le serpent elle attire tout

ce qui vit, et du haut des collines descendent en grande hâte les plus indolents. Le sifflet strident sonne le départ. En avant! en avant! Adieu aussi les préjugés et l'ignorance, moisissure de l'esprit produite par l'isolement. Que les vieilles guenilles du passé soient jetées au vent! Il faut tout régénérer pour entrer dans la terre promise.

Nous sommes encore loin du but, et, déjà, le spectacle est grandiose.

Déjà l'industrie menace de rendre la guerre impossible. La vie s'échappe là où elle ne plante plus son drapeau pacifique; le désert se fait au pays qu'elle abandonne.

Sa législation (les lois consulaires) ne formait qu'un petit Code exceptionnel. En quelques années cette juridiction s'est développée outre mesure. On se presse, on encombre le palais du tribunal de Commerce. Avant peu, le Code accessoire sera le Code principal.

Les rédactions diverses des lois commerciales fatiguent le génie moderne. Bientôt il demandera à tous les gouvernements une rédaction unique.

On a calculé que, si ses progrès ne se ralentissent pas, dans vingt ans il lui faudra, seulement pour sa télégraphie électrique, cinq à six cent mille employés, qui devront, pour le moins, savoir toutes les langues du monde. Il est vraisemblable que cette étude leur paraîtra superflue et ennuyeuse. A cette difficulté, j'ai entendu un industriel renommé trouver une solution facile dans une fusion de langues. Comme il ne connaissait pas l'histoire de la tour de Babel, ou dédaignait d'y croire, il parlait avec le même sang-froid et la même conviction du succès que s'il se fût agi d'une fusion de canaux ou de chemins de fer. « Avant un demi-siècle, disait-il, l'industrie des deux mondes créera ou adoptera une langue universelle et, par droit du plus fort, dira aux universités, en leur adressant sa grammaire : « Ma langue d'abord, la vôtre ensuite. »

Faisons des vœux pour qu'elle se contente d'en adopter une.

Tel apparaît l'avenir de l'industrie. Sa devise, qui porte : association, fusion, crédit, est un fait unique dans l'histoire et bien propre à fonder les plus sérieuses espérances. Ajoutons à sa devise : « Justice à qui de droit ; » car nous devons noter ce commencement de justice rendue au talent, quelle que soit sa qualification de maître ou de salarié. Le temps n'est plus où le génie du roturier façonnait l'œuvre que le noble signait. A côté du nom du chef de l'usine apparaît souvent le nom de l'ouvrier inventeur. « Quel est celui qui a fabriqué cette merveilleuse machine ? demandait l'illustre président d'une exposition. — Elle sort de mon usine, répondait l'industriel. — Ce n'est pas ce que je demande, répond l'interlocuteur, quel est l'inventeur véritable ? Ouvrier ou ingénieur, il n'importe, c'est lui qui mérite la récompense. »

L'ouvrier n'a pas laissé tomber ce mot.

Toute brillante qu'elle est, cette perspective de l'industrie n'est pas sans présenter quelques côtés fâcheux. Comme toutes les choses de ce monde, elle porte en elle ses ennemis les plus redoutables. Une ruche d'abeilles a toujours des frelons à combattre. Ceux de l'industrie s'appellent les joueurs. Leurs prétendues spéculations compromettent des entreprises sérieuses.

Ce qui est encore plus fâcheux c'est qu'elles ont imprégné notre époque d'un funeste esprit d'âpreté et d'égoïsme, triste résultat de toutes les luttes trop prolongées. De nobles cœurs cependant résistent à cet entraînement. Les chemins de fer ne sont pas tous restés en arrière. La compagnie du chemin de fer d'Orléans a donné vis-à-vis de ses ouvriers un premier exemple qui promettait de féconds développements. L'organisation de l'usine ne sera parfaite que quand l'ouvrier y trouvera un travail assuré, instruction gratuite et caisse de retraite pour la vieillesse.

La formation des compagnies, c'est-à-dire la création de personnes morales, à côté de ses puissants résultats comporte aussi cet inconvénient d'affaiblir chez les associés (surtout les anonymes) le sentiment réfléchi du droit et de la responsabilité solidaire. Il rendra un grand service à l'humanité, le législateur dont les institutions nouvelles enracineront dans nos mœurs l'admirable sentiment de solidarité morale que présentaient autrefois certaines corporations.

Ces considérations sur l'industrie ne sont pas étrangères à notre sujet. Plus d'une fois, dans le cours de cet ouvrage, nous aurons à y revenir, notamment sur la question de l'égalité des tarifs. Le chemin de fer est à l'industrie ce que l'estomac est aux membres. C'est lui qui est chargé d'alimenter ce corps immense. A tous deux est réservé même destin.

§ 2. Caractère des concessions de chemins de fer.

Les droits des compagnies des chemins de fer français sont fondés sur des concessions faites par la loi. Le caractère de ces concessions doit être nettement spécifié, car il nous aidera à résoudre un grand nombre de difficultés qui n'eussent pas été soulevées sans l'oubli du principe créateur des chemins de fer.

Légalement, le chemin de fer a le monopole des transports sur la voie ferrée.

En fait, le chemin de fer a sur son parcours le monopole de tout transport d'hommes et de marchandises, puisque la concurrence est impossible.

Or, cette puissance exorbitante est-elle accordée aux compagnies dans leur intérêt exclusif? est-elle analogue au privilége accordé par la loi au breveté? Non, assurément. L'Etat fait la concession dans l'intérêt général. Dans ce but, il se soumet à des sacrifices énormes d'argent, de prêt, de garantie d'intérêts, etc.

En un mot, on peut définir les concessions de chemins de fer : *l'expropriation d'une liberté commerciale pour cause d'utilité publique.*

Cette définition renferme l'étendue des devoirs des compagnies et signale la multiplicité des efforts que le public est en droit d'attendre de leur part. Leur prospérité est attachée à l'importance et à la généralité de leurs services. Est toujours fort, celui qui travaille dans l'intérêt de tous.

LIVRE Ier

DES GARES.

CHAPITRE Ier

Des gares. — Toutes les voitures de transport des voyageurs ont un
droit égal à l'entrée des gares.

Les gares ne se trouvent presque jamais au centre
des villes. De là, la nécessité d'omnibus nombreux et
de voitures de toutes sortes. Les voitures, à quelque
entreprise ou à quelque particulier qu'elles appartiennent, ont droit de pénétrer dans les cours intérieures.
Cette proposition paraît naïve, tant il semble rationnel
que les compagnies, dans leur intérêt comme dans
celui des voyageurs, permettent avec empressement la
circulation des voitures dans les cours et le plus près
possible du lieu où le voyageur doit prendre son billet.

Pourtant, cette question a soulevé des difficultés.

Une compagnie avait fait des traités avec des entrepreneurs de transports. Parmi les avantages qu'elle leur avait concédés, se trouvait celui de stationner exclusivement dans les cours intérieures, tout près des bureaux des billets et des bagages. En un mot, elle avait créé parmi les omnibus et les fiacres une sorte d'aristocratie.

Les tribunaux ont fait bonne justice de cette préten-tion. Comme tout privilége, celui des chemins de fer devait être restreint dans les termes de la loi de con-cession, c'est-à-dire dans les limites de la voie ferrée. En supposant que la compagnie ait fait des traités avec une entreprise de transports, dans son intérêt comme dans celui des voyageurs, cet intérêt ne lui donnerait pas le droit de fermer ses portes aux autres voitures ou de leur imposer les traités faits par elle avec les entreprises favorisées.

Ainsi, pour toute voiture de transport, l'entrée des gares est libre. La Compagnie a un droit exclusif sur la voie ferrée; mais, dès qu'on l'a franchie, la liberté des entreprises de voitures, comme toute liberté com-merciale, reprend ses droits. Il est de principe fonda-mental qu'un chemin de fer ne peut, en dehors de sa concession, créer un monopole quelconque, soit dans son intérêt, soit dans celui des tiers qu'il voudrait favoriser.

L'affluence des voitures occasionne souvent des en-combrements qui provoquent, de la part de l'autorité, des mesures de police. Il les faut respecter. Il est vrai-semblable que ces mesures sont toujours fort sages et n'accordent aucune faveur spéciale.

Au livre VI, *De l'arrivée*, la question des voitures nécessitera quelques détails.

En somme, pour le départ du convoi, tout arrivant est le bienvenu. Nous verrons s'il en est de même au terme du voyage, et s'il est toujours aussi facile de sortir des gares que d'y entrer.

CHAPITRE II

Difficultés de communication entre les cours d'arrivée et les cours de départ. — Graves inconvénients dans les gares qui se trouvent sur le parcours de la ligne.

Arriver haletant, à la dernière heure, au moment où se ferme le guichet... c'est là un défaut bien général. Et encore, ai-je tort d'appeler un défaut les retards journaliers. Que de circonstances indépendantes de la volonté dérobent le temps et entravent la marche !

Aussi est-ce un devoir pour un chemin de fer d'être organisé de façon à répondre, en peu d'instants, à une multitude de demandes de billets et d'enregistrement de bagages. Nous parlerons ailleurs de l'incroyable célérité de beaucoup d'employés.

Mais il est des constructions de gare si fâcheuses que chaque jour elles font le désespoir de ceux qui arrivent à la dernière heure et qui ignorent les dédales de chacun de ces labyrinthes.

Le convoi part à deux heures ; vous arrivez parfaitement rassuré à deux heures moins dix.

« Où prend-on les billets, s'il vous plaît ?

— De l'autre côté de la voie, monsieur.

— Mais, alors, ouvrez la barrière et laissez-moi passer.

— Non, monsieur, la voie est interdite en ce moment ; descendez là-bas, passez sous la voûte ou grimpez sur le pont, puis tournez de l'autre côté et remontez au bureau.

— Comment, malheureux ! quand d'un bond je puis franchir la voie, me faire faire ce trajet difficile !... Mais...

— Monsieur, telle est ma consigne. »

Et le voyageur s'irrite, mais sans émouvoir le garde-barrière, qui ne se rend jamais. Enfin, il reprend son paquet, plus lourd au dernier moment, redescend en courant, remonte tout essoufflé.

Six minutes sont écoulées, le guichet est fermé ; colloque violent ; le train arrive, et le voyageur reste là.

Si on consultait les chefs de gares ainsi construites (et elles forment la majorité), tous répondraient que ces sortes d'accidents ne sont pas rares.

Autre péril dans lequel tombent parfois les gens distraits ou les étrangers : ils se trouvent à une station au moment d'un croisement de trains ; les voyageurs pour le Nord doivent monter sur la rive gauche, les voyageurs pour le Sud gardent la droite : la salle d'attente s'ouvre, on invite les voyageurs qui se dirigent vers le nord à franchir la voie et à gagner l'autre côté.

Il suffit d'une distraction ou d'un malentendu pour se tromper de train. Souvent la vigilance des employés découvre l'erreur, mais parfois trop tardivement.

Les trains sont arrivés. Que faire ?

Il est impossible de franchir la voie ; il faudrait tourner à l'extrémité des convois , mais il y a danger. Le départ est manqué.

Nous ne demandons pas qu'on laisse le passage de la voie libre, les dangers seraient imminents ; mais depuis longtemps ce vœu général a été exprimé : qu'entre les deux gares d'arrivée et de départ, il y ait une communication toujours libre, soit par un pont, soit par une voûte basse, si l'on veut, mais qui laissât passage aux piétons.

Il existe encore d'autres inconvénients qui réclament cette amélioration. « Figurez-vous, nous écrivait un voyageur, que pour changer de train dans la gare d'Orléans, au lieu de traverser la voie et de se rendre sur l'autre quai, il faut descendre jusqu'à l'extrémité de la gare, tourner et remonter de l'autre côté, c'est-à-dire, en moyenne, faire 230 pas en partant du milieu de la gare. Supposons 4,000 voyageurs par jour, cela fait 920,000 pas inutiles. Les malheureux des troisièmes qui conservent près d'eux de lourds paquets, les infirmes, les vieillards mettent six à huit minutes pour exécuter ce trajet. Ce temps est pris impitoyablement sur la durée du temps d'arrêt. Tant pis pour ceux qui se proposaient de déjeuner à loisir, etc. »

Si tous les voyageurs réclamaient vivement, il est

probable qu'on se hâterait d'établir, entre les deux côtés des gares, une communication libre au moyen d'une voûte basse.

Plus de nécessité alors de rester stationnaire pendant plusieurs minutes par suite d'un croisement de trains.

Dans les convois de banlieue, les retardataires munis de leurs billets-*retour* pourraient monter jusqu'à la dernière minute.

Dans les gares où les trottoirs sont élevés, plus de nécessité de faire un assez long circuit pour gagner l'extrémité du trottoir, course fort peu attrayante en temps de pluie.

Et surtout plus de crainte pour le voyageur étranger de faire fausse route, de se détourner au loin, de gravir un pont élevé avant de prendre son billet.

En attendant que ces heureuses réformes s'accomplissent, nul ne doit oublier cette maxime : Quiconque se rend à une gare qu'il ne connaît pas doit arriver au moins un quart d'heure à l'avance, s'il tient à ne pas manquer le convoi, ou s'il redoute une course effrénée.

CHAPITRE III

La circulation dans les gares est rigoureusement interdite. — Ni le directeur, ni le commissaire de police, ni qui que ce soit ne peut accorder l'autorisation de circuler à une personne étrangère au service.

La curiosité et l'ignorance des lois spéciales exposent souvent de fort honnêtes gens à se trouver frappés à l'improviste de procès correctionnels. J'ai connu des personnes estimables qui, arrivées longtemps avant l'heure du départ, vont, viennent, furètent à droite, à gauche, partout où elles ne rencontrent aucun obstacle. J'en sais même qui, grâce à l'absence ou à l'inattention du garde-barrière, pénètrent tranquillement sur la voie. Or, tous ces faits constituent une assez grave contravention, comme le prouve le fait suivant :

M. S*** se promenait un jour sans méfiance dans l'enceinte du chemin de fer de Montpellier à Cette. Il avait double raison pour ne rien redouter : son honorabilité et l'autorisation expresse du chef de gare. Néanmoins, on dressa contre lui procès-verbal; il fut poursuivi et condamné à l'amende, malgré l'autorisation du chef de gare.

Un point curieux dans ce procès : c'est que le chef de gare, qui prétendait être maître chez lui et avoir droit d'autoriser la circulation, avait pour adversaire le commissaire spécial de police qui revendiquait pour lui seul le privilége d'accorder ces permissions. La Cour de

Montpellier a justement déclaré qu'il n'y avait ni droit ni privilége pour personne.

En effet, l'article 61 de l'ordonnance du 15 novembre 1846 défend à toute personne étrangère au service du chemin de fer de s'introduire dans son enceinte, d'y stationner. Cette disposition est générale, absolue, et n'admet que quelques rares exceptions mentionnées dans l'article 62. Encore ces exceptions ne sont-elles accordées que pour le plus grand intérêt de la police.

Si ces articles n'entraînaient pas la prohibition de toute permission, la police et la sûreté des chemins seraient à chaque instant compromises. Il suffirait d'une permission légèrement accordée pour que des personnes mal intentionnées puissent être introduites dans l'enceinte de ces chemins et s'y rendre coupables des actes les plus graves de nature à amener des catastrophes. Le danger serait toujours flagrant pour les voyageurs. (Cour de Montpellier, 24 juin 1850.)

Nous avons rapporté le procès de M. S*** pour faire comprendre à nos lecteurs qu'une réserve d'autant plus grande est nécessaire que, dans ces sortes de faits, la bonne foi n'est pas une excuse. Il est malheureusement de principe constant, en droit criminel, qu'en matière de contraventions, les intentions les plus honnêtes, la bonne foi la plus naïve, ne sont jamais admises. Le fait matériel seul suffit pour provoquer la poursuite et la condamnation.

LIVRE II

DES BILLETS ET DES BULLETINS DE BAGAGES.

CHAPITRE Ier

De la distribution des billets. — Change.

Le bureau des billets est ouvert en général une demi-heure avant le départ. Nous allons y conduire le voyageur et le guider dans tous les embarras qui peuvent se rencontrer. Qu'il nous soit permis, en passant, de rappeler aux centaines de personnes qui se heurtent et se précipitent comme dans une déroute, que la précipitation est le plus sûr moyen de faire des méprises et d'arriver moins vite.

Des barrières sont établies autour des guichets en forme de circonvolutions. Il faut les franchir une à une avant d'arriver au distributeur. Cet être m'a toujours paru un phénomène. Le lecteur comprendra la justesse de cette épithète en songeant que le distributeur, à

Paris, manie quatre à six cents billets par convoi, quelquefois dix mille en un jour. En admettant qu'il remue huit pièces de monnaie en moyenne par voyageur, le chiffre des pièces maniées par lui s'élève à 80,000. N'est-ce pas la réalisation de l'homme-vapeur ? Aussi, pour ne pas dissiper son attention, sa rotonde grillée est-elle garnie d'un rideau vert qui lui cache les voyageurs. Il ne voit que les mains qui avancent l'argent, et ses billets.

Il doit fermer son guichet cinq minutes avant le départ. Cette règle n'est pas absolue ; il faut en excepter le cas où les voyageurs attendraient depuis longtemps et n'auraient pu obtenir de billets par suite ou d'encombrement, ou de la lenteur d'un caissier novice. Dans ces circonstances, il est clair que le voyageur n'est pas en faute. Il a droit d'exiger son billet.

Une perte notable de temps, à laquelle ne peut toujours obvier la célérité du caissier, c'est le change de la monnaie. Le change est-il un devoir pour l'administration ou est-ce un acte de pure obligeance ? La réponse n'est pas douteuse.

L'administration n'est pas contrainte de changer la monnaie offerte. Le voyageur est présumé connaître d'avance le prix de sa place et, rigoureusement, on pourrait en exiger le montant exact en numéraire. Jamais l'administration n'use de cette faculté pour les monnaies d'or et d'argent. Elle ne le pourrait pas sans causer des embarras incessants aux voyageurs et sans nuire à ses propres intérêts.

Mais parfois elle refuse des billets de banque d'une

valeur trop élevée ou encore des monnaies étrangères. Elle use de son droit, et le voyageur ne peut élever aucune objection.

CHAPITRE II

Transmissibilité des billets.

Les billets ne sont jamais nominatifs, sauf le cas d'abonnement. Ils sont, de leur nature, essentiellement transmissibles. Ainsi, dans les villes ou dans les ports de mer vers lesquels se dirigent des trains de plaisir, s'il s'établissait auprès des gares des vendeurs de billets-*retour*, achetés aux voyageurs qui ne pourraient ou ne voudraient reprendre le convoi indiqué, les compagnies seraient mal fondées à s'y opposer. Il est même de l'intérêt du public qu'il y ait des revendeurs de billets, comme il existe à la porte des théâtres des vendeurs de contremarques. Le voyageur empêché ne perdrait pas la totalité du prix de sa place.

CHAPITRE III

Des billets de famille. — Du droit qu'ont les membres de la même famille de se faire placer dans un même compartiment.

Dans une foule de circonstances, plusieurs voyageurs désirent vivement voyager côte à côte ; souvent même il y aura nécessité quasi absolue de se placer dans le même compartiment. La décence ne permet pas à une mère de s'installer dans un wagon et de laisser disséminées, au gré du hasard, ses jeunes filles dans d'autres wagons.

L'extrême jeunesse, la maladie, etc., nécessitent la protection maternelle.

Il faut même aller plus loin.

C'est un désir bien légitime que celui qui vous invite à ne pas vous séparer des personnes que vous connaissez, soit pour dissiper les ennuis de la route, soit pour tout autre motif.

Les chemins de fer devront-ils obtempérer à toutes ces demandes ?

Les ordonnances contiennent, à cet égard, une lacune fâcheuse ; nous formons des vœux pour qu'elle disparaisse. Quelques jugements, rendus çà et là, dans des espèces particulières, ne forment pas une règle précise. Ces demandes légitimes restent donc abandonnées à l'arbitraire de l'administration, arbitraire qu'il faut éviter toujours, et surtout quand il s'agit de monopole.

Sous le règne des diligences, l'intérêt des voyageurs amis se trouvait sauvegardé par le mode même du classement des places : 1° Au départ de la voiture, on choisissait sur le registre les places toutes numérotées. Si elles ne convenaient pas, on en était quitte pour ajourner son voyage. 2° Dans les stations intermédiaires, le nombre des places libres était connu ; mais, à l'arrivée de la voiture, on les examinait et on les prenait ou on les refusait à volonté.

Si, à défaut de règles pour les chemins de fer, nous prenons cet ancien usage, nous en déduirons les principes suivants :

1° Jamais l'administration ne pourra forcer des personnes, qui veulent voyager ensemble, à occuper des compartiments séparés ;

2° Si le nombre des places libres est insuffisant, l'administration devra ajouter des wagons supplémentaires, et, dans le cas où le convoi ne pourrait recevoir de nouvelles voitures, elle devra remettre l'argent.

Ces deux principe, déduits de l'usage ancien, sont loin de résoudre toutes les difficultés. Exemple :

Plusieurs voyageurs, au moment de se placer, s'aperçoivent qu'ils vont être gênés, trop serrés, et se concertent immédiatement pour dire : « Nous sommes parents ou amis, il nous faut un même compartiment ; vous ne l'avez pas, ajoutez un wagon ! »

Que décider ? Nous voilà retombés dans l'arbitraire de l'administration, ou nous la condamnons à subir le caprice inacceptable d'un voyageur.

Nous n'avons trouvé qu'un seul moyen d'obvier à cette difficulté, le voici : la demande de voyager sans être séparé devrait être faite au moment où l'on prend les billets, et les billets distribués sur cette demande porteraient une couleur ou un signe particulier qui fixerait immédiatement, et pour tout le trajet, le droit des voyageurs ; on éviterait ainsi la possibilité d'embarras pour l'administration.

Pour avoir plusieurs places libres dans un compartiment, un employé peut-il contraindre un voyageur

à quitter sa place et à prendre celle qui lui est indiquée? Je ne le pense pas. Comme les places ne sont pa
spécifiées par le billet, chacun court au plus vite s'ins
taller à sa guise. La place est au premier occupant.

Ce que pourrait faire l'administration serait d'ins
taller dans les voitures, avant le reste des voyageurs
tous ceux qui auraient des billets que nous appelleron
billets de famille.

Jusqu'ici ce point a donné lieu à fort peu de procès
ceux que nous connaissons n'offrent pas assez d'intérê
pour être rapportés. Seulement, nous devons faire re
marquer que la compagnie aurait peu de chances d
gain en refusant de rendre l'argent aux voyageurs qu
auraient préféré ne pas partir, plutôt que de voyage
séparés.

Le 13 septembre 1856, un fait semblable eut lieu
Conches, et l'administration fut condamnée à ren
bourser le prix des billets.

Des dommages-intérêts ne pourraient être réclame
que dans le cas où le chef de gare se serait refus
sans raison, à ajouter un nouveau wagon au convoi.

CHAPITRE IV

Des billets pris en double.—Voyageur subitement forcé d'ajourn
son voyage.—Billet perdu avant d'entrer dans la salle d'attente

I. — Il peut arriver que, par erreur, une personn
prenne deux billets, soit qu'elle suppose à tort que s

compagnon de route n'en a pas pris, soit que, munie d'un *aller* et *retour*, elle oublie le soir qu'elle possède le billet *retour*.

Peut-on faire une réclamation et exiger le remboursement du billet pris par erreur ?

Sans contredit. Il est constant que celui qui a payé par erreur a le droit de répéter ce qu'il a indûment payé. Les compagnies ne peuvent s'affranchir du droit commun.

Quel est le mode à suivre pour obtenir ce remboursement ? Faut-il s'adresser au distributeur ? Il est bon de tenter cette démarche. Souvent il accède à la demande, quand il est né d'humeur serviable et que la bonne foi du voyageur est évidente. Alors il offre ce billet à un autre voyageur qui demande une place pour la même destination. Cependant, il sera dans son droit en refusant et en envoyant le voyageur faire sa réclamation selon les formes ordinaires.

Nous conseillerons au voyageur de prendre à l'instant ses précautions, et, s'il ne peut immédiatement transcrire sa demande sur le registre des réclamations, de s'entourer de témoins honorables, des agents de l'administration elle-même.

II. — Que décider si une personne, après avoir pris son billet, se trouvait, par suite d'indisposition subite, ou de tout autre cas de force majeure, dans l'impossibilité d'entreprendre son voyage ?

Ne serait-il pas juste de soutenir que la compagnie ne peut, loyalement, conserver le prix de la place du voyageur qu'elle n'a pas transporté ?

Les cas de force majeure résilient les conventions : la compagnie devra donc rendre l'argent, mais le voyageur devra prouver d'abord la force imprévue et irrésistible qui a empêché le voyage.

III. — Perdre son billet avant d'entrer dans la salle d'attente est une aventure commune. Que de fois j'ai entendu des voyageurs babillards narrer des anecdotes semblables à celle-ci :

« Je venais de prendre mon billet quand je rencontrai soudain un vieil ami. L'émotion rend étourdi. Bref, je perds mon billet. J'essaie néanmoins de pénétrer dans la salle d'attente. L'employé m'en refuse l'entrée. Je reviens au bureau et j'interpelle le chef de gare qui m'avait remis mon billet :

« Vous rappelez-vous, monsieur, m'avoir donné tout à l'heure un billet de premières ?

— Parfaitement, monsieur !

— Eh bien ! je l'ai perdu et l'employé refuse de me laisser entrer dans la salle d'attente.

— C'est sa consigne, monsieur, et vous ne partirez qu'en prenant un nouveau billet, attendu que ce billet perdu peut servir à celui qui l'a trouvé.

« Le train arrivait, et je fus obligé de prendre un nouveau billet. J'ai ainsi payé deux fois. Je me demande si je n'avais rien autre chose à faire qu'à supporter philosophiquement cet accident ? »

Supposons que la nature ne nous ait pas créé philosophe et nous ait doué d'une étourderie assez forte pour égarer notre billet, ne nous eût-il pas été possible de parer à l'accident, c'est-à-dire d'éviter de payer deux fois ?

Oui, en priant le chef de gare de vouloir bien examiner combien il avait distribué de billets de première classe.

Admettons qu'il en ait délivré douze. Nous l'aurions prié, dans ce cas, de vouloir examiner si, dans la salle d'attente des premières, se trouvaient, au moment du départ, douze personnes. Si, en effet, il en compte douze, il est clair qu'un individu a trouvé notre billet. Alors, nous subirons la perte. Si, au contraire, la salle ne contient que onze personnes, évidemment la compagnie ne perdra rien en nous laissant monter sans billet et en nous signalant au chef de train qui consignera notre accident sur son registre.

Peut-être me direz-vous que le chef de gare n'aurait consenti à aucune de ces constatations. Le seul remède serait alors de prendre un second billet, d'inscrire à l'instant sur le registre des réclamations le refus du chef de gare, le nombre des billets distribués, le nombre des personnes montées en voitures, et, s'il se peut, de faire signer cette réclamation par quelques-unes des personnes présentes.

Quelques jours après, la compagnie, sur ses livres, aura acquis la preuve de la véracité de vos allégations et vous renverra le prix du premier billet perdu.

J'ai supposé que les billets portaient le numéro d'un train et ne pouvaient servir qu'à ce seul train. S'il s'agissait de billets valables pendant toute la journée, il faudrait se contenter de consigner sur le registre la perte du billet, et, la semaine suivante, en réclamer le montant.

Si le possesseur du billet perdu s'en est servi, les livres de la compagnie ne signalant aucun excédant, votre réclamation ne sera pas accueillie et il faudra se résigner. Après tout, peut-être sera-t-il tombé entre les mains d'un pauvre diable qui, ignorant la loi, aura béni l'aventure et sera parti en fête !

CHAPITRE V

Erreur dans la distribution des billets : 1° sur la classe des voitures; 2° sur la destination de la station.

Que les erreurs du distributeur des billets soient relativement rares, cela n'est pas douteux. Mais il suffit qu'elles existent parfois, pour engager le voyageur à vérifier la classe et la destination de son billet aussitôt qu'il l'a reçu, afin de pouvoir adresser immédiatement une réclamation qui deviendrait difficile quelques minutes plus tard. Exemple : Un voyageur a demandé une place de première classe de *Paris à Pontoise* et en a payé le prix. Quelques instants après, il s'aperçoit que son billet appartient à la seconde classe, et qu'il est de *Paris à Enghien*. Comment démontrer immédiatement au distributeur son erreur ? Aucune preuve péremptoire à ses yeux. Il n'admettra votre réclamation qu'autant que son compte général, après la distribution, lui en aura démontré la justesse.

Nous avons supposé une double erreur, à l'avantage du caissier et au détriment du voyageur. Le cas contraire a soulevé plusieurs procès qui doivent provoquer l'attention des détenteurs de billets fournis par erreur.

Paul demande une place de *troisième*, on lui donne un billet de *première*. Paul est, comme beaucoup de gens, d'une délicatesse équivoque et incapable de réfléchir que le malheureux caissier payera cette erreur sur ses appointements. Pour lui, c'est une bonne fortune et il se hâte d'aller se prélasser en *première*. S'il se tait, l'administration ne pourra guère découvrir la fraude ; mais comme il cumule la sottise avec une probité suspecte, il parle de cette aventure, il s'en vante, l'administration l'apprend, s'arme de ses aveux et le poursuit. Paul sera certainement condamné à payer la différence entre le prix des troisièmes et celui des premières.

Pierre est aussi fripon, mais il se croit plus habile. Il demande un jour un billet pour Enghien, on lui délivre un billet pour Calais. Il se hâte de quitter la gare, de peur qu'on ne s'aperçoive, à l'instant, de l'erreur. Au convoi suivant, il reparaît, cherche un voyageur pour Calais, lui vend son billet en lui narrant l'histoire d'une nouvelle désastreuse qui vient, à l'improviste, retarder son voyage ; il touche le prix et s'en va enchanté de sa bonne aubaine. Le hasard veut qu'un soupçon naisse dans l'esprit de l'acheteur du billet, il s'informe

auprès d'un agent, on reconnaît que ce billet indique
l'heure du départ du précédent convoi. Pierre est
poursuivi, convaincu de la fraude et s'entend condamner à rendre l'argent au voyageur.

Ce n'est pas tout : le ministère public traduit Pierre
en police correctionnelle et demande sa condamnation
à la prison.

La condamnation sera-t-elle prononcée ? J'en doute.
Malgré mon désir de voir réprimer de pareilles fripon-
neries, je ne trouve pas dans la loi de qualification sur
laquelle on pourrait baser une condamnation.

Ce n'est pas un vol, car il n'y a pas eu appréhension, soustraction frauduleuse de la chose d'autrui,
puisque le billet lui a été remis.

Ce n'est pas un abus de confiance, car le titre n'a
pas été remis à titre de louage, dépôt ou mandat. Il
est bien chargé de le représenter à la station où il descend, mais cela, dans son intérêt, pour ne pas payer
deux fois, mais non dans l'intérêt de la compagnie.

Le billet n'est que la preuve matérielle du contrat
de transport ; c'est la preuve de la location d'une place,
analogue à la location d'une place de théâtre ; c'est un
échange de mon argent avec une autre valeur qu'on
appelle billet de chemin de fer. Il y a eu erreur dans
le change. La victime de l'erreur a droit de réclamer
la différence du prix, mais le Code pénal me paraît
avoir complétement passé sous silence ces sortes de
larcins.

Le meilleur, pourtant, serait de ne pas s'y fier ; car
le Tribunal de Douai vient de taxer cet acte d'abus de

confiance, et de condamner Pierre à l'amende et à la
prison.

CHAPITRE VI

Billets *aller* et *retour*. — Billets de train de plaisir.

Les billets *aller* et *retour* présentent un double
avantage. Ils évitent au voyageur l'embarras de venir
dans la foule stationner au guichet et lui permettent
de remonter dans le convoi jusqu'à la dernière minute.
En second lieu, le prix de ce double billet est moins
élevé que le prix ordinaire de chacun d'eux. Ce second
avantage n'est pas accordé sur toutes les lignes. Ainsi,
les chemins de fer de l'Ouest, dans le parcours de Paris à Versailles, accordent des billets *aller* et *retour*
sans diminution de prix pendant la semaine.

Les billets des trains de plaisir sont également pour
aller et *retour*. Ils sont, en général, valables, pendant
la durée du prétendu plaisir, pour tous les trains, quelquefois pour des trains déterminés.

Cette réduction du tarif existe parfois sur toute la
ligne. Souvent elle n'est accordée qu'entre le point de
départ et celui d'arrivée. Si le chemin de fer du Nord
crée un train de plaisir de Paris à Boulogne, les Parisiens
seuls en profiteront.

N'est-ce pas là une dérogation au principe de l'éga-

2.

lité des tarifs? Pourquoi un habitant d'Amiens payera-
t-il, ce jour-là, pour aller de cette ville à Boulogne,
aussi cher que le voyageur de plaisir partant de Paris?

L'administration répondra que les voyages à prix
réduits sont des avantages exceptionnels qu'elle accorde
aujourd'hui à une ville et demain à une autre ; qu'elle
offre le plaisir à tous, autant qu'il est en son pouvoir ;
que cette concession, comme toute faveur, entraîne la
plus grande liberté pour celui qui la concède ; qu'en
outre, le mode d'organisation d'un train de plaisir lui
causerait un préjudice si elle était obligée d'arrêter
et de prendre des voyageurs à toutes les stations ; que
d'ailleurs le train n'y suffirait pas et que ce serait jeter
la confusion dans l'ordre habituel du service.

Il ne reste au public qu'à faire des vœux pour que
toutes les stations auxquelles le train de plaisir s'arrête, jouissent du privilége de la réduction.

Je me suis demandé d'où venait cette dénomination :
train de plaisir. Je doute qu'on entende par là le plaisir
de voyager à bon marché. C'est un avantage qui,
grâce à la cohue, à l'entassement, ne peut être un plaisir que pour fort peu de gens. Il faut, dès lors, décider
que cette épithète est attachée aux jouissances que doit
éprouver la foule, à la vue des sites admirables ou des
monuments grandioses qu'elle peut contempler à la
hâte, mais à bon compte.

Chaque dimanche, quelques centaines de milliers de
personnes sont transportées par le chemin de fer dans
les environs de Paris qui passent pour contenir les sites
les plus coquets du monde. On assure que c'est l'es-

pérance du plaisir qui attire, chaque jour de fête, ces innombrables essaims. Mais les diverses compagnies n'y ont, jusqu'ici, trouvé aucun charme (pour leurs actionnaires), et refusent la réduction accordée habituellement aux vrais trains de plaisir.

CHAPITRE VII

Même sujet. — Des billets *aller* et *retour* dans la banlieue de Paris. — L'octroi du dimanche.

Non-seulement, dans la banlieue de Paris, on n'accorde guère la diminution réservée au train de plaisir, mais encore, certaines compagnies augmentent leurs tarifs les dimanches et fêtes. Pour quelles raisons?

La réponse est sur toutes les lèvres. Ces jours fériés sont jours de liberté pour la multitude des esclaves de l'industrie, du commerce, du Palais de justice, des ministères et des écoles. Grande hâte pour tous de courir chercher un peu d'air et de soleil à la campagne. Il faut, pour sortir rapidement, s'élancer sur la grande route de fer. En bon commerçant, le chemin de fer élève ses prix en raison directe des besoins. Dans tel rayon, il augmente le prix de 2 cinquièmes; c'est peu de chose pour l'individu : 10 à 20 centimes; total : un bénéfice supplémentaire de 30, 40, 50,000 fr. et plus.

Si pendant la semaine, alors que les voyageurs sont peu nombreux, on maintenait le prix du dimanche, la perte serait considérable pour les chemins de fer, car il s'établirait une foule de voitures offrant de transporter à moins de frais les voyageurs. Ainsi, pendant la semaine, on tue la concurrence par le prix modéré, et le dimanche on profite largement de sa toute-puissance.

Ce reproche, heureusement, ne s'adresse pas à toutes les compagnies. Plusieurs accordent des *aller* et *retour* avec diminution de prix.

Dans le commerce, l'affluence des acheteurs permet l'abaissement du prix de la marchandise. En termes du métier : *on se rattrape sur la quantité*. Rien de plus sensé que cette conduite. Autant l'abaissement du prix des places, les jours fériés, s'explique rationnellement, autant l'augmentation paraît peu justifiable.

Les serfs de la semaine, émancipés le dimanche, n'ont-ils pas droit de demander raison de cette sorte d'impôt arbitraire qui les atteint le seul jour où il leur sera permis de s'échapper de l'atelier ?

Le riche part pour ses plaisirs le samedi et revient le lundi. C'est le moins riche qui part le dimanche ; c'est lui qui supporte l'excédant de tarif. A ce point de vue, cette taxe, bien loin d'être proportionnelle, présente une contradiction flagrante avec le principe créateur des trois classes de voitures.

Tous les ouvriers des campagnes, ne pouvant venir à Paris que le dimanche, se trouvent également frappés.

Si l'on allègue que cette taxe est prélevée sur les plaisirs, nous répondrons qu'elle est aussi prélevée sur la santé. L'hygiène ne réclame pas moins que les plaisirs les courses à la campagne. En somme, rien ne justifie cette faveur des jours fériés pour la caisse des chemins de fer. Nous ne comprenons pas un octroi du dimanche.

CHAPITRE VIII

Billets d'abonnement et de parcours gratuits.

§ 1ᵉʳ. *Billets d'abonnement.*

Les cartes d'abonnement sont-elles personnelles? Les compagnies le prétendent ainsi; s'il en était autrement, on ferait à la porte de chaque gare trafic de cartes d'abonnement.

La carte est donc personnelle. L'abonné doit l'exhiber à toute réquisition.

Rien n'est plus facile que de perdre une carte d'abonnement. Cet accident est d'autant plus grave que les compagnies se refusent à la délivrance d'un duplicata.

Plusieurs abonnés ont réclamé vivement contre une telle prétention. Ils ne pouvaient, disaient-ils, être privés, par un accident, du droit de parcours qu'ils avaient payé. La carte, ajoutaient-ils, n'est qu'une copie d'un titre et le contrat est toujours indépendant du titre qui le représente.

Les compagnies répondaient qu'une carte perdue peut se retrouver et servir à un abus. Si elles délivraient un duplicata, elles seraient exposées à transporter deux voyageurs pour un seul abonnement. Il est, en effet, impossible aux employés de connaître personnellement tous les abonnés.

Cette réponse n'est pas concluante. En premier lieu, il serait injuste de soutenir que la possibilité d'un abus provenant d'un accident doit annuler un droit de parcours personnel.

En second lieu, le chemin de fer est-il sérieusement exposé à transporter deux voyageurs au lieu d'un? Admettons qu'il y ait par chaque chemin de fer dix cartes perdues, dix duplicata. Le signalement de ces dix abonnés, transmis à tous les employés, ne permettra guère aux voleurs d'user de la carte perdue. Et encore, nous supposons que la première carte est tombée entre des mains suspectes assez hardies pour ne pas craindre d'affronter la police correctionnelle.

Les compagnies devraient donc remettre des duplicata. La seule compensation, qu'elles seraient en droit d'exiger, se réduirait aux frais de signalement transmis aux employés de la ligne.

Mais les compagnies ont à leur tête force gens habiles et prudents; elles évitent toute difficulté en stipulant, au moment du contrat, qu'en cas de perte de la carte d'abonnement, on ne pourra en exiger une seconde sans payer le prix de l'abonnement : les conventions font loi entre les parties.

En vertu de ce principe, les compagnies ont gagné leurs procès sur cette question. (Tribunal de commerce de la Seine, 21 avril 1854.)

§ 2. Parcours gratuits.

Pourquoi est-il des voyageurs qui se prélassent en premières, au gré de leur caprice, heureux, contents, épanouis... et, tout cela, sans bourse délier?

Partout sur cette terre il existe des privilégiés.

La fortune sourit à certaines gens, on ne sait trop ni pourquoi ni comment; mais, tout inexplicable qu'il est, le fait n'est pas douteux. Plusieurs même reconnaissent là une loi mystérieuse de la nature. Celui-là est né heureux par la même raison que celui-ci est né avec une figure séduisante. Un destin caressant accorde à telle personne la grâce, l'esprit et la beauté, tandis qu'un principe mauvais jette à telle autre les cheveux rouges, la difformité et la bêtise...

Voilà pourquoi il est donné à certaines gens de voyager gratuitement en chemin de fer!

Il est bien entendu que je ne parle ni des parcours gratuits des fonctionnaires sur la ligne, ni du transport des indigents, ni de tous ceux pour lesquels ce droit est une conséquence de leur position.

Les parcours gratuits ont fait naître bien des réflexions dans l'esprit des voyageurs payants. Comme exemple, nous reproduisons la conversation suivante telle qu'un auditeur indiscret nous l'a rapportée :

M. PRUDHOMME. — Pourquoi M. Mercadet jouit-il d'un parcours gratuit? Il a fait un traité d'abonnement avec le chemin de fer pour le transport des produits de son usine, et, de plus, il a obtenu, en guise de *pas de porte*, le parcours gratuit pour sa personne, sa femme, sa fille et ses laquais. Moi, dont l'usine n'est pas assez considérable pour obtenir les mêmes conditions, je suis obligé de payer.

Cette situation, de ma personne payante, offre une inégalité ; cette inégalité constitue un vice social que je m'appliquerai à corriger. Si au moins cette inégalité ne pesait pas sur mon individu, on pourrait peut-être laisser aller les choses... Mais sur moi... précisément sur moi... C'est une indignité !... Qu'en dites-vous, monsieur Finevue ?

M. Finevue. — Transporter gratuitement un voyageur, c'est causer un préjudice à deux sortes de personnes : aux actionnaires d'abord, à l'État ensuite. Quant à la perte qui en résulte pour les actionnaires, le fait est de moindre importance : en premier lieu, je ne suis pas actionnaire ; ensuite, les actionnaires, dans leurs assemblées, approuvent tous les comptes de leurs mandataires avec force acclamations. Dès lors, il n'y a plus rien à dire. Je ne sais si on leur a bien expliqué que des parcours gratuits avaient été accordés à M. X., parce qu'il est fils de M. X., et à M. Z., parce qu'il est petit-cousin de madame Trois-Étoiles. Dès que ces petits détails ont reçu la sanction de l'assemblée générale, aucune réflexion ne nous est permise.

Mais, le transport gratuit du cousin de madame Trois-Étoiles cause aussi préjudice à l'État, puisque l'État perçoit une certaine somme sur le transport de chaque voyageur. Or, sans être Louis XIV, je puis dire : l'Etat c'est moi, puisque l'État est la nation entière, puisque c'est en son nom que les concessions ont été faites, que des millions ont été avancés aux compagnies. — Bref, mon argent a concouru à leur prospérité.

— Eh bien, donc, ne suis-je pas en droit de me demander si les cartes de parcours gratuit sont légitimes aux yeux de la loi? Le principe est que toutes les taxes sont perçues *indistinctement* et *sans faveur*. Où est le texte qui permet aux administrateurs de déroger, d'une façon aussi exorbitante, au principe fondamental?

M. Prudhomme. — Vous venez de poser logiquement une grave question. Comment se fait-il que la presse, dont la mission sacrée est de faire jaillir les rayons de son flambeau devant le char de l'État, n'ait pas élucidé ces points ténébreux?

M. Finevue. — La presse en a parlé parfois, mais elle ne peut pas tout faire. Et puis, les grands journaux se vendent dans les gares, ce qui est une faveur spéciale. Il est difficile de parler des petites plaies des gens qui vous donnent l'hospitalité. Que sais-je? Enfin, nous sommes plus heureux que certains pays où la grande presse garde toujours un silence ami sur de tels faits et sur bien d'autres. Dans ces contrées, monsieur Prudhomme, — vous l'ignorez sans doute, — les parcours gratuits ont encore d'autres causes que celles que nous venons d'indiquer. Un chemin de fer commet une sottise : le lendemain, le journal de la localité publie un article fulminant. Vingt-quatre heures après, un monsieur bien ganté, en habit noir, se présente chez le signataire de l'article...

« Monsieur, vous vous occupez de chemins de fer ;

nous avons vu de vous un article... bien remarquable !

— Vous êtes bien bon, monsieur.

— C'est de toute justice, monsieur, et la compagnie du chemin de fer dont vous avez parlé m'a chargé de vous demander si vous voudriez lui faire part de vos études. Vous semblez aimer beaucoup à observer ces curieux détails... la compagnie me charge de vous offrir une carte de *parcours gratuit* sur sa ligne. Elle serait heureuse de profiter de vos observations. Du reste, monsieur, veuillez croire à la sincérité de mes offres. En aucune façon, nous ne voudrions porter atteinte à votre indépendance... si connue... Votre mérite seul...

M. Prudhomme. — Et je parie que l'indépendance fragile de cet homme est venue échouer contre l'écueil caché de cet éloge perfide !

M. Finevue. — Tout naturellement, monsieur Prudhomme ! Votre perspicacité n'est jamais en défaut. Le susdit journal n'adressa plus à la compagnie que des félicitations.

M. Prudhomme. — Et dans quel pays ces faits se sont-ils passés ?

M. Finevue. — Eh ! eh !... en Amérique !

M. Prudhomme. — Cela confond mon imagination troublée. La chose est étrange, vraiment ! Poser sur une plume libre les lourdes chaînes d'une complaisante servilité !... et cela, pour un parcours gratuit !... pour le plaisir d'étaler ses membres délicats sur les moelleux coussins des voitures de première classe !... Certes, le parcours gratuit est le stigmate de l'imperfection humaine !

M. FINEVUE. — Oui, monsieur Prudhomme, oui! Mais ne vous échauffez pas sur les faiblesses de notre nature. Il y a longtemps qu'une femme d'esprit, madame du Deffant, a écrit : « Rien n'est parfait en ce monde, excepté Dieu ! et encore ! »

CHAPITRE IX.

Billets à moitié prix.

L'avantage de la demi-taxe est accordé à plusieurs sortes de personnes. Ainsi, une compagnie concédera le parcours réduit aux employés d'une autre compagnie, etc.

On sait, en outre, que, par convention passée avec l'État, les militaires ne payent en chemin de fer que moitié ou tiers de la place.

Quelques compagnies étendent la faveur aux femmes des militaires ; mais cette concession constitue un acte de pure libéralité ; elle est, dès lors, soumise aux variations de la générosité ou de la galanterie des administrateurs, et, par suite, révocable à leur gré.

En voyageant dans les omnibus des chemins de fer de l'Ouest, j'ai été surpris qu'on exigeât des militaires le prix ordinaire des places. A Paris, cela s'explique d'autant moins que, dans les omnibus de la Compagnie générale, ils ne payent que demi-place.

Il semblerait, au premier abord, que le droit de voyager à moitié prix sur une ligne de chemin de fer devrait s'étendre à ces omnibus privilégiés. Ces voitures ne sont guère autre chose que des embranchements de la ligne principale.

Nous faisons des vœux pour que, dans leurs traités avec les entreprises de transports, les compagnies réclament généreusement la réduction pour les militaires.

Le poids des bagages concédé à chaque voyageur sera-t-il le même pour ceux qui ne payent que demi-place?

Que décider, lorsqu'un militaire, voyageant avec sa femme et ses enfants, présente tous ses bagages en bloc, comme lui appartenant, et que ces bagages offrent un excédant? Le militaire jouira-t-il de la réduction de moitié sur l'excédant, ou l'administration pourra-t-elle diviser fictivement l'excédant en autant de parts qu'il y a de membres de sa famille, pour restreindre le privilége de la réduction du prix à la part afférente au militaire personnellement? Ces deux questions font l'objet du chapitre xv de ce livre.

CHAPITRE X.

Places retenues.

La faculté de retenir des places est interdite dans les chemins de fer. La place est toujours au premier occupant. Il n'est fait d'exception à la règle que quand il s'agit de la location d'un compartiment tout entier.

Mais si le droit n'autorise qu'une exception, l'ignorance et l'impéritie en créent d'autres. La lettre suivante d'un voyageur justement mécontent en fait foi :

« Belfort, août 1858.

« L'autre jour, ma mère et moi prîmes à la gare de Paris nos billets de place pour Belfort. Comme vous ne l'ignorez pas, la grande préoccupation du voyageur dans la salle d'attente est de savoir s'il pourra se placer dans un des coins du wagon. Ces places privilégiées sont conquises à la force du jarret. Dès qu'on ouvre les portes, grands et petits se précipitent dans l'arène, mus par le doux espoir d'arriver assez en avant pour se blottir dans un bon coin. Vain espoir! complète déception ! Tous les compartiments étaient déjà à moitié pleins, et néanmoins nous étions arrivés les premiers de notre salle.

« Voici la cause de notre mésaventure :

« Les voyageurs pour Lyon sont placés dans une salle d'attente, ceux pour Besançon et Belfort dans une autre, quoique tous voyagent dans le même train jusqu'à Dijon. La première salle est ouverte et on livre toutes les voitures aux voyageurs pour Lyon. Naturellement, ceux-là s'emparent de tous les coins. La seconde salle, celle où nous étions, est ouverte ensuite, et il ne nous reste que le menu des places que nous ont laissées nos voisins. »

Accorder aux voyageurs d'une ligne une suprématie sur l'autre, constitue une violation du droit d'occupation des places.

Puisqu'il n'est pas permis aux compagnies de numéroter leurs places et billets, elles ne peuvent indirectement créer diverses catégories.

Si, pour les besoins du service et pour les divisions des trains aux bifurcations, elles assignent telle partie des wagons à telle ligne, elles ne le peuvent qu'à la condition de laisser aux voyageurs de chaque ligne des voitures ou des compartiments entiers. Alors le principe émis plus haut sera respecté.

L'auteur de la lettre aurait dû appeler le chef de train et le sommer de transcrire sa réclamation sur son registre spécial ; puis, profitant d'un temps d'arrêt prolongé, écrire lui-même sur le registre des réclamations une nouvelle plainte. Cette plainte, contre-signée par tous les voyageurs victimes de l'incident, n'aurait pas tardé à faire disparaître l'abus. Les administrateurs sont trop sensés pour ignorer que leur cahier des charges ne les autorise nulle part à créer une aristocratie des quatre coins.

Pour les omnibus qui desservent les stations, la règle est la même. Plusieurs fois, j'ai vu des conducteurs, d'une amabilité intéressée, accorder des tours de faveur, faire monter tel voyageur retardataire et refuser l'entrée à un autre plus diligent, en lui disant : *Place retenue !* Le sentiment particulier qui les guide est peut-être fort louable, mais tout le monde peut résister à cette prétention arbitraire ; aucune place ne peut être retenue, sauf une exception que nous signalons au livre VI, ch. XII.

CHAPITRE XI.

Bagages déposés entre les mains des employés.

Revenons au voyageur que nous avons accompagné, lorsqu'il prenait sa place. Le voilà muni de son billet. Il doit maintenant s'empresser d'aller faire enregistrer ses bagages. Quelques petites difficultés pourront l'arrêter entre les deux bureaux. La plus grave est la perte de ses bagages. La chose n'est pas impossible, et la justice nous en fournit de nombreux exemples.

On sait comment les choses se passent à l'arrivée dans la gare. Des employés portant un uniforme spécial s'emparent des bagages, les déposent sur des brouettes roulantes et vous disent : « Allez prendre vos billets ! »

Avant de s'éloigner, il faut se rappeler que les employés portent sur leur habit et leur chapeau un numéro. Le voyageur, en remettant ses bagages à un employé, doit examiner avec soin son numéro.

L'enregistrement des bagages ne se fait que sur le vu du billet. Le voyageur est donc contraint d'abandonner ses colis aux soins des employés. On cite peu de vols commis par ces derniers, tant les compagnies les choisissent avec soin; mais, au milieu de cette foule compacte, leur vigilance est bien difficile; leur attention est perpétuellement détournée par l'arrivée des voyageurs. Dans une pareille mêlée, les voleurs ont beau jeu.

Or donc, vos bagages ont disparu. Vous devez à l'instant faire vos réclamations, reconnaître et signaler l'employé auquel vous les avez confiés, et donner des détails sur la nature des colis ainsi que sur leur contenance. Il est de jurisprudence constante que dans ce cas la compagnie est responsable.

Les motifs de ces décisions uniformes sont, puisés :

1° Dans la règle générale qui déclare la compagnie responsable du fait de ses agents;

2° Dans la nécessité à laquelle est soumis le voyageur de confier ses bagages aux employés pendant qu'il stationne au bureau des billets;

3° Dans le principe du Code Napoléon, qui assimile la responsabilité des entrepreneurs de transports (des chemins de fer) à celle des aubergistes, c'est-à-dire qui qualifie ces sortes de dépôts : *dépôts nécessaires.*

Les compagnies tentent de résister à cette jurisprudence en alléguant :

1° Que, par un avis inséré au bulletin des bagages, elles déclarent formellement n'accepter de responsabilité que pour les colis déposés au bureau des bagages ou au bureau de dépôt, appelé communément *bureau consigne;*

2° Que, conformément à cet avis, elles enjoignent à

leurs employés de n'accepter la garde d'aucun paquet, hors ces deux cas.

Le voyageur victime du vol réplique que ces arguments ne sont pas de nature à ruiner les principes de droit sur lesquels repose sa demande; que l'avis imprimé au dos des bulletins est une prétention qui ne peut le lier, puisqu'il n'a pas accédé à cette dérogation du droit commun; que, quant aux ordres donnés aux employés, ils n'ont aucune valeur à ses yeux. Les employés n'ont-ils pas enfreint ces ordres? n'avaient-ils pas reçu l'ordre de veiller sur sa malle? Et pourtant, sa malle est perdue. Enfin, par l'organisation même du service des gares, le voyageur ne peut aller prendre son billet sans laisser ses bagages entre les mains des employés.

La jurisprudence est unanime pour déclarer que la compagnie est toujours responsable dans ces diverses circonstances.

Jusqu'où s'étend la responsabilité?

Comme la compagnie ne peut alléguer de faute dans la déclaration de l'enregistrement, puisque l'enregistrement n'a pu avoir lieu, la responsabilité est entière. La compagnie devra rembourser la valeur intégrale des objets perdus.

Pour éviter ces difficultés aux compagnies, pour rassurer le voyageur et lui épargner toute sollicitude sur ses colis, on a parlé quelquefois d'une nouvelle organisation. Voici, à ce sujet, les réflexions que j'entendis faire à un ingénieur.

«Les bagages, disait-il, sont maniés environ dix

3.

fois avant d'arriver au wagon qui doit les contenir. D
chargement de la voiture et placement sur une brouett
roulement de cette brouette dans la salle, enlèveme
des colis pour les placer sur une longue table, quat
ou cinq maniements sur la table pour les avancer ve
le bureau au fur et à mesure des vides, enlèvement d
bagages au bureau pour les poser sur la bascule (
bascule ne fait même pas suite à la table), nouve
transport sur de nouvelles brouettes qui se dirige
vers le wagon, nouveau maniement pour les place
total moyen : dix !

«La première condition d'un système de simpli
cation serait de distribuer, au *bureau-bagages*, to
à la fois le billet de place et le bulletin-bagages. L'aut
bureau serait affecté uniquement à ceux qui voyage
sans colis.

« Si la double fonction du bureau-bagages devait e
traîner des frais trop considérables, rien n'empêcher
d'installer le bureau-billets de façon à posséder de
guichets : l'un donnant sur la salle des bagages, l'au
sur la salle ordinaire. Le premier serait réservé a
voyageurs avec bagages, le second aux heureux q
savent voyager sans escorte.

«Ceci fait, une machine serait chargée de tout le tr
vail. Il serait établi une chaîne sans fin partant de
salle d'attente extérieure, traversant la salle des bagag
et s'étendant jusqu'au wagon-bagages. Cette chaîne sa
fin, mise en activité par une petite machine d'un cheva
vapeur, ferait mouvoir une multitude de brouettes
même dimension et exactement de même poids.

chaque voyageur serait affectée, pour ses colis, une
de ces brouettes. La brouette chargée roulerait devant le bureau-bagages où une bascule adaptée aux
rails désignerait immédiatement le poids, et elle pour-
suivrait sa route jusqu'au quai d'embarquement. »

Bien d'autres projets ont été présentés. Quel que soit
celui qui sera adopté, il sera le bienvenu. Le système
actuel est par trop défectueux.

<hr>

CHAPITRE XII.

Du bureau-consigne.

Les compagnies ont sagement établi dans les gares
un bureau où le voyageur peut déposer ses bagages,
en attendant l'heure et même le jour du départ. Une
faible rétribution est exigée pour chaque colis. Un
bulletin spécial constate le dépôt. Ce bulletin ne mentionne ni la nature ni la contenance des objets déposés :
il ne relate habituellement que le nombre des colis.

Une semblable concision offre, en cas de perte, quelque danger pour la compagnie. Il lui sera difficile de
contester la déclaration du voyageur. Du reste, la probité et les soins des employés préposés à ce bureau
sont tels que les erreurs et les vols dans le bureau-
consigne sont, je crois, fort rares.

Tous objets (sauf les produits chimiques très-inflammab}es) peuvent être déposés à ce bureau. Comme on n'exige aucune déclaration spéciale de la nature des objets, la compagnie ne pourrait échapper à la responsabilité du dépositaire dans aucun cas, qu'il s'agisse d'argent, de bijoux, d'effets précieux.

Néanmoins (le gain d'un procès n'est jamais sûr), nous conseillons fortement au voyageur d'appeler l'attention de l'employé sur les colis renfermant des objets précieux. En chemin de fer comme partout, deux sûretés valent mieux qu'une, et le trop en cela ne fut jamais perdu.

Le bureau-consigne devrait exister dans toutes les gares; mais, çà et là, il est encore à l'état de projet.

«Dernièrement, nous racontait un provincial, je suis arrivé un soir à onze heures à Orléans; je devais reprendre le convoi le lendemain matin; je demande à déposer mon paquet au bureau-consigne. Il m'est répondu qu'il n'y en a pas encore. J'insiste, on me dit de poser là mon paquet et qu'on me le remettra le lendemain matin. Je prie les employés de me remettre un billet constatant le dépôt, ou, au moins, un numéro. Baste! on m'envoie promener. Je le laissai néanmoins, confiant dans la Providence. Ce colis contenait de l'argent; jugez, monsieur, de mon anxiété pendant la nuit! Aussi, ma joie fut grande en le retrouvant le lendemain sain et sauf. Pareille aventure est arrivée à l'un de mes amis, avec cette petite différence que le lendemain il n'a pas retrouvé son paquet. Il n'a pas pu prouver le dépôt, puisqu'on lui avait refusé tout titre. Comment éviter de semblables catastrophes?»

La ressource suprême est toujours le registre des réclamations. Que nos lecteurs ne l'oublient pas ! Sans doute, il est bon de se confier en la Providence, mais devant un Tribunal, le fameux registre sera aussi d'un puissant secours.

L'employé vous a répondu : «Il n'existe pas de bureau-consigne. — Monsieur, il devrait y en avoir un. Vous pouvez toujours mettre ces bagages dans une pièce quelconque, sous clef. Passez-moi le registre des réclamations. » Et, en deux mots, bien datés et bien signés, je constate que l'employé a refusé de me prendre mes bagages, ou, que les ayant pris, il a refusé de me donner un bulletin. Puis, j'ajoute que les colis déposés se composent de telets tels objets, etc. La responsabilité de la compagnie est suffisamment assurée.

Il est encore un moyen préférable, si le bagage a été enregistré. Gardez le bulletin de bagages. Vous ne le remettrez que le lendemain, en venant reprendre vos colis. Ce bulletin est un titre de nature à vous rassurer pleinement.

CHAPITRE XIII.

1° Enregistrement des bagages et déclaration de leur contenance. — 2° Un mari qui fait voyager comme colis le corps de sa femme. — 3° Le voyageur peut-il, lorsque ses bagages sont sur la bascule, en retirer une partie pour en éviter l'excédant ?

§ 1er. — Enregistrement et déclaration.

Signalons une fraude dont se rendent coupables

peut-être sans le savoir, force personnes très-honora
bles. J'ai dit *peut-être*, car il importe que le lecteu
sache de suite que la question est des plus controver
sées. Rappelons comment s'exécute l'enregistremen
des bagages.

Tous les colis défilent sur une longue table abou
tissant au bureau ; dans cette procession tumultueus
chaque propriétaire sert d'acolyte à ses colis. L'homme
bagages crie à haute voix :

« Voyageurs pour Amiens ! Deux colis, vingt-hui
kilos, numéro 4 ! » Vous êtes au guichet.

« Dix centimes, s'il vous plaît, monsieur. »

Vous déposez les dix centimes, on vous remet votr
bulletin et vous sortez l'âme parfaitement tranquille

Et cependant, vous venez de frustrer l'administra
tion. Comment ?

Vous possédez dans votre malle des bijoux que vou
destinez à votre fiancée. De plus, vous avez placé a
fond de cette malle votre bourse qui contient quelque
milliers de francs.

Au lieu de dix centimes, la compagnie prétend qu
vous deviez payer une somme quinze ou vingt fois su
périeure.

Si cette prétention était légitime, la compagnie devrai
faire prendre l'habitude à ses employés de demande
aux voyageurs si leurs malles ne contiennent rien d
précieux. En outre, j'estime qu'il serait bon d'afficher
en gros caractères, les différents prix du tarif, contr
le bureau des bagages. Cela ne se fait pas encore, mai
la loi sur les tarifs existe. Vous ne la connaissez pas

C'est fort regrettable pour vous, car nul n'est censé ignorer la loi ; elle a été bien et dûment affichée ; tout le monde est censé l'avoir lue, même ceux qui ne savent pas lire.

La loi sur les tarifs, soutient la compagnie, enjoignait de déclarer les objets précieux et de payer un prix différent.

Si cette fraude volontaire ou involontaire vient à être connue, l'administration a le droit de vous poursuivre, et il est probable qu'elle usera de son droit si vous ne vous hâtez de satisfaire à sa légitime réclamation.

Le défaut de déclaration spéciale, pour les objets précieux et l'argent, peut entraîner des inconvénients plus graves pour les voyageurs.

Je suppose que cette malle, richement chargée, vienne à s'égarer pendant le trajet. L'administration est-elle responsable ? Oui, en principe. Mais, en acceptant la responsabilité pour les autres effets contenus dans la malle, elle soutiendra qu'elle ne doit rien pour les effets précieux que vous auriez dû déclarer.

Quel sera le sort de ce débat devant les Tribunaux ? Grand embarras !

Votre avocat démontrera que la compagnie est en tous points responsable, et il citera, à l'appui de votre prétention, l'opinion grave de M. Troplong et celle de M. Vanhuffel, fortifiées par les arrêts des Cours de Montpellier et de Paris.

L'avocat de l'administration vous opposera l'opinion respectable de M. Toullier et de Zachariæ, corroborée des arrêts de Tours et de Douai, etc.

Sachez encore, qu'outre ces deux jurisprudences contraires, il existe une jurisprudence mixte qui déclare la compagnie responsable quand les sommes d'argent et les objets précieux sont peu considérables

D'après ce troisième système, l'obligation de déclarer les valeurs et objets précieux n'existe pas lorsque les bagages dans lesquels ils sont renfermés sont transportés en même temps que le voyageur.

La question est des plus épineuses : nous l'examinerons en détail au *Transport des marchandises* livre VI, et, de plus, au livre *Responsabilité*, pour les valeurs non déclarées, contenues dans les colis qui n'accompagnent pas les voyageurs.

Quoi qu'il en soit, nous recommandons vivement la déclaration, dans les cas où les bagages renferment des valeurs considérables, ou encore des dépouilles mortelles. — Comment! me direz-vous. Un cadavre dans un colis qui voyage avec le voyageur, cela appartient au roman! Non pas. Voici un fait authentique.

§ 2. — Un mari qui fait voyager comme un colis le corps de sa femme.

Passer de vie à trépas n'est pas une mince affaire. La mort coûte un prix exorbitant. Les médecins, les gardes, l'église avec ses conséquences, les pompes funèbres et leur noire cohorte, l'enregistrement avec ses droits de succession.... formidable est l'avalanche des gens qui viennent prélever un luxueux impôt sur celui qu'on nomme en droit un *de cujus*.

En considérant les nombreux tributs qu'il nous fau

payer tout le long de la vie, certains disaient « que nous étions sur la terre à titre de locataires. » Soit. Mais le dernier terme et le déménagement coûtent énormément cher. Il n'importe ! C'est la mode. Les cérémonies sont de vieux usages. L'honneur d'une famille exige que son mort soit enterré proprement. Les dépenses sont élevées ; mais tant de gens ont économisé pendant leur vie ! Il est juste que la société se dédommage un peu au dernier jour.

Et voilà pourquoi tout ce qui prête son concours à un mort vend cher ses services.

Les chemins de fer ont suivi l'usage commun. Leurs tarifs, approuvés par l'administration, élèvent singulièrement le prix de transport d'une bière.

Or, un honnête propriétaire de la Bourgogne, dont la femme était enterrée au cimetière Montmartre depuis environ six ans, résolut, au mois de juin 1854, de transporter dans son pays la dépouille de sa femme. Il vint donc à Paris et fit procéder à l'exhumation. Cette dépense lui parut considérable. « Enfin, se dit-il, il faut ce qu'il faut. D'ailleurs, ce sont de ces choses qu'on ne fait qu'une fois. Ma pauvre défunte méritait bien cela. »

Il s'agissait ensuite de transporter ces dépouilles chéries au pays natal, c'est-à-dire à près de cent lieues.

Il s'informe. Diantre ! Les voituriers sont exigeants. Le plus bas prix du chemin de fer s'élevait, d'après le tarif, à 150 francs.

Le bonhomme poussa un long soupir.

« Encore 150 francs ! Sans compter le service divin à l'arrivée ! Passe encore le service, on ne saurait trop payer les prières; mais les 150 francs donnés au chemin de fer, c'est de l'argent perdu. Cette pauvre chère femme, elle si économe pendant sa vie! 150 francs! »

La conclusion du monologue se devine. Il donne au cercueil la forme d'une caisse ordinaire, se rend à la gare, présente au bureau des bagages cette caisse comme colis voyageant avec lui. — Là, il éprouve un léger accident : le poids de la caisse dépasse trente kilos, mais de peu de chose; il ne lui est réclamé que 2 fr. 35 c. de supplément. Le bon mari recommande aux employés de ne pas trop bousculer son colis.

« *C'est d'importance*, dit-il; je serais désolé qu'il vînt à se disloquer. »

Le pauvre homme, pendant son voyage, eut bien quelque remords en songeant que les dépouilles de sa chère moitié gisaient dans le wagon-bagages, pêle-mêle avec les sacs de nuit, les boîtes à chapeaux, les bourriches, etc. « Enfin, se dit-il, ce qui est fait est fait. Je lui ferai dire une messe de plus. Vraiment, 150 fr., c'était par trop dur aussi! » Il ne lui vint pas à l'idée qu'il violait les règlements sur cette matière. Il ignorait qu'il y eût des lois sur le transport des morts. Les lois sur les vivants sont déjà si longues à apprendre!

Arrivé à destination, il songea un instant à aller chercher une voiture pour transporter les précieuses dépouilles; mais... mais... Bref, des *mais* se présentèrent à son esprit, furent bien accueillis, et il choisit un véhicule moins coûteux. Un simple commissionnaire prit la caisse sur son dos et accompagna le triste époux jusqu'en sa demeure.

Cette dernière lésinerie fut fatale à l'économe mari. Le commissionnaire remarqua la physionomie étrange de la nièce à l'arrivée de l'oncle. Elle s'approcha muette du colis et déposa respectueusement une croix dessus... Vive fut la surprise du porte-malle! Le lendemain, un service funèbre lui donna l'explication du mystère. Naturellement, il devint furieux qu'on lui eût fait transporter un mort à si bon compte (75 centimes).

De son côté, la compagnie du chemin de fer, avertie de l'aventure, réclama 147 fr. 65 c., qui, ajoutés aux 2 fr. 35., formaient les 150 fr. portés aux tarifs.

Le bonhomme, traduit devant le juge de paix, obtint gain de cause ; mais sa satisfaction fut de courte durée. En appel, le Tribunal le condamna à payer les 147 fr. 65 c., plus les frais de première instance et d'appel.

§ 3. Le voyageur peut-il, lorsque ses bagages sont déjà sur la bascule, en retirer une partie pour éviter le prix de l'excédant?

S'efforcer de payer le moins possible est un vice inhérent à la nature humaine en général, et à la nature des voyageurs en particulier. Les compagnies, de leur côté, sont imbues de la qualité contraire : gagner le plus possible.

Mis en présence, sur la question des bagages, les intérêts rivaux font naître une foule de petites discussions héroï-comiques. La lettre suivante, d'un voyageur peu savant, mais d'un caractère tenace, nous en fournit un exemple entre mille :

« Au commencement du mois d'août 1858, le chemin

de fer m'a mis dans un grand embarras. J'ai tenu bon
mon caractère est assez ferme. Ma résistance m'
sauvé ; mais je serais curieux de savoir si j'étais bie
dans mon droit.

« J'étais parti par le chemin de fer d'Orléans. Me
bagages excédaient le poids de 30 kilogrammes ; j'a
vais payé un supplément de 2 fr. 25 c. Mon voyage s
fit sans encombre. Le lendemain, je me prépare à re
monter en chemin de fer. Après avoir payé mon bille
de place, je me présente au bureau-bagages ; l'employ
pousse mon colis sur la bascule ; le chiffre d'un poid
fabuleux résonne à mes oreilles, puis le préposé a
bureau me réclame mon billet de place ; je glisse mo
billet dans le guichet.

« — Très-bien ! monsieur, veuillez payer quatr
francs cinquante d'excédant.

«—Quatre francs cinquante ! m'écriai-je ; mais, hie
il ne m'a été réclamé que deux francs vingt-cinq. Me
bagages sont les mêmes... je n'ai pas ouvert mes coli

« — Pas de bavardage ! monsieur ; payez ce qu'o
vous réclame !

« — Non pas... S'il en est ainsi, je reprends l'un d
mes colis que je garderai près de moi... Employé ! pa
sez-moi le petit paquet gris.

« — Il est pesé, monsieur ; tant pis pour vous.

«—Alors, monsieur, je reprends tous mes bagage

« — Non, monsieur, ils sont enregistrés... payez
taisez-vous !

« — C'est ainsi que vous me répondez... Eh bie
appelez le chef de gare !

« — Le chef de gare n'est pas ici. Avez-vous bientôt fini? »

Comme on annonçait le train, il fallait se hâter. Je préviens alors l'employé que je ne pars pas; que, si je n'ai pas le registre des réclamations ici, je l'aurai ailleurs, et, comme mesure de précaution, je prie les autres voyageurs de vouloir bien me donner leurs noms, afin de les appeler en témoignage. En voyant cette manœuvre, l'employé s'éclipse et reparaît quelques instants après avec le chef de gare. Je bondis vers ce dernier : « Le registre des réclamations, s'il vous plaît? » Le chef de gare, homme charmant, me salue, me fait remarquer que le train était arrivé et que j'allais manquer mon voyage : « Montez vite ! ajoute-t-il, vos bagages vont partir... il y a erreur... j'arrangerai cela. »

« Je partis et ne payai rien, etc., etc. »

La question qui embarrassait notre voyageur peut se résoudre en ces termes :

Le voyageur qui fait enregistrer ses bagages peut-il, lorsque les bagages sont sur la bascule, et que celle-ci constate un excédant, en retirer une partie pour diminuer ou éviter le supplément de prix?

Or, rien n'est moins embarrassant que ce problème. Si les compagnies exigeaient que leurs employés cultivassent un peu l'étude du droit, au moins en ce qui concerne leurs rapports quotidiens avec les voyageurs, jamais semblable balourdise n'eût été commise.

Que se passe-t-il entre le voyageur et le chemin de fer?

Un contrat de transport.

Quand ce contrat est-il parfait?

Au moment où les deux parties contractantes sont d'accord sur le prix. Or, il n'est pas possible de connaître le prix des bagages avant que ceux-ci n'aient été pesés.

J'espère bien que des esprits trop zélés n'iront pas soutenir que tout arrivant à la gare est censé avoir pesé ses bagages. L'assertion serait par trop ridicule ! Elle ne pourrait être faite sérieusement que par un marchand de balances avide d'étendre son commerce. Ainsi, un employé pèse le bagage, annonce le poids. Un autre employé déclare au voyageur que ce poids comporte, d'après les tarifs, un supplément de telle somme. Jusque-là, aucun contrat ne lie le voyageur. Libre à lui d'accepter ou de refuser l'offre qui lui est faite, et il est parfaitement dans son droit en disant : « Le prix me paraît trop élevé et je retire mes bagages » ou : « Séparez de mes bagages tel colis que je conserverai près de moi, afin de diminuer ou de faire disparaître le supplément. »

Toutes ces choses sont élémentaires. Nul n'est réputé ignorer la loi, — les compagnies moins que les autres. — Cependant, ces principes si connus, me direz-vous, sont souvent violés... Pour quelles raisons?

L'ignorance n'a pas ici de raison d'être. Néanmoins, les employés allégueront, comme excuse, qu'ils sont étroitement liés par leurs règlements intérieurs, que leur travail est divisé comme celui des machines, et qu'ils finissent par ne plus savoir que leur consigne.

Espérons qu'avec le progrès, on laissera plus de part à l'instruction. Nul n'est plus à plaindre que l'homme dont l'intelligence est affaissée dans l'exécution d'une consigne qui ne laisse rien à l'imagination ni au raisonnement. Même au bureau des bagages, l'ignorance réglementaire serait une flétrissure pour une puissante corporation. Il n'est pas vrai, comme on l'a dit, que la consigne soit un cancer du cerveau de l'homme inhérent à son état social.

CHAPITRE XIV.

Mention mise au dos des bulletins de bagages

Le bulletin des bagages est aussi nécessaire pour retirer les effets à l'arrivée que les billets de place pour sortir ; l'un est le passe-port du maître, l'autre celui des colis. Nous verrons au chapitre de l'*Arrivée* ce qu'il peut advenir de la perte de chacun d'eux.

M. B*** n'est pas content de ce passe-port pour sa malle ; il vient de lire sur le dos du bulletin : « La compagnie paye : pour un sac de nuit perdu, 50 fr. ; pour une malle, 150 fr. » Le digne homme est tout effrayé ; il vient de perdre son fils, et il rapporte à son triste foyer un seul souvenir, le portrait photographié de son enfant. Il n'est pas douteux que si la malle s'égare, 150 fr. ne répareront pas la perte de ce trésor.

Hélas ! non. Mais une somme supérieure ne serait

pas non plus une compensation. Il est des objets dont la valeur ne peut être appréciée en argent, et qui ne peuvent donner lieu à des dommages-intérêts.

M. Léon, élégant étudiant en droit, éprouve au contraire une crainte plus légitime ; il a lu également la mention du bulletin : « 150 fr. pour une malle, » et il calcule que la sienne contient :

Un habit neuf	120 fr.	» c.
Une redingote.	100	»
Deux pantalons	60	»
Six chemises à 15 fr	90	»
Cravates, cols.	25	»
Une paire de bottes fines.	28	»
Un volume de droit civil, par Mourlon.	8	»
L'Insecte et *l'Oiseau*, par Michelet. . .	6	»
La Melœnis, de Bouilhet.	1	»
Madame Bovary, par Flaubert, 2 vol. .	2	»
Une paire de chaussettes.	1	50
Total	441	50

« Et cependant, se dit-il, si un destin contraire faisait évanouir ma malle, l'administration prétendrait ne me rembourser que 150 fr. Cela me paraît peu conforme à l'article du Code Napoléon que nous avons étudié l'autre jour, et qui commande de réparer le préjudice qu'on a causé.

« Je poserai cette difficulté à mon répétiteur. »

— Votre répétiteur vous dira, monsieur Léon, de ne pas vous alarmer ; qu'il est enchanté que cet article du Code vous soit revenu en mémoire ; que la mention au dos du bulletin n'a aucune valeur devant les Tribunaux, et que, cent fois déjà, la nullité de cette mention a été jugée.

— Comme vous êtes fort studieux, ainsi que le prouve la nomenclature des livres que vous emportez en vacances, vous désirez peut-être connaître les raisons de cette jurisprudence générale.

Elles sont fort simples : outre ce principe, que quiconque a causé un préjudice doit le réparer, les Tribunaux ont sagement appliqué les dispositions des articles 1784 et suivants du Code Napoléon sur la responsabilité exceptionnelle des entreprises de transports. Ces obligations rigoureuses sont en quelque sorte considérées comme d'ordre public, et il faudrait, entre le voyageur et la compagnie, une convention bien expresse pour y déroger. La compagnie ne peut pas, de son autorité privée, modifier ses obligations ; elle ne peut pas alléguer que votre possession du bulletin renferme une acceptation tacite. Le bulletin est pris par vous comme passe-port de vos bagages, et nullement comme une convention annulant les dispositions générales du droit commun.

CHAPITRE XV.

Du poids concédé aux bagages de chaque voyageur. — Excédant du poids des bagages des militaires.

En général, il est accordé au voyageur un poids de 30 kilogrammes. Cette règle est la même pour les voyageurs quels qu'ils soient.

Il semble que sur ce point aucune difficulté ne puisse s'élever; cependant certains esprits, trop ingénieux, en ont fait naître.

Un employé, préposé au bureau des bagages, qui apportait dans ses fonctions un zèle passionné (il n'avait pas lu la circulaire de M. de Talleyrand), voulut établir une différence entre les voyageurs ordinaires et les voyageurs qui ne payent que demi-place.

Il faisait ce grave raisonnement : « Puisque cet homme ne paye que demi-place, il n'a droit qu'à la moitié du poids des bagages habituels, soit 15 kilogr. au lieu de 30. »

« Suivant votre raisonnement, répondait l'homme à la demi-place, on ne devrait m'accorder dans le wagon que la moitié d'une place, c'est-à-dire que, dans un compartiment de dix voyageurs, il serait loisible d'entasser vingt privilégiés comme moi. » Et, en parlant ainsi, le bonhomme montrait en riant l'énorme circonférence de son abdomen.

L'employé se fâcha : « Monsieur, dit-il, ces plaisanteries ne sont pas admises au bureau des bagages : ici, tout doit se passer avec poids et mesure. » Et il exigea net un supplément en n'accordant que 15 kilogrammes.

Une réclamation fut faite le soir même ; je ne me suis pas informé du résultat, convaincu qu'elle serait admise sur-le-champ. Voyager à moitié prix, c'est posséder tous les avantages (en place et bagages) qui appartiennent au voyageur payant place entière. Sans cela, ce ne serait plus voyager à moitié prix, mais bien à moitié place, ce qui serait loin d'être une faveur.

Voici une question qui intéresse tous les militaires voyageant en famille.

Les lois et ordonnances (Ord. 15 novembre 1846, 3, tarif n° 2, de l'arrêté ministériel du 21 juin 1853) prescrivent que le militaire, voyageant avec sa feuille de route, jouira d'un double privilége. Réduction de moitié : 1° sur le prix des places fixé pour les voyageurs (1); 2° sur les taxes du tarif général pour le transport des bagages. Ce privilége lui est toujours accordé, qu'il voyage isolément ou qu'il soit accompagné de sa famille.

Le 5 octobre 1854, M. C***, médecin en chef d'un hôpital militaire de Paris, voyageant avec sa feuille de route comme militaire, se présente à la gare du chemin de fer de Marseille avec sa femme et ses enfants. Il prend son billet de place à prix réduit, plus, quatre autres billets pour les membres de sa famille au prix ordinaire du tarif; il remet ces cinq billets au contrôle des bagages; on dégrève 30 kilogrammes par chaque voyageur. Ce dégrèvement fait, on constate un excédant de 218 kilogrammes.

M. C*** demande à jouir de la réduction de moitié sur cet excédant, puisque, dit-il, les bagages lui appartiennent.

L'employé s'y refuse et exige la somme de 28 francs 95 centimes.

M. C*** porte plainte au commissaire de surveillance. Ce fonctionnaire demande la détaxe de la somme indûment perçue à ses yeux. Nouveau refus de l'employé qui offre seulement de détaxer la part de l'excédant

(1) Par décret de cette année, la réduction est des 3/4.

afférente à M. C***. « Il s'agit, soutenait-il, de l'excédant
de bagages de cinq personnes, je dois diviser fictivement l'excédant en cinq parts et n'accorder la réduction
de moitié qu'à la part du militaire. »

La Cour d'Aix a donné gain de cause au médecin
militaire et complétement tort à l'administration par
les motifs suivants :

« Attendu que le militaire, porteur d'une feuille de
route, qui voyage en chemin de fer avec sa femme et
ses enfants, et présente tous ses bagages en bloc comme
lui appartenant, a le droit d'obtenir, d'abord le
dégrèvement du poids de trente kilogrammes par
voyageur, ensuite la réduction de moitié sur l'excédant de ce poids, sans que l'administration puisse contrôler sa déclaration et diviser fictivement l'excédant
en autant de parts qu'il y a de membres dans sa famille, pour ne faire porter le privilége de la réduction
que sur la part afférente au militaire lui-même ; que
sans doute, il entre dans les attributions de l'administration de veiller à ce qu'aucune fraude ne soit commise à son préjudice et qu'on ne saurait la soumettre
d'une manière absolue à accepter, dans tous les cas,
sans contrôle, la déclaration de tout voyageur, mais
que, dans les circonstances précitées, le père de famille doit être cru sur parole en affirmant la propriété
de ses bagages, car on ne saurait raisonnablement
exiger qu'il fasse la division matérielle des effets concernant chaque membre de sa famille pour présenter à
part ce qui lui est personnel, la nature des choses ne
se prêtant pas à un pareil fractionnement ; que tel est

l'esprit de l'arrêté ministériel du 21 juin 1853, etc. »
(Cour imp. d'Aix, 3 janvier 1855.)

CHAPITRE XVI

Du prix des suppléments.

Le supplément est l'épisode dramatique du bureau-bagages. Rien n'est plus intéressant que de considérer l'œil inquiet, la lèvre pincée du bourgeois au moment où l'on pèse ses bagages... un peu lourds. Quand on lui réclame 5 ou 6 francs de supplément, sa physionomie s'allonge démesurément, et cette vue pittoresque doit faire les délices de l'employé, quand il est observateur, et apporter quelque distraction à la monotonie de ses fonctions.

Tout le monde aspire à une réduction du prix des suppléments. Ce désir paraît d'autant mieux fondé que ce tarif supplémentaire est supérieur au prix des suppléments dans les anciennes diligences.

Puisque les chemins de fer sont un progrès sur l'ancien mode de locomotion, le progrès doit s'étendre sur les accessoires nécessaires aux voyageurs, sur ses malles et paquets.

Pour un grand nombre d'entre eux, trente kilos sont loin d'être suffisants. Prenons, par exemple, la

4.

race nombreuse des pèlerins infatigables nommés commis voyageurs. Jour et nuit, ils circulent sur la voie de fer. Les compagnies devraient les traiter en enfants gâtés, comme leurs meilleurs clients. Sur ceux-là surtout, pèse le terrible excédant ! Trois francs de supplément, renouvelés chaque jour, forment un chiffre effrayant dans les appointements du commis. Combien pourtant, chargés d'échantillons, malgré tout le génie que Balzac leur prête à juste titre, ne peuvent échapper au désastreux impôt !

Il en est plusieurs, cependant, qui sont parvenus à dompter le mauvais destin en formant d'intelligentes associations, dont voici un exemple.

CHAPITRE XVII

Moyen pratiqué pour éviter un supplément de bagages.

Les commis voyageurs se reconnaissent mutuellement, en un clin d'œil. Une minute après leur descente à la gare, ils se sont tous vus, examinés des pieds à la tête. Ils ont pesé d'intuition le poids des bagages que chacun transporte. Aussitôt, celui qui se trouve menacé de supplément s'approche du voyageur au bagage plus léger :

« Je présume, monsieur, que nous nous dirigeons tous deux sur Lille.

« — Mon Dieu, oui, monsieur; mais n'êtes-vous pas de la maison...?

— De la maison Renouard et Cᵉ.

— Ah ! très-bien ; nous nous sommes vus, je pense, à l'hôtel de la Corne-d'Or, il y a dix mois... le lundi de la Pentecôte... ce jour de notre fameuse discussion sur le libre échange...

— Oui, je me rappelle fort bien. La bonne fortune ! Enchanté, vraiment, de vous rencontrer !

— Plaisir double, mon cher.

— Mais vous me paraissez assez heureux pour n'avoir qu'un mince bagage ; voulez-vous le mettre avec le mien? Vous m'éviterez un supplément.

— Comment donc ! avec grand plaisir. »

Et le supplément est sauvé.

Ces sortes de services se rendent chaque jour, à la satisfaction générale des commis voyageurs, mais aussi au grand mécontentement des compagnies. Dernièrement, l'une d'entre elles fit arrêter deux voyageurs qui avaient réuni leurs colis et les fit assigner en police correctionnelle (Paris, mai 1857). Cette nouvelle a causé une sensation pénible dans la gent voyageuse. Accuser de braves gens de délit pour un tel fait ! C'était jeter la perturbation dans l'entendement humain. Aussi fut bien accueillie la nouvelle de l'acquittement des prévenus.

Le droit de s'associer, pour diminuer les frais d'un voyage, est légitime en tous points. La faculté de réunir les bagages, pour éviter l'excédant, est incontestable comme la faculté de prendre à frais communs une voi-

ture de place. Chaque voyageur a droit à trente kilos.
S'il n'use pas de l'intégralité de ce droit, il peut prendre une partie des bagages de son voisin et l'imposer
à la compagnie. Que les bagages appartiennent au voyageur, ou à son frère, ou à Pierre, ou à Paul, peu importe ! La compagnie est obligée de transporter tel
poids, à la convenance du voyageur, sans rechercher
ni la provenance ni le véritable maître des objets.

Par des raisons analogues, il a été jugé maintes fois,
pour le transport des marchandises, que le groupage
à découvert des colis de moins de cinquante kilos était
permis. (Voir plus loin le livre IX : *Des transports.*)

Si les Tribunaux n'avaient pas sagement appliqué
ce principe, mille vexations en eussent été la suite. La
mère n'aurait pu voyager avec une seule malle renfermant les effets de sa fille et les siens, etc. L'arbitraire
eût harcelé le voyageur.

CHAPITRE XVIII.

Des bagages que le voyageur a le droit de conserver avec lui.

Les règlements permettent à chaque voyageur de
conserver près de lui les paquets et autres objets qu'il
est facile de placer sous la banquette, et qui ne peuvent incommoder les autres voyageurs. Mais qui décidera de la forme, du poids, de la nature de ce colis ?

Pourra-t-on conserver de l'or, de l'argent, des effets précieux?

L'article du tarif qui fixe le prix du transport des objets précieux autorisera-t-il la compagnie à exiger ce prix, quand elle s'aperçoit de la nature des objets conservés par le voyageur?

Toutes questions abandonnées au caprice de l'arbitraire, à la volonté d'un employé!

Hâtons-nous de remarquer qu'il existe, sur tous ces points, une assez grande tolérance. Parfois même, nous avons vu laisser emporter dans les voitures des caisses réellement incommodes pour les voisins.

Les variétés innombrables des colis ne permettent guère d'éviter l'arbitraire. Toujours est-il que le préposé à la porte de la salle d'attente accepte ou refuse à son gré, et décide souverainement.

En cas d'un refus non motivé de la part de cet employé, le voyageur n'a guère de recours immédiat à exercer qu'auprès du chef de gare. Ce dernier accueillera souvent la demande. L'officier est toujours plus tolérant que le soldat.

Que décider, s'il arrive que le gardien de la salle d'attente laisse passer des voyageurs munis de gros paquets, et, qu'au moment de monter en voiture, le chef de train refuse d'admettre ces paquets incommodes?

La faute doit retomber sur l'administration, dans la personne des gardiens de la salle d'attente. Comme il n'existe aucun règlement qui détermine le poids, la dimension des colis susceptibles d'être conservés, c'est à l'employé de la salle d'attente à apprécier la nature des bagages. Dès lors, si, par inadvertance, il a accepté des paquets incommodes que le chef de train refuse, le voyageur peut exercer un recours contre l'administration, soit pour l'enregistrement et les retards du colis refusé, soit encore pour le manque de départ du voyageur, si le temps n'a pas été suffisant pour l'enregistrement.

Nous supposons, bien entendu, qu'en entrant dans la salle d'attente, le voyageur n'a pas dissimulé ses bagages à l'employé.

La question du transport de l'or aurait grand besoin d'une solution législative. Jusque-là, nous déciderons qu'en l'absence de toute règle, le voyageur peut conserver en voiture la somme d'or et d'argent qu'il voudra, si toutefois l'employé de la salle d'attente n'a pas trouvé le sac d'un poids trop considérable. Certaines compagnies ont autorisé expressément le transport des espèces accompagnant le voyageur, mais aux risques et périls de celui-ci.

On peut être volé partout dans ce monde, même en chemin de fer. Nous examinerons plus loin jusqu'où s'étend la responsabilité de la compagnie.

CHAPITRE XIX.

L'administration peut-elle se faire ouvrir les bagages pour en contrôler la contenance ?

Par cela même que le chemin de fer transporte les bagages à ses risques, il a le droit de s'assurer de leur contenance. Cependant, il faudrait des motifs sérieux de suspicion. Le droit ne peut s'étendre jusqu'à des exigences vexatoires. L'utilité du contrôle est bien moindre ici que dans le cas de transport de marchandises. Alors, en effet, la compagnie peut craindre de fausses déclarations pour éviter des tarifs exceptionnels. Ici, la déclaration de la contenance n'est pas obligatoire, l'intérêt disparaît en partie. Néanmoins, il est des circonstances exceptionnelles où la compagnie peut et doit exiger l'ouverture. Notons, par exemple, les colis qu'elle soupçonne contenir de la poudre ou autres matières inflammables.

D'après un arrêt de la Cour de Paris du 16 août 1853, sauf le cas où la déclaration a été reconnue fausse, la compagnie doit refermer les colis immédiatement et à ses frais. Tous les voyageurs ont partagé l'avis de la Cour.

LIVRE III

REGISTRE DES RÉCLAMATIONS

CHAPITRE UNIQUE.

Souvent déjà nous avons conseillé au voyageur de faire immédiatement sa *réclamation*. Mais où? Comment? A qui? Ce n'est pas tout de se plaindre, il faut encore trouver les gens qui doivent et veulent vous écouter; et il n'est pas toujours aisé, en ce monde, de faire arriver ses plaintes aux oreilles destinées à les recevoir.

Heureusement, la loi est venue en aide au voyageur : elle exige que tout chef de gare ou de station tienne un registre de réclamations qu'il est obligé de présenter à toute réquisition. C'est le plus grave pensum que l'on puisse infliger à la négligence d'un employé que de transcrire sa faute sur cette sorte de livre noir. C'est aussi une des plus sages institutions; car, dans ces grandes entreprises, il est essentiel que les moindres sottises, les plus petites erreurs ne passent pas inaperçues.

Le public use-t-il souvent de ce droit ?

Hélas, non ! Sauf le cas de perte de colis, il ne s'amuse guère à dresser acte d'accusation contre les retards, les grossièretés, etc., etc. En voyage, on se hâte. Le métier de scribe est fort peu attrayant ; chacun se tire le moins mal possible de la difficulté présente. Tant pis pour le voisin qui aura à subir le même embarras ! Rarement on songe qu'une note exacte sur un fait répréhensible rend service à l'administration elle-même et aux voyageurs. Le public doit secouer son indifférence ou son égoïsme, et venir en aide aux recherches et à la surveillance des chefs supérieurs. Il est fort regrettable, avons-nous déjà dit, que la foule, parce qu'elle se trouve parquée dans une salle d'attente ou dans un wagon, se considère comme un troupeau de moutons, soumis envers les bergers à une obéissance passive. Un chemin de fer n'est ni une bergerie ni une caserne. Un temps même viendra où la civilisation transformera les salles d'attente et les voitures en salons de bonne compagnie.

Pour aider à la venue de cet avenir si riant, ne laissons passer aucun grief sans le consigner sur le registre.

La demande seule du livre accusateur suffit parfois pour faire évanouir une difficulté.

Le 17 août dernier, je me trouvais à une des gares intermédiaires de la ligne de l'Ouest. Pour des motifs qui me sont inconnus, le chef de gare avait fermé le bureau des billets dix minutes avant l'arrivée du train.

Vingt personnes attendaient.

Elles stationnent d'abord patiemment. Cette longanimité restant sans résultat, de modestes murmures s'élèvent qui se transforment bientôt en quasi-tumulte. Cinq minutes se sont écoulées ; une voix s'écrie : « Nous allons manquer le train ! » C'était le dernier de la journée. Stupéfaction générale, à laquelle les individus munis de leurs billets répondent par des sourires cruels.

Enfin, la nécessité donne du courage à quelques-uns ; ils frappent héroïquement contre le bureau ; les employés sulbalternes accourent. Colloque violent, tempête ! Un gendarme survient, ordonne la paix d'un air belliqueux. Sur ces entrefaites, on annonce le train. Le bureau reste toujours fermé ! Tout espoir semble perdu ! Heureusement, une grosse voix domine la tempête : « Le registre des réclamations ! » crie-t-elle.

En vain le gendarme s'avance menaçant vers l'interlocuteur : « Gendarme, je vous somme d'ordonner avec moi au chef de gare de nous fournir le registre des réclamations. »

A ce mot : « registre des réclamations ! » surgit le chef de gare, aimable, poli, gracieux. Il sollicite, d'un ton charmant, l'oubli du terrible registre. « C'était un accident, messieurs ; je vais vous donner des billets, le train ne partira pas sans vous ; veuillez m'excuser. »

Pas un des voyageurs ne fit de réclamations, et, qui pis est, personne ne remercia la grosse voix qui avait opéré le changement soudain. Oh ! l'ingratitude humaine ! L'homme à la grosse voix avait pourtant rendu un service désintéressé, car il possédait son billet depuis une demi-heure.

Le registre des réclamations ne possède pas seulement une vertu préventive, en cas de procès il sert de point de départ aux poursuites, et il peut être d'un grand poids pour entraîner la conviction du juge.

Encore une fois, le public a tort de ne pas consigner sur le registre toutes les fautes qui ont causé préjudice, retard ou contrariété.

Un bon citoyen doit tenir à honneur de provoquer, par ses réclamations, une surveillance spéciale sur toutes les capacités douteuses et les bonnes volontés équivoques.

Où donc se trouve ce fameux livre noir ? se demanderont plusieurs de nos lecteurs. — Moi, je ne l'ai jamais vu, dira l'un. — Je ne l'ai pas même senti, ajoutera l'autre.

Le fait est qu'il n'est pas trop en évidence. Beaucoup s'imaginent qu'il n'a qu'une existence de raison. Le bruit court aussi que bien des personnes qui l'ont demandé ne l'ont pas obtenu.

Que ce registre soit placé en montre dans les gares avec une grosse enseigne, et bientôt il sera couvert de précieuses dénonciations, utiles aux compagnies, aux voyageurs et à l'administration supérieure. Les chemins de fer ne sont pas des tripots industriels. Ils sont dénommés établissements d'utilité publique ; tout doit s'y passer au grand jour.

Que faire si l'employé refuse le livre? Il faut agir énergiquement, comme le fit l'année dernière un de nos confrères, M. Renault. On doit se rendre chez le commissaire de police, soit chez le commissaire spécial, soit chez le commissaire de police de la ville où l'on se trouve. Le magistrat, par la seule vertu de son écharpe, fera à l'instant tomber le précieux livre dans vos mains.

Le chef de gare qui refuse le registre des réclamations se rend coupable d'une contravention passible d'une amende de 16 fr. à 3,000 fr., et, en cas de récidive, de la susdite amende élevée au double, susceptible d'être corroborée par un emprisonnement de trois jours à un mois. (Art. 76 de l'ord. du 15 nov. 1846, et 21 de la loi du 15 juillet 1845.)

Le chef de train est aussi porteur d'un livre sur lequel il doit transcrire les plaintes des voyageurs. Pour plus de sûreté, le voyageur peut, à la station voisine, transcrire de nouveau sa plainte sur le livre des réclamations : deux sûretés valent mieux qu'une.

LIVRE IV

DES SALLES D'ATTENTE

CHAPITRE Ier.

Moyens d'instruction que pourrait offrir l'ornementation des
salles d'attente.

Nos réclamations faites, entrons dans la salle d'attente, justement appelée salle de l'Ennui.

On pourrait parfois la dénommer aussi salle de compression, tant on y est foulé, étouffé. Elles sont généralement beaucoup trop petites. Dans dix ans, quand la circulation aura doublé, elles disparaîtront forcément pour faire place à des galeries plus dignes de notre temps.

Aujourd'hui, on s'y ennuie. Rien qui flatte la vue. Des murailles nues, des barres de bois et des visages mornes.

Notre siècle est sombre et froid. Tout s'en ressent :

les architectes sont tristes, les décorateurs ne sont
guère plus gais. Leurs œuvres portent l'empreinte de
ce découragement qui sait se contenter du passable.

Les lieux prennent leur part de la tristesse humaine,
Et nous laissons au mur l'ombre de notre cœur.

Combien l'art aurait pu métamorphoser ces lieux
mélancoliques !

Je ne sais pas de passe-temps plus doux que l'étude
des monuments, des statues et des tableaux. Quelle
manière plus fructueuse et plus agréable d'apprendre
l'histoire sans livres !

Les anciens l'avaient bien compris. Tout souvenir
glorieux pour l'humanité était perpétué par un mar-
bre et des inscriptions. A chaque pas, dans les rues
d'Athènes ou de Rome, une œuvre d'art parlait et en-
seignait. Le peuple n'a pas le temps de lire les livres,
et, de plus, il est tellement obsédé par les nécessités
matérielles, qu'il ne retient rien des faits, si ce n'est
de ceux au souvenir desquels se rattache une image.
Plusieurs cultes ont admirablement compris cet avantage de réveiller la mémoire en frappant la vue ; aussi
ont-ils fait pulluler les statues, les inscriptions, les
peintures et les images.

Un grand peuple doit travailler sans relâche à en-
seigner à tous, les noms glorieux, les bienfaiteurs de
l'humanité.

Pourquoi chaque gare ne serait-elle pas un livre?

Les lecteurs ne manqueraient pas, lecteurs empressés à saisir les moyens de distraction.

A mesure qu’un chemin de fer s’enrichit, que les actions montent, il n’y aurait pas une grande perte matérielle pour les actionnaires, et il y aurait un immense avantage pour tout le monde, si l’on sacrifiait une modique partie des dividendes à l’ornementation des gares.

Il est vrai que des dépenses énormes ont été consacrées aux bâtisses, aux ponts, aux viaducs monumentaux, etc., etc.

Oui, mais combien peu de bas-reliefs! Rien en sculpture, encore moins en peinture!

Aussi la foule insouciante ignore jusqu’aux noms de ces géants de l’industrie qui ont créé les machines à vapeur. Notre époque mérite le reproche que M. Bardoux adressait dans *Basmaison* à la postérité : « Elle ressemble un peu aux femmes qui ne retiennent que le nom de ceux qui les amusent. »

Un voyageur philosophe rêverait volontiers que le lieu le plus fréquenté d’un pays fût le plus orné de souvenirs historiques. La salle d’attente serait le musée universel de la contrée, le Panthéon des gloires de chaque province.

Notre siècle ne doit pas oublier la grande maxime de Montesquieu : « L’effet naturel du commerce est la richesse, la suite de la richesse le luxe, celle du luxe le perfectionnement des arts. »

Jusqu’ici, la richesse des grandes compagnies n’a engendré qu’un grand luxe de peintures de bâtiments,

5.

un peu de menuiserie et parfois un peu de papier doré.
Ce luxe-là ne s'appelle pas progrès civilisateur. De
grâce, un peu moins d'asphalte et de menuiserie ; né-
gligez quelque peu le maçon et le tapissier, et donnez
dans nos gares droit de cité à l'instruction et aux
beaux-arts.

Les chemins de fer ne sont pas seulement les artères
des grandes nations : ce sont les grandes routes de la
civilisation ; c'est par cette large voie qu'arrive l'avenir tout à la fois grandiose et effrayant. Il serait peut-
être sage d'arrêter la course du monstre à chaque station par les merveilles de nos productions modernes.
Par ce moyen, on tenterait de lui inspirer pour notre
époque une sympathie qu'il est prudent de rechercher.
Rien n'est plus redoutable qu'une puissance non civi-
lisée. Or, la civilisation opère lentement sur les masses
par les livres. Elle ne pénètre rapidement que par les
yeux, c'est-à-dire par l'art plastique.

Trois fois bénis les administrateurs qui marcheront
dans cette voie !

CHAPITRE II.

Bibliothèques des salles d'attente.

Notre impartialité ne nous permet pas de passer sous
silence quelques efforts tentés pour la distraction des
voyageurs. Un grand nombre de salles d'attente possè-

dent des miniatures de boutiques, de coquettes bibliothèques sur lesquelles s'épanouissent, en forme d'es-
paliers, les produits de la librairie Hachette et quelques
journaux privilégiés.

Ces petits pavillons du roi de la librairie française
valent des millions. Ils doivent être enviés par bien
des libraires ; quelques-uns, assure-t-on, se sont demandé si les compagnies avaient le droit de créer des
petits monopoles dans leurs gares. Le monopole, disaient-ils, d'après sa loi de concession, ne comportait-
il pas une vie limitée ? La compagnie n'avait-elle pas
fait vœu de célibat perpétuel ? Ne lui avait-on pas
interdit toute union étrangère et toute faculté de donner naissance, le long de son réseau, à de petits monopoles, portraits vivants de leur père ?

La compagnie ne s'est guère occupée de ces bour-
donnements, ne trouvant rien dans la loi qui lui enle-
vât le droit d'être maîtresse chez elle, et d'enfanter de
petits monopoles, pourvu que ces chers enfants gâtés
n'aillent pas étourdiment escalader la barrière de sa
ligne.

La loi est-elle restée muette sur cette faculté pro-
créatrice ? Non. Les cours et bâtiments d'un chemin de
fer font, comme le chemin lui-même, partie du domaine
public. A l'autorité administrative seule il appartient
d'en régler l'usage. Aucun vendeur ou distributeur
d'objets quelconques ne peut être admis par les compagnies à exercer sa profession dans les gares qu'en
vertu d'une autorisation spéciale du préfet du département (art. 70 de l'ord. du 15 nov. 1846).

Si donc un autre mode d'organisation intérieure, relatif aux accessoires utiles aux voyageurs, lui est bien démontré, l'administration supérieure pourra ouvrir les bibliothèques aux bienfaits de la liberté.

Aux alentours de beaucoup de monuments publics, l'État, par ses représentants MM. les préfets, permet aux petits marchands d'étaler ici des livres, là des comestibles, plus loin des objets curieux.

Aux portes des gares, sur la voie publique, les marchands pourraient-ils installer leurs boutiques? Les compagnies ne se récrieraient-elles pas contre cette concurrence capable de faire baisser les prix du commerce intérieur de la gare?

Les compagnies ont sans nul doute le droit de se récrier. Tout être en ce monde a la faculté de se plaindre et de pousser des cris. C'est un droit naturel. Mais, sans nul doute aussi, MM. les préfets jouissent du privilége de concéder l'installation des susdites boutiques. Leur sagesse pèsera l'avantage que le public y rencontrera, et bientôt, nous l'espérons, elle entreverra un profit pour les voyageurs, surtout pour les moins riches ; elle accordera libéralement les concessions aux applaudissements de la reconnaissance générale.

CHAPITRE III.

Même sujet. — Des livres hygiéniques.

Nos lecteurs nous sauront gré de leur faire part d'un fragment de lettre sur ces livres des bibliothèques.

Nous avons pu voir nous-même l'original de cette mis-sive, écrite par un célèbre pharmacien qu'un auteur moderne a déguisé sous le nom fameux d'Homais, phi-lanthrope et pharmacien à Yonville. La lettre était adressée à son fils, Napoléon Homais, que ses relations de famille obligent à faire chaque jour un trajet en chemin de fer.

« ..... Soigne journellement tes yeux avec l'eau dul-cifiante et lénifiante que je t'indique. Le soir, en re-montant en chemin de fer, ne prends pour lire que des livres *hygiéniques.* J'entends, par cette dénomination, les livres dont les caractères sont gros et nets, dont les lignes sont largement interlignées. Rien n'est re-doutable comme les livres fins, serrés, menus. Cette avarice, poussée jusque dans le papier, n'est pas un des moindres signes de la décadence des temps mo-dernes. La *Bibliothèque des chemins de fer,* et plu-sieurs libraires, avaient commencé à éditer des ou-vrages en caractère cicéro. C'était beau, brillant, superbe !... Un vrai service rendu à l'humanité ! Mais l'antique sottise semble reprendre le dessus ; on re-tombe dans les affreux grimoires des livres classiques, ou mieux, des livres de classe.

« J'ai calculé qu'un homme qui voyagerait cha-que jour une heure en chemin de fer et qui régulière-ment lirait pendant le trajet, dans ces éditions mal-saines, devrait infailliblement perdre la vue en moins de six à huit mois. Un membre de l'Académie de Rouen, auquel je communiquais cette importante observation, n'a pas balancé à adopter mon opinion.

« Il est vraisemblable que si les libraires et journalistes recevaient une subvention de la part des opticiens, ils n'agiraient pas autrement. Bientôt les hommes ne verront plus la nature qu'à travers des verres bleus et verts.

« Donc, soigne ce sens si précieux de la vue, mon enfant; ne lis jamais que dans de beaux livres bien imprimés, comme ma magnifique édition de Voltaire, dans laquelle je t'ai appris à lire et à penser. Tudieu ! tu es un travailleur, tu deviendras un grand médecin ; le sang riche de ton père circule joyeux dans tes veines !

« Je signale à ta jeune Minerve une observation que tu es plus à même que moi de compléter. J'ai remarqué que les hommes de génie avaient des écritures mâles et vigoureuses ; du moins nos illustrations normandes actuelles présentent ce trait caractéristique. Tout naturellement la grandeur de la pensée doit se traduire par l'ampleur de la forme calligraphique.

« Seuls, les écrivassiers, les faiseurs de catéchismes ou de grammaires, ou de critiques, ou de commentaires, ont la passion des pattes de mouches.

« Aussi les premiers, quand ils peuvent dominer leur éditeur, exigent que leurs livres ne contiennent pas plus de 22, 25, ou 28 lignes à la page. — Les seconds ont leurs produits tassés en 40 ou 45 lignes à la page. Horreur à lire chez soi ! monstruosité à lire en chemin de fer ! — Une pareille impression est à la vue ce que la fièvre typhoïde est aux entrailles : principe de débilitation profonde !

« Quand tu seras parvenu au point culminant où t'appellent la destinée et les vœux du chevalier Homais, ton père, tu domineras alors le conseil de salubrité publique, tu t'insurgeras éloquemment contre ces livres attentatoires à la vue de l'homme, tu provoqueras des ordonnances pour purger les gares de ces éditions malsaines et n'autoriser la vente que des éditions *hygiéniques.* »

CHAPITRE IV.

Le journal *l'Indicateur des chemins de fer*. — Fausses indications. — Responsabilité.

Revenons à la bibliothèque, et écoutons les deux voyageurs qui discutent en fouillant dans l'étalage.

L'un répond au nom de Potdor, ancien marchand. Nous le connaissons ; il est beau-frère de M. Prulhomme. Bon ! le voilà qui achète l'*Indicateur*. — Prix, 25 c. Il se rengorge et s'exclame contre ce chiffre exorbitant. Son voisin, M. Finevue, parvient à le consoler par la lecture attrayante des annonces dont ce journal est illustré.

M. Finevue sourit. Il va sans doute lancer une épigramme. Nous ne nous trompons guère ; il se rappelle par hasard l'article de l'ordonnance qui prescrit l'affiche du prix des places et des heures du départ dans

toutes les gares. En grande hâte, il signale à la haut
intelligence de M. Potdor ce raisonnement vigoureux

« Dans bien des gares, on oublie d'afficher le tablea
des heures de départ exigé par la loi, ou bien ce *ta
bleau-affiche* est assez intelligent pour s'user très
vite, ou se laisser déchirer par un coup de vent; c
bien encore, il sait se placer le soir assez loin de
lumières pour être difficilement lu. Au contraire, l'*I
dicateur*, qui n'avait pas été prévu par la loi, s
trouve partout, et présente coquettement ses feuill
hebdomadaires à l'avidité des voyageurs. Or, si le
tableaux-affiches étaient bien solides, bien lisible
bien éclairés, l'*Indicateur* perdrait singulièrement
son débit, — mais le public y gagnerait! »

Si M. Finevue aspire à la réalisation de ses désir
nous lui conseillons de communiquer ses réflexions
MM. les commissaires spéciaux de surveillance. C
magistrats accueilleront ses réclamations, parvie
dront à régulariser l'affichage du tableau, et à donn
ainsi force et vie à l'esprit et à la lettre de l'art. 43
l'ordonnance du 15 novembre 1846.

M. POTDOR.—A propos d'*Indicateur*, dites-moi don
monsieur Finevue, votre opinion clairvoyante sur u
question qu'un de mes amis m'a posée ces jours de
niers. Cet ami a loué une maison de campagne à u
lieue de Mantes (Seine-et-Oise). Le 11 juillet dernie
il lui fallait rentrer le soir à Paris. Il achète un *Ind
cateur*, regarde à la page 5 dans la colonne porta
la suscription : MANTES A PARIS, et voit que le derni
convoi part à dix heures huit minutes. Comme il

voyage qu'en *seconde* (il est fort économe), il examine si ce train contient des voitures de seconde classe. En effet ce train porte en tête : 1re et 2e classe.

Arrivé à l'heure dite à la gare, parfaitement rassuré, il s'approche du bureau :

« Une place de seconde, s'il vous plaît?

— Il n'y en a pas, monsieur.

— Vous faites erreur, monsieur ; voyez mon *Indicateur*.

— L'*Indicateur* ne me regarde pas, monsieur; voyez l'affiche. »

A un employé. — Eh! levez donc le gaz, afin que monsieur puisse lire l'affiche.

Mon ami examine et constate en effet que le train passant à dix heures à Mantes venait du Havre. Au Havre, il prend des voyageurs de première et de seconde classe; mais, à partir de Rouen, les voyageurs de première seuls sont admis. Ces variations que je ne comprends guère avaient fait tomber l'*Indicateur* en erreur. Sur la section MANTES A PARIS, il avait reproduit ce titre : PREMIÈRE ET DEUXIÈME, que portait le train en partant du Havre, sans songer qu'à partir de Rouen les secondes étaient bannies du train.

Eh bien! il a supporté un préjudice, puisqu'il a été contraint de prendre un billet de première, et qu'il ne lui a pas été possible de prendre un train moins aristocrate. Qui donc est responsable?

M. Finevue. — L'imprimerie Chaix d'abord, cela ne fait pas de doute. J'achète un *Indicateur* pour qu'il m'indique la vérité et non l'erreur. — En outre, le chemin de fer est aussi responsable, par ce motif qu'il autorise la vente du journal (non sans en retirer un bénéfice).

Le voyageur a dû induire de cette circonstance que le chemin de fer en surveille la publication. Ajoutez à cela ce que nous venons de dire sur la manière dont on affiche les heures de départ dans les gares, et le bon sens conclura à faire retomber la responsabilité de l'erreur tout à la fois sur l'éditeur du journal et sur la compagnie du chemin de fer.

M. Potdor. — Vous abondez dans mon sentiment. Vraiment, alors nous les ferons condamner pour l'exemple; car... vous comprenez... ce n'est pas pour une si faible somme... non... pour l'exemple !

M. Finevue. — Les bons exemples sont toujours dignes d'éloges, mon cher monsieur Potdor !

CHAPITRE V.

Même sujet. — Lettre d'un voyageur désespéré à un journaliste.

« ..... Ah ! monsieur, quel embrouillamini ! quel grimoire ! quelle bouteille à l'encre que l'*Indicateur !* De plus, il est semé de périls, de précipices, d'abîmes sans fond... pour la bourse des voyageurs ! »

« Oui, monsieur, les journaux ont grand tort de ne

pas signaler les mystères ténébreux de ces labyrinthes.

« Or donc, monsieur, pourquoi d'abord avoir un
Indicateur qui paraît tous les huit jours. Le voyageur
craint toujours quelques changements, et le voilà forcé
d'acheter sans cesse un journal indicateur.

«Le monde voyageur considère ceci comme un impôt
arbitraire, impôt forcé, non prévu par la loi. Écrivez,
monsieur, écrivez plutôt deux fois qu'une, qu'il faut se
hâter de faire disparaître cet abus. Le journal indicateur ne devrait changer que deux ou trois fois par an :
service d'été, service d'hiver.

« Sous le bénéfice de cette première observation, je
vais vous expliquer certaines pages de l'*Indicateur*
par le récit de l'accident dont je viens d'être la victime.

« J'étais à Paris ; je me proposais d'aller à Longpré,
— petite station du chemin de fer du Nord, entre
Amiens et Abbeville. J'examine l'*Indicateur* ; j'arrive
à la page : *Nord*. Puis je prends les colonnes ayant
pour titre : *Paris à Amiens, Abbeville, Longpré, Boulogne.* — Diantre ! me dis-je, je n'aperçois qu'un seul
train partant de Paris et qui s'arrête à Longpré ; ce
train part à deux heures du soir ; je ne serai rendu à
destination qu'à sept heures.—Or, je tenais essentiellement à arriver au milieu de la journée.

« Je me sauve pourtant par un expédient. Je calcule
qu'en prenant le train express de huit heures du matin,
j'arriverai à Amiens à onze heures quinze, et que là,
changeant de voiture, je pourrai prendre un train

partant d'Amiens une demi-heure plus tard, lequel train me conduira à destination vers une heure. C'était bien mon affaire ; mais pour cela, il fallait prendre les *premières* du train express partant de Paris à huit heures. Hélas ! monsieur, je ne voyage habituellement qu'en *troisièmes*, ma modeste fortune l'exige. Cependant, nécessité n'a pas de loi, et il me fallut monter en premières : préjudice considérable pour ma bourse.

« Arrivé à Amiens, je m'installe dans le nouveau train, quand tout à coup je me trouve en face d'un monsieur de ma connaissance, que j'avais rencontré la veille au soir à Paris.

— Comment ! vous ici ?

— En personne.

— Mais, par quel train êtes-vous arrivé ?

— Par le convoi du matin.

— Mais c'est impossible ! J'y étais, je ne vous ai pas vu.

— C'est que j'étais en troisièmes.

— En troisièmes ? Il n'y en avait pas, mon cher, j'y suis venu en premières par nécessité !

— Je vous assure qu'il se trouvait des voitures de troisième classe, puisque j'y suis venu.

— Mais non.

— Mais si.

« Bref, monsieur, nous allions nous échauffer. Je prends mon *Indicateur*, et je lui montre qu'il n'existe pas de train-omnibus de Paris à Longpré avant le soir.

« Là-dessus il se met à rire, et m'explique qu'il

n a et qu'il n'y en a pas ; qu'il en existe un pour les
malins, les mathématiciens, les diplomates, les astro-
omes... mais pas pour les ignorants.

« Sans doute, me dit-il logiquement, vous deviez
examiner la page portant : *Paris, Amiens, Boulogne*,
puisque Longpré est situé entre Amiens et Boulogne ;
mais l'*Indicateur* n'est pas fait par des professeurs de
logique. Regardez maintenant la page précédente :
Paris à Bruxelles. Voici un convoi-omnibus qui part
à sept heures et passe à Amiens à onze heures trente-
cinq minutes. Tel est le train qui m'a conduit. A onze
heures trente-cinq minutes je suis débarqué, et je reprends le même train que vous. Quoique ce train cor-
responde parfaitement avec le nôtre, on ne l'indique
pas ; il faut, pour le trouver, courir d'une page à l'autre
et se livrer à un savant calcul. Alors l'ignorant fait
comme vous, il prend forcément une place de première classe. Autant de gagné pour la compagnie.

« Je fus atterré, monsieur, à cette révélation de mon
ami. Quel crime de lèse-bon sens ! Comment ! je puis
aller en troisièmes à Longpré, et je n'en trouve pas
indication à la page réservée aux trains de Paris,
Amiens, Longpré, Boulogne ? N'est-ce pas là une spéculation coupable sur la bourse de l'ignorant ? Cela
ne peut être, me direz-vous. Mais alors, expliquez-
vous la raison de cette fausse trappe où tomberont
tous les gens qui ont une confiance naïve en l'*Indicateur ?*

« *Post-scriptum*. Si la vente des journaux des chemins de fer était libre dans les gares, ne pensez-vous

pas que la concurrence les pousserait bien vite à l
perfection ? Déjà même, il en résulte de beaucoup plu
complets, notamment l'*Indicateur universel.* »

Les victimes de semblables mésaventures seraien
elles fondées à réclamer le remboursement du prix de
premières payé par suite de la fausse indication ? Ou
sans contredit. Il est bon de le répéter : la responsa
bilité de la compagnie et du propriétaire du journa
l'*Indicateur* découle de leur position respective.

D'une part, la compagnie autorise expressément
exclusivement la vente de ce journal dans ses gare
S'il n'est pas exact, la compagnie partage la faute qu
a fait tomber le voyageur en erreur. Ce dernier a d
croire que toutes les indications étaient vérifiées pa
la compagnie. En protégeant de telle sorte ce journa
elle s'en porte caution vis-à-vis du public.

D'autre part, l'*Indicateur* orne sa première page c
titres complétement rassurants pour le voyageur :

SERVICES OFFICIELS.

*L'*Indicateur *est le* SEUL *journal contenant les se*
vices, dont la vente est autorisée dans les gares.

Après une pareille annonce, toute faute devient grav
Le voyageur n'a pas douté de l'exactitude des heur
de départ et de la composition des trains. Sa bonne f
a été entière, comme celle des braves gens qui entre
sans soupçon dans les magasins portant pour enseign
Maison de confiance !

CHAPITRE VI.

Des entreprises d'affichage.

Les affiches sont un des principaux ornements des salles d'attente.

Les compagnies afferment le droit d'annonces dans leurs gares et stations.

Si l'on considère l'importance qu'a prise l'affiche dans le commerce moderne, il semble naturel qu'elle ait fait des gares son séjour de prédilection.

Le nombre des voyageurs et la nécessité de stationner quelques instants dans les salles d'attente favorisent singulièrement la publicité.

Le fermage des annonces est-il exclusif? Les compagnies se sont-elles réservé le droit d'apposer des affiches en dehors de celles concernant le service de l'exploitation ?

Si elles ne sont pas dépouillées de leur droit, je pense que les compagnies ont peu compris leurs intérêts, en usant si peu de cette énorme puissance.

Il est certaines industries dont l'accroissement ajoute à la fortune des chemins de fer. Les exemples surabondent. Les productions fécondes ne se consomment pas sur place, elles s'écoulent par la voie de fer. Les aider par une immense publicité sera pour les chemins de fer un bienfait lucratif.

Il est bien reconnu que les revenus des compagnies

augmentent à mesure que l'industrie prospère le long du réseau : accorder aux principaux commerces riverains le secours de l'annonce, c'est faire naître des richesses sur lesquelles les actionnaires prélèveront dans un avenir prochain des dividendes très-respectables.

En particulier, l'agriculture devrait être bienvenue dans les tableaux d'annonces. Tous les perfectionnements agricoles, les concours d'animaux, le succès de l'acclimatation, etc., secourus par les compagnies, leur rendront avec usure cet éminent service. Chaque fortune nouvelle paye volontiers sa dîme au chemin de fer ; qu'il laisse donc une pleine expansion à sa charité bien entendue.

LIVRE V

PENDANT LE TRAJET. — DES TRAINS ET VOITURES. — DES CRIMES, DÉLITS ET CONTRAVENTIONS COMMIS DANS LES VOITURES. — TEMPS D'ARRÊT. — BUFFET. — DE QUELQUES EMPLOYÉS.

CHAPITRE Ier.

Des trains spéciaux. — Maximum de parcours. — Prix.

Il existe peu de trains spéciaux pour les particuliers, par la raison fort simple que peu de fortunes sont à même de se procurer un semblable luxe.

Le prix en est fort élevé (5 francs par kilomètre sur plusieurs chemins de fer); de plus, on ne concède pas en général de trains spéciaux pour un parcours moindre de cinquante kilomètres.

Les heureux de ce monde qui s'accordent cette fantaisie ont à leur disposition une voiture de première classe, — soit vingt-quatre places, — plus un wagon

6

pour les bagages. De telle sorte que vingt-quatre voyageurs qui se réuniraient pour voyager en train spécial ne payeraient pas beaucoup plus du double du prix ordinaire de première classe.

Pour les secondes classes, les convois spéciaux sont inconnus. Quant aux troisièmes classes, elles forment l'apanage des trains-omnibus. Elles n'ont rien à faire dans ce chapitre.

Les compagnies ne fournissent pas de trains spéciaux à la première réquisition. Elles ont des règlements particuliers à suivre, et la sûreté publique exigeait que des demandes privées ne pussent apporter de trouble dans l'ordre habituel du service.

Ces trains, comme tous les trains spéciaux aux ordres soit de l'État, soit des compagnies, — la malle-poste des Indes, par exemple, — n'ont pas de vitesse déterminée. Quand le mécanicien est certain de ne rencontrer ni convoi ni obstacle quelconque, il laisse sa machine dévorer l'espace avec une rapidité effrayante. J'ai entendu parler de cent soixante kilomètres à l'heure.

Avant de faire de pareils voyages, les gens timorés font leur testament.

CHAPITRE II.

De la composition des trains, des freins, des attaches entre les wagons.

Un train doit être composé de manière à fournir aux voyageurs de chaque classe un nombre de places suffisant. Tel est le principe. Mais il souffre trois exceptions :

1° Avec l'autorisation du ministre des travaux publics, une compagnie peut décider que tel train n'aura qu'un nombre moindre de voitures d'une ou de plusieurs classes ;

2° Un train de voyageurs ne peut comprendre plus de vingt-quatre voitures ;

3° Enfin, il faut excepter les cas fortuits ou de force majeure ;

Dans tous les autres cas, le défaut d'une seule place dans un convoi constitue une contravention prévue par l'art. 17 de l'ordonnance du 15 novembre 1846. (C. cassation, 22 avril 1854) (1).

Un wagon sur dix doit avoir des freins : force bien minime pour arrêter un convoi marchant à grande vitesse. L'homme a appris à lancer à toutes jambes son coursier, avant de savoir l'arrêter en un instant. Il en est de même pour son coursier d'airain. Depuis trente ans, les ingénieurs travaillent infructueusement à dompter la vitesse acquise. Dernièrement on annonçait un nouveau système qui réalisait toutes les espérances ; si la nouvelle n'est pas prématurée, l'auteur de cette découverte aura bien mérité de l'humanité voyageuse.

Les wagons doivent être solidement reliés les uns aux autres. Un intervalle de plus de vingt centimètres constitue une contravention.

(1) Voir le chapitre suivant.

Les voyageurs témoins de faits de cette nature doivent recourir aussitôt au registre des réclamations.

CHAPITRE III

**Les administrations sont tenues de mettre à la disposition des voya-
geurs autant de places qu'il a été distribué de billets dans les
stations.**

Pour partir, il ne suffit pas d'être arrivé à l'heure et
de s'être muni d'un billet; il faut encore que les voitures contiennent un nombre de places suffisant. Cet
incident ne se présente guère au point de départ du
convoi : en cas d'insuffisance, on ajoute au train des
voitures supplémentaires, et, au cas d'affluence énorme,
on fait partir, dix minutes après, un nouveau convoi.

Mais, dans les stations intermédiaires, il n'est pas
encore très-rare d'entendre crier, à l'arrivée du train
dans lequel vous comptez vous installer : « Pas de
place ! » Le train se remet en route, force est d'attendre. Ce retard peut jeter les voyageurs dans une perplexité réelle.

Des faits de cette nature ont donné naissance à plusieurs procès, et toujours les Tribunaux ont condamné
les administrations, sauf les cas où elles établissaient
qu'elles se trouvaient dans l'une des trois exceptions
mentionnées au chapitre précédent.

Quand le voyageur paye sa place et reçoit son billet,

il se consomme un contrat entre lui et l'administration, contrat par lequel celle-ci s'engage à transporter le voyageur à l'heure indiquée d'avance. Elle doit donc, dans tous les cas, se mettre en mesure de remplir ses obligations.

Les compagnies pourront alléguer qu'il est impossible de prévoir le nombre de voyageurs qui viendront tout à coup affluer à une station prochaine ; qu'il faudrait pour cela avoir le don de divination, et qu'elle ne l'a pas.

À cet argument, le voyageur répond, avec juste raison, que, si les compagnies n'ont pas le don de divination, elles possèdent le télégraphe électrique, ce qui vaut mieux ; qu'avec lui, le conducteur d'un train peut toujours s'informer, plusieurs stations à l'avance, du nombre approximatif des voyageurs et calculer le nombre de voitures qu'il devra prendre sur son trajet.

Voici les termes d'un des jugements qui ont résolu la question :

« Attendu que la compagnie, ayant le monopole de transport, doit être en mesure de transporter et conduire tous les voyageurs auxquels des billets ont été délivrés dans les bureaux ;

« Que la compagnie ne justifie d'aucun fait de force majeure qui ait pu l'empêcher d'accomplir les engagements auxquels elle est soumise envers le public,

« Condamne la compagnie, etc. »

Il faut toujours excepter la *force majeure*.

Pendant l'été, il arrive souvent, le soir, que sur les lignes de Versailles, l'affluence est si soudaine et si considérable, que les trains les plus complets ne peuvent suffire.

La compagnie de l'Ouest se trouve-t-elle alors dans un cas d'empêchement majeur qui la met à l'abri de toute action? De plus, comme la généralité de ces voyageurs sont munis de billets *aller et retour*, ne peut-elle pas soutenir qu'elle a pris l'engagement de transporter dans la journée, mais sans indication de train?

Il est impossible de résoudre *a priori* ces questions. Cependant, la compagnie courrait grand risque de perdre un semblable procès si elle n'établissait pas avoir déployé la plus grande activité. Sa position serait d'autant plus grave qu'elle a transporté dans la même journée tous les voyageurs qui reviennent le soir. Dès lors, il lui a été facile de prévoir l'affluence et de proportionner ses forces aux nécessités du service.

CHAPITRE IV.

Le voyageur qui a reçu et payé son billet avec indication d'heure de départ a le droit, dans le cas où il ne partirait pas, de se faire transporter aux frais de la compagnie.

Bien des causes peuvent empêcher le départ d'un train. Dans la plupart des cas, il y aura force majeure, et le voyageur ne pourra exercer aucun recours envers la compagnie, mais il aura toujours droit au remboursement de son billet.

Il n'est pas impossible que l'accident arrive uniquement par la faute des employés. On cite un mécanicien anglais d'un esprit rêveur qui, un jour, oublia de s'arrêter à une station.

Si la faute des employés apparaît clairement, nous conseillons au voyageur, à défaut d'autres trains, d'exiger un train spécial ou de louer une voiture, et de faire son voyage le plus commodément possible. Il est à peu près certain que, de plein gré ou par ordre de justice, la compagnie payera ces frais.

En janvier 1848, la Cour des petites-dettes à Édimbourg, a rendu un arrêt qui s'appuie sur ce principe fondamental : « Tout voyageur qui a reçu et payé son billet avec indication d'heure de départ, a le droit de se faire conduire à sa destination par les moyens de transport les plus commodes et les plus rapides, aux frais de la compagnie des chemins de fer qui manquerait à ses engagements pris ainsi envers le public. »

Ces mêmes principes sont appliqués en France.

Que décider si le train complet est de 24 voitures, maximum forcé par la loi? ou bien encore si le nombre moindre de voitures a été autorisé par l'administration supérieure ?

Faut-il assimiler ces circonstances au cas de force majeure et décharger la compagnie de toute responsabilité ?

Aucune cause restrictive et conditionnelle n'a été stipulée dans le contrat de transport qui s'effectue lors de la distribution des billets.

Plusieurs soutiennent que dès lors la compagnie

doit mettre un autre train au service des voyageurs sans places, ou leur payer leurs frais de transport, si leurs affaires les obligent à prendre quand même un autre mode de locomotion.

Dans ces questions assez délicates, les circonstances particulières auront une grave influence sur la décision du juge.

Toutefois prédominera toujours ce principe qui a droit au plus inviolable respect : Les chemins de fer constituent un monopole ; le public a le droit de compter sur eux en tout temps.

Et il faudra, pour échapper à la responsabilité, conséquence directe de leur puissance exorbitante, que les compagnies démontrent avoir développé toutes leurs forces pour satisfaire aux besoins du public.

CHAPITRE V.

Pourquoi trois classes de voitures?

« Pourquoi trois classes de voitures? demandait naguère un disciple de Cabet. — Par ce motif, lui répondit-on, qu'il existe des châteaux, des maisons bourgeoises et des bouges enfumés. »

Cette explication est fort raisonnable. Néanmoins il est certaines personnes qui souhaitent une loi démocratique ordonnant qu'il n'y ait que des *premières classes* au prix actuel des *troisièmes*.

Les gens qui font ces sortes de vœux ne voyagent jamais en premières, ni même en secondes : ce sont les habitués des troisièmes.

La contre-partie n'existe pas. Les voyageurs habituels des premières n'ont jamais demandé à ce que l'on transformât toutes les voitures en troisièmes classes.

Quant aux secondes, la population y est extrêmement mêlée ; elles pourraient être assimilées aux omnibus de Paris (l'effroi d'un de nos grands poëtes, qui a toujours refusé de monter dans ce *communisme ambulant !*).

Les avantages des secondes sont mixtes comme toutes les choses de transition. On y jouit de l'entassement des troisièmes et d'une contrefaçon des tapis rembourrés des premières. Vraie patache de la bourgeoisie ! Là se rencontrent les embonpoints les plus remarquables. Aussi, quand cinq personnes favorisées d'un large abdomen se trouvent sur la même banquette, elles sont, pour ainsi parler, soudées ensemble. Leur solidité est telle parfois, qu'un choc ne parvient pas à rompre la ligne.

Si Molière avait vécu à notre époque, il n'eût jamais voyagé qu'en *troisièmes*. Un artiste peut y recueillir une ample moisson d'anecdotes burlesques et dramatiques, naïves et piquantes. Les conversations y sont plus animées que partout ailleurs. Les mots emporte-pièce à la façon de Rabelais y sont fort applaudis.

Dans les temps froids, le langage y est plein d'amer-

tume. Une nourrice grelotte avec son nourrisson ; un
enfant pleure ; un philosophe en blouse se récrie contr
la misère sociale et demande comment les chemins d
fer ne chauffent pas les troisièmes.

« Pas même de paillasson! s'écrie-t-il. Si on voula
me faire la concession du chauffage des troisièmes, j
ferais ma fortune, en ne réclamant que 5 centimes pa
voyageur, quel que soit le trajet. Personne ne refusera
5 centimes pour avoir une bonne peau de mouton ave
un chauffe-pieds, un thermopode de l'excellent philar
thrope Lemoine. »

Les troisièmes ont subi d'importantes améliorations
Jadis elles étaient découvertes. Alphonse Karr se récri
avec passion contre cette inhumanité. Les fenêtres e
toile commencent à disparaître du chemin de fer d
Nord, mais elles ne sont remplacées que par une petit
lucarne qui, dans les temps chauds, ne permet pas au
wagons de s'aérer suffisamment.

Dans les nouvelles lignes, les troisièmes sont plu
acceptables. Elles peuvent suffire pour ceux qui on
l'heureuse habitude de s'asseoir et de coucher sur de
planches. Le carreau de la portière est plus grand
mais il n'y en a qu'un au lieu des trois fenêtres, orne
ment des classes supérieures. On a supposé que le
voyageurs de troisième classe tenaient moins que le
autres à contempler les panoramas qui se déroulent l
long de la route. L'hiver, les pieds reposent sur un pai
lasson.

Ces voitures n'ont pas été comme les autres garnie
de patères porte-chapeaux. Les habitants des troi

sièmes sont sans doute présumés porter uniquement des bonnets ou des casquettes. — « Ils sont aussi réputés plus maigres que les autres voyageurs, disait un plaisant, puisque dans plusieurs lignes les portes des troisièmes sont plus petites. »

Quelques utopistes (toujours de cette même classe) regrettent l'impériale des anciennes diligences : « Là du moins, disent-ils, les banquettes et les dossiers étaient à peu près rembourrés. De plus, on jouissait d'une fort belle vue, et cette situation dissipait les ennuis de la route, bien autrement que le régime des wagons troisièmes, construits en forme de sombres voitures cellulaires. »

Fermons les troisièmes et rentrons vite dans les premières. Oh ! les moelleux coussins, les doux appui-mains, les tapis épais, les bons vases d'eau bouillante ! Là seulement les amples crinolines sont respectées, et la nouvelle mode a dû singulièrement accroître les revenus des premières. Là seulement on peut s'étendre et respirer à l'aise ; puis, dans un agréable roulis, se laisser embarquer bien avant dans le sommeil, oublieux des dangers, des soucis, et de toutes les misères sociales qui grelottent en troisièmes.

CHAPITRE VI.

Les trains-omnibus.

L'organisation actuelle des trains-omnibus dénote
une incurie profonde et renferme une violation manifeste du principe de l'égalité des taxes.

1° Plusieurs fois nous avons signalé comme une injus-
tice criante l'absence des troisièmes classes dans les
trains-post ou express. Les trois classes de voitures
et les trois prix différents n'ont pas été établis pour
favoriser les uns au détriment des autres, mais bien
pour mettre toutes les fortunes dans la possibilité de
jouir des avantages des chemins de fer. La célérité
est le point capital : toutes les fortunes y ont droit.

2° Sur quoi doit se régler le prix des places? Sur
trois choses :

La classe de voiture,

La longueur du trajet,

La durée du trajet.

Le prix des voitures est toujours le même dans tous
les trains et proportionné à la longueur du trajet.

Mais la vitesse est laissée de côté. Il en résulte la
plus manifeste inégalité.

Exemple. Pierre et Paul sont deux riches commerçants. Tous deux partent de Paris et se rendent, l'un
à Calais (372 kil.), l'autre à Ardres, à 14 kil. en dessous de Calais. Pierre, par le train-express, met sep

heures et demie; les trains-omnibus arrivant seuls à Ardres, le voyage de Paul ne s'effectuera qu'en onze heures.

Or, tout commerçant compte ses heures au poids de l'argent : 5 ou 10 francs l'heure, souvent plus. Ainsi, Paul, pour faire un trajet moindre, aura dépensé un tiers de plus que Pierre.

Où donc se trouve l'égalité des taxes!...

L'exemple deviendrait plus choquant si, au lieu de riches commerçants, nous mettions en scène des ouvriers.

Ceux-là calculent que pour eux, chaque heure vaut une demi-livre de pain.

Connaissez-vous physionomie plus piteuse qu'un train-omnibus qui se gare modestement sur un côté de la voie pour laisser passer le train-express?

Tous les visages s'avancent aux portières et jettent un regard d'envie sur le train privilégié qui fend l'espace. Ainsi, le paysan range sa carriole sur le côté du chemin en entendant derrière lui le roulement précipité d'une calèche qui le dépasse, rapide, et soulève des tourbillons de poussière grise que le vent rabat sur le pauvre homme.

Il ne faut pas demander l'impossible ; mais la nation tout entière est en droit de réclamer en s'appuyant sur l'esprit des concessions des chemins de fer :

— Que, sauf les cas de nécessité publique, tous les trains marchent avec la même vitesse ;

— Qu'entre un train-omnibus et un train-express, il n'y ait d'autre différence que le temps rigoureusement nécessaire au convoi pour s'arrêter aux stations et reprendre son élan ;

— Que les trains-omnibus soient combinés de façon à ce que la moitié du trajet s'effectue sans s'arrêter, comme dans les express.

La légitimité de ces réclamations découle du principe d'utilité générale, qui est la seule sanction d'un monopole.

Ceux qui forcément montent en chemin de fer aux petites stations et n'ont à leur disposition que des trains-omnibus d'une lenteur désespérante, peuvent dire à la compagnie : « Vous avez reçu des centaines de millions à titre de subvention. Qui vous a donné cet argent ? Nous, autant que les autres. Alors vous devez nous gratifier des mêmes avantages que les autres.

« Vous n'avez pas la faculté de développer vos têtes de lignes outre mesure et de négliger les centres. Tous les intérêts ont le même droit à votre respect. Vous êtes les usufruitiers d'un bien national, vous ne devez l'administrer que la loi à la main et l'intérêt de tous présent à votre esprit. En pesant ces obligations, vous comprendrez que, sous peine de forfaire à votre mandat, vous ne pouvez dédaigner telle contrée pour concentrer toutes vos faveurs sur telle autre. Il n'est pas loisible aux compagnies d'agir dans un intérêt égoïste comme un particulier, ou par boutades et caprices, à l'instar des coquettes. »

CHAPITRE VII

Des inconvénients de s'installer dans une voiture d'une classe supérieure à celle indiquée par le billet.

Dans plusieurs administrations, cette fraude est peu praticable. Au chemin de fer du Nord, entre autres, les employés examinent les billets aussitôt que les voyageurs sont installés et avant que le train soit en marche. S'il y a eu distraction ou erreur volontaire du voyageur, il lui est enjoint de descendre à l'instant. Si la découverte de la fraude a lieu pendant le trajet, on contraint le voyageur à payer un supplément. En général cette exigence est légitime, rarement le voyageur pourra exciper de sa bonne foi. Les trois classes de voitures sont assez distinctes pour qu'il soit facile de ne pas se tromper.

Sans parler du chiffre gravé sur la porte, les avantages intérieurs ne prêtent guère à l'illusion.

Néanmoins, l'étourderie humaine va si loin qu'il n'est pas impossible de rencontrer çà et là une erreur véritable. Une fausse indication de la part d'un employé aura pu même en être la cause. Une personne malade, un étranger, pourront encore aisément se tromper. Dans ces cas exceptionnels, les employés doivent se montrer peu rigoureux et se contenter de faire changer de voiture à la station prochaine.

C'est toujours au voyageur à établir sa bonne foi.

Nous avons dit tout à l'heure que l'erreur pourrait provenir d'une fausse indication de la part d'un employé. Ce fait est possible dans une circonstance qu'il importe de connaître.

Il manque de places dans les secondes. Un employé vous fait monter dans une première. Il ne faut pas vous croire pleinement à l'abri du supplément, car l'employé peut oublier d'avertir de ce fait le chef du train. Ce dernier doit prendre note des faits, et s'il n'est pas averti soit par l'employé, soit par le voyageur lui-même, il réclamera le supplément. Sans doute, si vous établissez que vous êtes monté sur l'insinuation d'un employé, vous êtes à l'abri de toute réclamation ; mais quand vous serez arrivé à Boulogne, comment revenir à Paris, chercher et reconnaître l'employé que vous n'avez vu qu'en passant ? Le plus sage est de faire connaître assez tôt votre situation au chef de train.

Si le voyageur se croit en droit de rejeter la demande du supplément et le refuse, l'employé pourra-t-il l'y contraindre ?

La solution est la même que dans le cas de perte du billet. (*Voy.* au liv. VI, chapitre II : *Du chapeau et du parapluie détenus pour dettes.*)

Si, en s'installant dans un wagon d'une classe supérieure, la mauvaise foi du voyageur était manifeste, la compagnie serait-elle en droit de le poursuivre ? L'article 63 de l'ordonnance du 15 novembre 1846 punit celui qui est entré dans un wagon sans billet. Le ministère public obtiendra-t-il du Tribunal l'application de cette disposition au fait qui nous occupe ?

Aucun jugement n'a encore, à notre connaissance, résolu la question. Mais il est un arrêt du 25 mars 1857 (Cour de Dijon) qui doit rendre les voyageurs circonspects. Cet arrêt a étendu, en effet, l'article 63 au fait de celui qui, entré dans un wagon avec un billet, continue volontairement sa route au delà de la station où il devait se rendre. A force de s'étendre, l'article 63 pourrait bien atteindre le voyageur des secondes installé en premières.

Un voyageur prend à Paris un billet de *deuxième classe* pour Orléans. Comme il aime le confortable, il se glisse en *premières*. Arrivé à Étampes, l'employé s'aperçoit de la fraude et lui réclame un supplément. Le voyageur devra-t-il payer le prix des *premières* de Paris à Orléans, ou seulement de Paris à Étampes? (V. *infrà*, chapitre XVII.)

CHAPITRE VIII.

Des hommes ivres et des paquets incommodes. — Des chasseurs et de leurs armes.

Il n'est pas de paquet plus incommode qu'un homme à l'état d'ivresse. Les accidents vont par troupes, dit un proverbe, et un homme ivre est une boîte à accidents. L'ordonnance de 1846 défend de recevoir en chemin de fer tous les suppôts de Bacchus.

L'indulgence ou la négligence des employés met souvent l'ordonnance en défaut, tant en ce qui concerne le malheureux dont nous parlons, qu'en ce qui touche les paquets incommodes.

Quel supplice de voyager à côté d'une boîte à fromage, ou de paniers remplis de poissons d'une **fraîcheur** suspecte !

Cet agréable voisinage n'est pourtant pas rare, en *troisièmes* surtout.

Nous conseillons fortement aux voyageurs de signaler ces faits au chef du train, et, s'il refusait de vous écouter, d'insérer immédiatement une note au livre des réclamations. L'intérêt général commande d'habituer le peuple le plus renommé du monde pour son esprit et son élégance à prendre des habitudes de propreté et de décence. Si l'on ne se montre rigide, on prendra bientôt les voitures pour des halles, et force sera de voyager en compagnie de batteries de cuisine.

« Je voudrais, disait un monsieur bien mis, que tout le monde payât le même prix en chemin de fer ; mais, néanmoins, je conserverais deux classes de voitures : la première serait affectée aux gens propres et munis d'un diplôme d'instruction et de bonnes manières ; mon système ferait avancer la civilisation et la propreté avec une rapidité incalculable. »

Si les ivrognes de chemin de fer pouvaient nous entendre, nous leur rappellerions qu'il ne faut pas résister aux ordres des employés. Il en est qui sont assermentés et assimilés par suite aux gardes champêtres. Or, le Code pénal ne badine pas avec les gens qui résistent ou outragent les fonctionnaires publics. (*Voy.* le chapitre XIX : *Des employés.*)

Que les chasseurs nous pardonnent de les placer dans la catégorie des ivrognes et des paquets gênants. Cette incivilité n'est pas de notre fait. L'ordonnance du 15 novembre 1846 classe leurs armes dans le même article que les ivrognes et sous le même paragraphe que les colis laissant échapper des odeurs incommodes. (Art. 65.)

L'entrée des voitures est interdite aux porteurs d'armes à feu chargées. Tout individu porteur d'armes à feu devra, avant son admission sur les quais d'embarquement, faire constater que son arme est à l'état inoffensif.

Un chasseur ne voyage pas seulement avec son fusil, il porte à sa ceinture une poudrière. Or, cette poudrière ne pourrait-elle pas motiver son exclusion des voitures? Ce qui peut faire naître des doutes est un certain article 21 de la même ordonnance, ainsi conçu :

« Il est défendu d'admettre, dans les convois qui portent des voyageurs, aucune matière pouvant donner lieu, soit à des explosions, soit à des incendies. »

Une poudrière de chasseur offre-t-elle ces dangers ?

La question n'est pas encore résolue; jusqu'ici aucune poudrière n'a éclaté en wagon.

Certains chasseurs terribles ont l'habitude de partir en guerre avec des approvisionnements formidables : nul ne sait le gibier auquel ils feront bravement mordre la poussière. Mais si les employés estimaient cet attirail explosible trop dangereux pour le convoi, et en refusaient l'entrée aux chasseurs, ceux-ci n'auraient rien à répondre : les employés seraient restés dans les limites de leur droit.

CHAPITRE IX

Nécessité d'une communication avec le chef du train.

A vrai dire, dans les chemins de fer, il n'y a pas d'accidents ; il n'existe que des catastrophes : fléaux inhérents à leur nature. D'autant plus rigoureux doivent être les moyens de prévenir le danger.

Un wagon prend feu ; le mécanicien n'est pas averti ou ne peut l'être immédiatement : de là la catastrophe de Metz. L'épouvante se répand parmi tous les voyageurs, qui aperçoivent les flammes couvrir le convoi sans que le mécanicien serre les freins. Enfin le signal est donné : le train se ralentit, les portières s'ouvrent, on se précipite dehors, un grand nombre sont blessés, plusieurs tués.

Pour remédier à ce grave danger, on avait proposé d'établir sur la locomotive une sonnette d'alarme, dont les cordons passeraient par tous les wagons. A cela, on répondait qu'une crainte puérile, ou un motif extravagant, entraînerait souvent les voyageurs à donner le signal, et jetterait sans cesse le trouble dans le service.

La justesse de cette observation est évidente.

Il faut exécuter dans la plus grande rigueur la règle qui enjoint au mécanicien de ne recevoir d'ordres que de lui-même et du chef du train.

Mais ce n'est pas sur la locomotive que doit être établie la sonnette d'alarme, c'est dans la cabine du chef du train.

Averti au moment même du danger, il pourra le constater à l'instant, et, par un sifflet ou une sonnette, transmettre au mécanicien l'ordre d'arrêter.

La sonnette d'alarme, près du conducteur du train, me paraît de toute nécessité. Bien des raisons autres qu'un incendie ou un déraillement doivent mettre les voyageurs à même d'appeler en toute hâte : c'est une dispute qui s'élève, c'est l'indisposition violente d'un voyageur qui nécessite un temps d'arrêt à la plus prochaine station.

Le chef du train sera juge de la gravité du fait et de l'urgence des ordres à donner au mécanicien.

Pour se transporter d'un bout à l'autre du convoi, on sait quelle route pénible et périlleuse les employés sont condamnés à suivre.

Sur certaines lignes, il est même impossible de passer d'un wagon à l'autre pendant la marche. Les périls les plus graves ont parfois menacé longtemps plusieurs voitures sans que le mécanicien et le chef de train pussent en être avertis.

Il y a quelques mois, sur le chemin de fer d'Orsay, je

7.

crois, un wagon placé au milieu du train déraille : les voyageurs sont bousculés, renversés, et pourtant le train marche. Ni mécanicien ni chef de train n'aperçoivent la catastrophe qui est là béante. Terrible voyage! Quand le train s'arrêta, le wagon ne tenait plus aux autres que par un miracle.

En Amérique et en Allemagne, les wagons communiquent entre eux ; il faut avouer que cette facilité de communication offre une foule d'avantages précieux qui rendent leurs voitures bien supérieures aux nôtres.

CHAPITRE X

Des crimes et délits commis dans les voitures — Des vols.

C'est principalement lorsqu'un mauvais destin a laissé pénétrer dans les wagons des scélérats ou des voleurs, qu'il est regrettable de n'avoir pas un moyen de communication avec le chef de train. La *Gazette des Tribunaux* (1857, 362) cite une tentative de meurtre.

La race la plus nombreuse et la plus redoutable est celle des voleurs. Il n'est pas toujours prudent de s'endormir auprès de certains messieurs bien gantés.

La compagnie est-elle responsable des vols commis dans les voitures des voyageurs? Malgré l'assimilation que nous avons faite entre elle et les aubergistes, nous ne pouvons admettre une responsabilité aussi étendue. Dès qu'il est matériellement impossible d'exercer une surveillance spéciale sur chaque compartiment, les volés ne peuvent avoir de recours contre la compagnie. D'ailleurs, qui prend ses précautions ne se laisse pas dérober ses effets : la présomption s'élève toujours contre le peu de prévoyance des voyageurs ; enfin la compagnie répondra qu'il est loisible à tous d'éviter les vols d'objets précieux en les déposant au bureau des bagages et en payant le tarif spécial. Elle

Cependant, qu'on se garde de penser que la compagnie n'est pas astreinte à une sage surveillance.
n'est pas à l'abri de toute responsabilité lorsque les vols ont lieu dans les voitures, si, à la première réclamation, elle ne poursuit pas énergiquement les voleurs.

Le fait suivant en fournit un exemple : Une dame descend à une station ; au moment où le train se remet en marche, elle s'aperçoit qu'elle a oublié un petit sac renfermant, entre autres choses, 500 francs. A l'instant elle fait au chef de gare sa réclamation, signale le numéro de la voiture, indique le compartiment où ne se trouvaient, disait-elle, que deux personnes. Enfin elle ajoute, à divers détails sur le sac, un renseignement précis sur les 500 francs. Ils étaient en pièces d'or toutes à telle effigie. Le chef de gare fit jouer le télégraphe ; mais quand on rendit le sac, il était vide.

— En pareille circonstance, je ne balance pas à déclarer que la compagnie est responsable. Si ses agents avaient été moins négligents, on eût retrouvé le voleur et on l'eût arrêté.

Pour deux motifs, nous ne parlerons pas ici des crimes et délits attentatoires à la sûreté de la circulation des chemins de fer (titre III, loi du 15 juillet 1845). La première est que les questions appartiendraient plutôt à un traité du Code pénal ; la seconde, c'est qu'aucun de nos lecteurs n'étant capable de pareils actes, il est inutile d'en parler.

CHAPITRE XI

Un compartiment est-il un lieu public ? — Peut-on s'y rendre coupable du délit d'outrage public à la pudeur ?

Nous ne nous occupons ici que des wagons ou des compartiments loués, car les compartiments et les voitures ordinaires d'un train doivent être considérés comme lieu public. Tout ce qui passerait les bornes de la décence court grand risque d'être frappé par l'article 330 du Code pénal.

Deux personnes qui se livrent à des rapports intimes dans un compartiment où elles se trouvent seules, se rendent néanmoins coupables de délit. En effet, à chaque station, des voyageurs peuvent monter, et pendant le trajet les conducteurs ont à chaque instant la faculté de pénétrer dans le compartiment.

Mais un compartiment entier peut être loué par un mari et sa femme, par exemple. Auront-ils le droit de se considérer absolument comme chez eux? En un mot, les locataires d'un compartiment jouissent-ils, pendant le trajet, des mêmes libertés que le locataire d'un appartement?

Une des conditions essentielles de ce délit est qu'il ait été commis publiquement. Or, un compartiment loué porte une plaque, indiquant la location, qui en prohibe l'entrée aux autres voyageurs. Je ne pense pas, sauf les cas d'accident, que les conducteurs puissent y pénétrer. Quand on loue un compartiment, c'est pour y être libre, soit de dormir, soit de se reposer à l'abri de tout courant d'air, et, à moins de conditions particulières, je ne trouve dans les ordonnances aucune disposition restrictive des droits habituels du locataire.

Quelques particuliers ont eu la singulière fantaisie de créer des wagons de famille avec salle à manger, salon, chambre à coucher. C'est une maison roulante, et le propriétaire est là aussi indépendant que dans son château.

Celui qui a loué un compartiment se trouve dans une situation analogue, et en admettant que le conducteur puisse à sa volonté pénétrer là comme ailleurs, c'est à lui d'avertir les locataires comme tout officier de police qui, chargé de visiter une demeure privée, sonne ou frappe poliment à la porte.

CHAPITRE XII

Des fumeurs.

Peut-on fumer en chemin de fer ?

Il est vraiment impossible de faire à cette question une réponse bien nette. — Oui, nous dira l'employé du chemin de fer du Nord. — Non, nous répliquera le chemin de fer du Centre.

Un fait certain, c'est qu'on fume partout : seulement, ici, on fume à loisir en présence de l'employé ; là, on se cache comme si l'on venait de se rendre coupable d'une contravention. Ailleurs, j'ai vu un voyageur qui, pour apaiser les récriminations aigres-douces de l'agent, lui offrait d'excellents cigares que celui-ci acceptait à la dérobée en murmurant : « Attendez donc que je sois parti pour fumer. »

L'ordonnance du 15 novembre 1846 défend de fumer ; « cependant, ajoutait l'article 63, sur la demande des compagnies et moyennant des mesures spéciales de précaution, des dérogations à cette disposition pourront être autorisées. »

Il serait bien à désirer que les compagnies provoquassent ces dérogations. Puisque la loi est violée d'un consentement unanime, mieux vaut dresser en bonne forme son acte de décès.

Lorsqu'un compartiment ne contient que des hommes, nulle gêne, nul embarras. Si des dames s'y trouvent, la position devient plus délicate. Depuis quelques années il tend à s'établir l'usage suivant : le plus hardi tire son cigare, et fait craquer une allumette en disant : « Le tabac ne vous gêne pas, madame ? » A cette question, une dame répondit un jour : « Je ne sais pas, monsieur ; on n'a jamais fumé devant moi. »

Le nombre des dames devant lesquelles nul mortel n'a osé fumer tendant à diminuer tous les jours, les dames interrogées répondent que le tabac ne les gêne pas, et en quelques instants le compartiment n'est plus qu'une tabagie.

De là, nécessité d'ouvrir les fenêtres. Souvent les dames murmurent ou souffrent sans se plaindre. L'inconvénient existe toujours. Pourquoi des compartiments séparés n'existeraient-ils pas pour les fumeurs ? Leur installation entraîne-t-elle des difficultés ?

Un ingénieur de chemin de fer me répondit à cette question qu'on serait forcé de transformer tout le convoi en fumoir.

Je ne pense pas que là soit la véritable difficulté ; nous la trouverons dans la détestable construction des wagons et dans la division en première, seconde et troisième classe.

En effet, ces deux causes entraînent les questions suivantes, difficiles à résoudre :

1° Y aura-t-il des fumoirs pour chaque classe ?

2° En établissant des fumoirs pour chaque classe (ce qui serait assez coûteux), que décider quand il y aurait excédant de fumeurs ?

3° Un voyageur qui sera resté quelque temps dans

le fumoir aura-t-il le droit de prendre ensuite une nouvelle place dans les autres wagons?

Alors chaque voyageur occuperait pour ainsi dire deux places, ce qui ferait doubler le convoi.

4° Pourra-t-on fumer ailleurs que dans le fumoir?

Que de difficultés soulève une bouffée de tabac!

Si nous étions appelé à donner notre avis, il comporterait trois articles :

1° Une communication intérieure sera établie sur toute la ligne du convoi. Bien d'autres raisons plus graves réclament cette mesure, nous les avons signalées au chapitre IX.

2° Un ou plusieurs fumoirs, vastes, aérés, à air libre pendant l'été, accompagneront chaque convoi. On pourra s'y tenir debout et y marcher; les banquettes y seront rembourrées en cuir et très-bombées. Tout le monde aura libre circulation dans le fumoir.

3° Il sera permis de fumer dans les autres wagons, mais sous les deux conditions suivantes : § Ier. Sur la réquisition d'une seule personne, nul ne pourra fumer. — § II. En montant en voiture, le fumeur devra prévenir le conducteur du train.

Cette seconde prescription permettra au chef du train de placer tous les fumeurs dans les wagons les plus proches du fumoir, et il sera plus à même d'exercer sa surveillance.

Puissent ces quelques idées faire naître d'heureuses améliorations. En attendant, il ne faut pas abuser de la tolérance de MM. les employés. Si la loi dort, il suffit d'une boutade d'un agent blessé par l'impolitesse du voyageur pour la réveiller subitement.

Rien n'est plus à redouter qu'une loi réveillée en sursaut. Gare alors à l'article 63 de l'ordonnance du 15 novembre 1846, qui défend toute vapeur de tabac dans les gares et voitures ! Gare à l'article 21 de la loi du 15 juillet 1845, qui peut faire payer le malheureux cigare délinquant de 16 fr. à 3,000 fr. ! Gare à la récidive dans l'année, car le cigare pourra coûter alors 6,000 fr., et si le juge s'aperçoit d'une trop grande ignorance de cette loi, il peut envoyer le prévenu l'étudier en prison. La durée de cette méditation forcée sera de trois jours à un mois.

CHAPITRE XIII

Des règlements de police affichés dans les voitures.

Souvent l'intérieur des wagons est orné de petites pancartes rouges ou blanches rappelant officieusement leurs devoirs à MM. les voyageurs. Ces mémento préventifs peuvent être de deux natures. Il importe de les signaler. Quelquefois ce sont des sortes d'avis sur des dispositions prises par la compagnie pour le meilleur ordre du service. Souvent ce sont au contraire des extraits, soit de décrets, soit d'arrêtés, pris par les préfets, sous l'approbation du ministre des travaux publics.

L'importance d'une telle distinction se devine dans le cas de contravention. Pas de sanction juridique quand on désobéit uniquement aux règlements émanés des compagnies. Les agents ne peuvent qu'une chose : vous expulser, et la compagnie vous poursuivre civilement, s'il y a eu préjudice. Si la désobéissance s'adresse à une ordonnance portant règlement d'administration publique, ou à un arrêté du préfet, approuvé par le ministre, elle constitue une contravention punie par l'art. 21 de la loi du 15 juillet 1845. Cet article mérite une sérieuse considération. Nous avons déjà dit qu'une bouffée de tabac était punie de 16 à 3,000 fr. Le même destin est réservé à toutes ces contraventions. De plus, en cas de récidive dans l'année, l'amende est portée au double et peut être corroborée par un emprisonnement de trois jours à un mois.

Prière est adressée aux compagnies de vouloir indiquer l'origine de chacun des règlements placardés dans les voitures.

CHAPITRE XIV

Des moments d'arrêt à chaque station. — Des bifurcations.

I. La perte de temps la plus considérable provient de la lenteur avec laquelle les convois s'arrêtent et se remettent en marche. Il y a tout lieu d'espérer qu'un mode de freins plus parfait fera prochainement disparaître en partie cet inconvénient.

On s'efforce de compenser tous ces désavantages en retranchant du temps d'arrêt : aussi faut-il monter et descendre des voitures avec la célérité et l'adresse qu'exige une évolution gymnastique. Cet exercice peut être propre à la vivacité des jeunes gens, mais il sourit peu aux femmes et aux vieillards. Parmi ces derniers il s'en rencontre qui descendent aux petites stations et qui, mesurant mal leur activité, n'ont pas le temps de remonter. Ont-ils le droit de se plaindre de ce départ précipité? La réponse se trouve sur le *Journal des Chemins de fer*. Si le convoi est reparti avant l'heure indiquée, les employés sont en contravention. Si le convoi n'a pas stationné le temps indiqué, encore une contravention. Dans ces deux actes, la responsabilité est évidente.

Quant aux autres circonstances, il est difficile de donner *a priori* une solution certaine. Dans la plupart des stations intermédiaires, l'heure du départ est indiquée, mais non l'heure de l'arrivée. Il est défendu de partir même une minute avant l'heure déterminée, mais quelques minutes de retard sont toujours tolérées. Quelle sera la durée du temps d'arrêt? Aucune règle bien fixe. Seulement nous devons établir en principe qu'un train devra stationner pendant tout le temps nécessaire à l'installation des nouveaux voyageurs et de leurs bagages. Le chef de gare juge souverainement et donne le signal du départ. Il sera responsable quand il n'aura pas laissé au voyageur le temps de monter ou de descendre. Il doit avertir et presser les retardataires avant de donner le signal.

La responsabilité de la compagnie dépendra donc des circonstances. Le voyageur ainsi laissé en route sans sa faute, devrait immédiatement consigner les faits sur le registre des réclamations, prendre le nom des témoins, etc.

Une indisposition force un voyageur à descendre et ne lui laisse pas la possibilité de remonter à temps : la compagnie devra-t-elle lui offrir dans le convoi suivant une place sans supplément de prix ?

En droit strict, la compagnie peut s'y refuser si le billet précisait l'heure ou le numéro du train. Encore faut-il excepter le cas où l'indisposition serait assez grave pour comporter le caractère de force majeure. Mais un pareil rigorisme n'est pas, heureusement, dans nos mœurs. Tous les chefs de gare laissent le voyageur abandonné remonter dans le convoi suivant, sans exiger un nouveau prix.

La raison de cette tolérance se comprend aisément. Le voyageur avait fait, en prenant son billet, un contrat avec la compagnie ; celle-ci s'engageait à le transporter à telle destination. Il est vrai que le billet portait l'indication du train par lequel devait s'effectuer le contrat. Mais il serait ridicule et injuste de profiter d'une indisposition, c'est-à-dire d'un événement indépendant de la volonté du voyageur, pour exiger un nouveau prix ? De plus, cette place abandonnée par le voyageur malade a pu servir à la compagnie pendant le reste du trajet.

Enfin, quand un individu est laissé en route, s'il y a parfois de sa faute, il y a souvent aussi beaucoup de la faute des employés. On fait une sorte de compensation en laissant tous les abandonnés reprendre sans frais le prochain convoi, et nous en félicitons les compagnies.

II. Nous avons parlé des croisements de trains et de la facilité avec laquelle un voyageur pouvait prendre un train pour un autre. — Le danger est constant dans les bifurcations. Quelquefois trois et quatre trains arrivent en même temps. Tous les voyageurs descendent. Au milieu du tumulte, comment distinguer les cris souvent mal articulés des employés? Comment savoir dans quel ordre les divers trains vont repartir? Quel embarras dans les changements de voiture ! Aussi les erreurs se renouvellent chaque jour et menacent d'augmenter en proportion de la circulation toujours croissante. Or, les compagnies ne sont-elles pas responsables de ces erreurs?

Jusqu'ici, les diverses administrations ont témoigné de peu de sollicitude et de prévoyance dans les conflits qui attendent le voyageur aux bifurcations. On se contente de faire crier à quelques employés le nom de la tête de ligne. Ainsi, à Creil, on crie : « Ligne de Paris,» ou : « Ligne de Saint Quentin, » ou : «Voyageurs pour Amiens, Boulogne. » Rien de plus. Par là, tous les voyageurs des stations intermédiaires sont exposés à des erreurs perpétuelles, s'ils ne connaissent à fond leur géographie.

Ne serait-il pas avantageux d'imiter le système des omnibus de Paris? Des écriteaux très lisibles, indiquant la direction du convoi et le nom des localités qu'il traverse, plus l'heure du départ, devraient être placés soit sur le train, soit à l'endroit de la gare où il stationne, de manière à être vus de tous, etc.

Ainsi les précautions les plus simples manquent. Par cela même si un voyageur s'est trompé et intente un procès à la compagnie, celle-ci court grand risque d'être condamnée. Le juge dira à la compagnie : Vous avez reçu l'argent d'une personne en prenant l'engagement de la conduire à sa destination. Vous l'avez exposée à se tromper, en ne veillant pas à l'exécution de l'obligation contractée vis-à-vis d'elle, vous êtes passible de dommages-intérêts.

CHAPITRE XV

Les contradictoires. — Des temps d'arrêt prolongés. — Des buffets.

En tout temps le destin n'a cessé de railler l'intelligence humaine en lui faisant adopter les contradictoires. Il n'est pas une loi, pas un usage, pas une croyance, pas une institution, pas même un préjugé, qui ne soient surmontés de cette bosse. Nous ne devons pas être étonnés de la retrouver dans les chemins de fer.

1° Nous créons un nouveau mode de locomotion, puissant, rapide, grandiose. En bonne logique, nous devions l'organiser de manière à ce qu'il présentât aussi un progrès sur l'ancien moyen pour la commodité, la liberté des mouvements.

Non pas, nous nous entassons comme des colis ; et il nous faut rester plusieurs heures à l'état de momie ; vous étouffez pendant l'été, vous gelez pendant l'hiver. Baste ! nos pères vivaient plus durement. Vous vous trouvez subitement indisposé ? De grâce, arrêtez ! Silence ! tant pis pour vous et pour vos voisins. Le mécanicien n'est pas l'aimable conducteur des anciennes diligences ; il n'a pas le droit de s'arrêter, et puis il ne vous entendrait pas.

2° Nous créons un monopole, c'est-à-dire nous exproprions une liberté commerciale pour en faire un puissance indivise dans l'intérêt du plus grand nombre. En bonne logique, tous les efforts des compagnies doivent surtout se concentrer sur le plus grand nombre. L'avantage des masses sera la justification du monopole.

L'avantage du plus grand nombre ! Ce plus grand nombre va en troisièmes, le plus grand nombre est mal vêtu, il gèlera à son aise sur de moelleux bancs de bois, dans des voitures avec carreaux en toile comme au chemin de fer du Nord.

Après tout, comme il est plus endurci à la douleur, peut-être n'a-t-il pas besoin d'être placé plus chaudement !

Mais voilà qui est plus difficile à résoudre. Le plus grand nombre a besoin de marcher vite ; le plus grand nombre, c'est l'ouvrier. Pour celui-là, le temps est cent fois plus précieux. Eh bien, dans les convois rapides (les postes et les express), il ne se trouve presque jamais de troisièmes classes.

3° La fatigue qui résulte nécessairement du voyage aurait dû, en bonne logique, être prise en considération pour allonger les temps d'arrêt aux gares principales possédant des buffets ; mais, outre que ces temps d'arrêt sont fort courts, l'habitude est d'en rogner un quart ou un cinquième. Faisons le décompte. Allons à Lille, si vous voulez bien ; nous nous proposons de déjeuner à Amiens. Le *Journal des chemins de fer* indique, en effet, vingt-cinq minutes d'arrêt, ce qui est suffisant pour les mâchoires habiles et bien fortifiées.

Le train s'arrête : sommes-nous arrivés ? Non pas, nous restons à dix mètres de la gare.

Pourquoi, s'il vous plaît ?

Afin de prendre les billets des voyageurs pour Amiens.

Mais l'employé n'en finit pas ; il monte, il descend, il pénètre dans chaque compartiment et nous livre à des courants d'air peu hygiéniques. Cinq minutes s'écoulent ; enfin le train s'avance nonchalamment en gare.

— Amiens, ving-cinq minutes d'arrêt ! Amiens, vingt-cinq minutes d'arrêt ! Messieurs , entrez au buffet !

A ces cris de bon augure, nous nous précipitons dans

le buffet. Ouais ! à la douzième bouchée, il nous faut remonter en voiture.

Comme nous sommes philosophes, nous ne nous emportons pas, et nous nous consolons en recherchant les causes de cette mystification, si triste pour notre estomac.

— Il n'y a pas eu vingt-cinq minutes d'arrêt.

— Pardon.

— Nous n'avons pas mangé dix minutes.

— Environ dix minutes.

— Mais le train a séjourné vingt-cinq minutes à Amiens.

Récapitulons, nous trouverons nos vingt-cinq minutes.

Avant d'entrer en gare, nous avons perdu 5 minutes pour la prise des billets des Amiennois, ci . . . . 5 minutes.

Une minute perdue pour descendre, ci 1 —

Une minute pour nous rendre au buffet, ci. . . . . 1 —

Une minute perdue pour commander notre déjeuner, ci . . . . 1 —

Deux minutes avant que le garçon nous ait apporté nos plats, ci. . . . 2 —

La cloche a sonné cinq minutes avant le départ; vous avez payé en hâte votre note et êtes arrivé bien à temps, ci . . 5 —

Total. . . 15 minutes.

Vous avez donc déjeuné pendant dix minutes.

8

Déjeuné ! quel blasphème ! se serait écrié Vatel. C'est un engloutissement, une bourrade de l'estomac, un exercice furibond d'une mâchoire désespérée, une façon de rage famélique. Voyez l'enseigne : *Buffet*, écrivez en dessous : *Salle des dévorants*.

Un voyageur, en grommelant.—Qui veut la fin veut les moyens. Les buffets sont créés pour permettre au voyageur de se nourrir en route. Comment se nourrit-on ? En prenant des aliments que l'on puisse digérer. Or, on ne digère que ce qui est bien mâché. Pour bien mâcher, il faut du temps... Donc...

Un employé. — La logique n'est pas du conseil d'administration, monsieur, et fort heureusement. La froide raison n'a jamais rien fait d'illustre ; nous l'admettrons dans les détails quand nos grands plans seront achevés.

En bonne justice, nous adresserons des éloges à quelques tentatives faites pour vaincre la rapidité du temps. Ainsi, au chemin de fer de l'Est, un employé s'informe au départ de ceux qui comptent déjeuner à Epernay. Le télégraphe avertit le restaurateur du nombre d'estomacs qui lui rendront visite. A l'arrivée, tout est prêt et cuit à point.

Je me contente de rapporter fidèlement une conversation que j'ai entendue au chemin de fer. Les deux interlocuteurs m'ont paru fort savants autant en théorie qu'en pratique :

A***. — Comment avez-vous trouvé, monsieur, ce morceau de chevreuil ? Pour moi, il m'a semblé exquis et je regrette de n'avoir pu le terminer.

B***. — Oui, en effet, je l'avoue, il était fort bon. Cependant je l'aurais préféré un peu plus faisandé ; peut-être, après tout, est-ce la faute du vin ?

A***. — Hum ! hum ! vous êtes très-délicat, moi je me contenterais de cet ordinaire, n'était le prix trop élevé.

B***. — Oh ! ce point, je vous le concède. Tout le monde aspire à des buffets à bon marché, mais le mal est inévitable. Un marchand sans concurrent est un maître. Son intérêt le pousse au despotisme, et il nous faut passer sous les fourches caudines de la nécessité.

A***. — Mais je n'aperçois pas clairement sur quoi se basent ces droits exorbitants du maître du buffet. Il remplit un rôle dans une administration d'utilité publique. La compagnie est forcée d'avoir des buffets, elle les afferme, mais les droits du fermier du buffet ne peuvent être plus étendus que ceux de la compagnie elle-même. Nul ne peut transmettre plus de droits qu'il n'en possède, c'est un axiome bien connu. Or, la compagnie a-t-elle le droit de gagner des sommes aussi folles sur l'estomac des voyageurs ? Peut-elle faire payer 3 fr. ce vin de Bourgogne que nous avons bu, et qui ne vaut pas plus de 1 fr.? Peut-elle gagner cent pour cent sur le pain ; deux cents pour cent sur la viande et trois cents pour cent sur les vins (1) ?

B***. — Mais sans doute, puisqu'il n'existe aucune clause à cet égard dans les cahiers des charges.

____

(1) Nous posons des chiffres très-modérés relativement aux

A***. — J'examine surtout la question au point de vue légal et au point de vue du principe créateur des chemins de fer. Les concessions faites aux compagnies n'ont-elles pas pour but un avantage considérable pour les masses ?

B***. — Certainement, aux yeux d'un économiste, elles ne sont justifiées qu'autant qu'elles enfantent une somme de bien supérieure à celle de la libre concurrence.

A***. — Très-bien ; vous m'accordez que, pour poser la légitimité d'un monopole, c'est-à-dire l'indivision conventionnelle d'une propriété, il suffit de poser et de résoudre la question suivante : la concurrence offre-t-elle plus d'avantages ?

B***. — Si vous faites une pareille demande aux restaurateurs, pas de discussion possible. La concurrence dans les buffets ferait baisser les vivres de moitié, et nous serions tout aussi bien servis.

A***. — C'est donc à bon droit que j'estime mauvaise l'organisation actuelle des buffets. Je prédis qu'ils tomberont s'ils n'arrivent pas à des prix plus modérés. »

Une exploitation culinaire, comme tout autre commerce, doit être trois fois supérieure pour autoriser à biffer la liberté de la concurrence.

La buvette est le buffet des habitants des troisièmes

exigences de certains buffets. Ici, un modeste déjeuner coûtera 10 fr. ; ailleurs, pour un simple verre de vin et un biscuit, il sera exigé 2 fr. *Proh pudor !*

classes : elle ressemble assez à la boutique d'un marchand de vin.

Pas de bancs. Pour la plupart, les habitués n'ont déjà que trop du banc des wagons. La buvette est petite, moins bien chauffée, moins bien ornée que le buffet.

Les prix sont moins élevés qu'au buffet, mais la buvette est encore loin de mériter le titre de magasin à bon marché.

Si, comme certains informés l'assurent, les troisièmes viennent à disparaître, les buvettes serviront de rallonge au buffet ; ce sera l'âge d'or des voyageurs.

Mais les buffets ne viendront-ils pas aussi à disparaître ?

N'est-il pas permis d'espérer que chaque train aura son buffet, où tous les voyageurs pourront tour à tour prendre place ?

L'Amérique ne tardera peut-être pas à nous apporter ces heureuses améliorations. Le buffet prendra alors une haute importance. Les hommes de goût iront dîner en chemin de fer, comme aujourd'hui ils vont dîner à Saint-Cloud.

Un long voyage deviendrait la chose du monde la plus amusante pour un Normand habitué à des repas de cinq à six heures.

Ces douces illusions ne doivent pas nous faire négliger les questions de droit. Il s'en trouve dans les buffets. Notons, en passant, celle-ci :

Les objets perdus dans les buffets sont assimilés aux objets perdus sur la voie ou dans l'intérieur des gares.

8.

Les buffets font, en effet, partie de la voie. (*Voy.* liv. XI, *Des objets perdus.*)

Un individu confie ses bagages à un des garçons du buffet. Celui-ci l'égare ou le vole, la compagnie est-elle responsable?

Le domestique est le représentant du restaurateur, le restaurateur fait partie du personnel de la compagnie, quel que soit son titre vis-à-vis de l'administration. Celle-ci est donc en principe responsable ; nous disons en principe, parce que l'imprudence des voyageurs pourra, dans plusieurs circonstances, modifier la responsabilité.

Quant au directeur du buffet, il doit être assimilé aux aubergistes vis-à-vis des tiers. Ses devoirs et ses droits sont les mêmes.

CHAPITRE XVI

Des accidents.

§ 1er. — Statistique. — Supériorité du système de précautions suivi en Allemagne.

L'histoire des accidents en chemin de fer est comme celle des grands naufrages : un gros volume n'y suffirait pas. Nous l'avons dit, il n'est pas d'accidents en chemin de fer: un choc, un déraillement, entraînent une catastrophe, catastrophe épouvantable qui donne la fièvre et le vertige au simple spectateur.

Il faudrait un Géricault pour peindre le drame effrayant de Notre-Dame-des-Flammes, à Bellevue : il n'est pas moins terrible que celui du naufrage de la *Méduse.*

Il est difficile de ne pas éprouver un frissonnement en étudiant le travail de la commission chargée de rechercher les causes des accidents de chemins de fer.

513 accidents depuis 1835 jusqu'au 31 décembre 1854!

Dans ce nombre, 274 déraillements et 239 collisions.

De ces 513 accidents, 252 sont dus à la faute des agents des compagnies. Le rapport n'attribue à ces agents que le quart des déraillements, mais il fait peser sur eux les 4/5 des collisions.

A la fin de l'année 1855, le nombre des victimes s'élevait au chiffre effrayant de 2,374, qui se subdivise ainsi :

<pre>
              151 voyageurs tués.
              472 blessés.
              ____
Total,   623
              ____
              476 agents des compagnies tués.
              962 blessés.
              ____
Total,   1,438
              ____
</pre>

313 autres personnes ont été blessées. Sur ce nombre, 203 ont succombé. Il faut enfin déduire une certaine quantité de suicidés.

Les catastrophes les plus tristement célèbres sont :

1° Celle de Versailles, — rive gauche, — en 1842, 52 morts
et 108 mutilés ;
    2° Fampoux, en 1846, 12 morts ;
    3° Orsay, en 1854, 3 morts ;
    4° Vaugirard, en 1855, 9 morts ;
    5° Moret, en 1855, 16 morts ;
    6° Peltre, en 1855, 5 morts.

La statistique a recherché si la sécurité était moindre sur les chemins de fer qu'en diligence.

La proportion est à peu de chose près la même. Les diligences comptent (de 1846 à 1855) : 1 mort sur 355,463 voyageurs ; les chemins de fer (dans le même espace de temps) : 1 mort sur 357,092 voyageurs. Il reste donc avéré qu'au point de vue de la sécurité le progrès n'existe pas encore.

Les études sur les chemins de fer allemands, principalement sur les chemins à simple voie, présentent une leçon bien mortifiante pour les compagnies françaises. Le système de précautions chez nos voisins est infiniment supérieur au nôtre. Il est basé sur une organisation rationnelle du service télégraphique, installé sur une large échelle. Là-bas le télégraphe sert, non-seulement à transmettre les ordres et les avis, mais encore à signaler les trains de garde en garde, et à appeler au besoin les locomotives de réserve.

Tout train qui part aux heures déterminées est précédé dans sa marche, de dix kilomètres en dix kilomètres, par des coups de sonnettes électriques qui tiennent les gardes en éveil et les fixent sur la marche des trains.

Lorsque le service éprouve des perturbations, un train ne peut s'avancer qu'autant que le chef de gare de la station prochaine a donné son consentement à la modification par dépêche télégraphique expresse en toutes lettres, sans aucune abréviation.

En cas de détresse, les demandes de secours se font par un appareil télégraphique portatif, à courant continu. Ces appareils sont d'un maniement plus facile et plus sûr que ceux des chemins français, qui sont à courant intermittent au lieu d'être à courant continu, etc.

L'immense travail de la commission, les nombreux documents qu'elle a réunis, permettent d'espérer de profondes améliorations; la plupart seront empruntées au système des chemins de fer étrangers que notre amour-propre nous avait empêchés d'étudier sérieusement.

En France, nous étudions peu, et notre insouciance ne nous fait rechercher les moyens de sécurité qu'après force leçons. Partageant quelque peu la témérité des Américains, il nous faut des monceaux de cadavres et des mares de sang pour calmer notre effervescence et pour nous rappeler que le premier devoir d'une société est de se montrer avare de la vie humaine.

§ 2. — Responsabilité des compagnies.—Souvenir du 8 mai 1842.

Les compagnies sont responsables des accidents arrivés aux voyageurs par la faute de ses agents, par suite de l'insuffisance de son matériel, par suite du mauvais état de sa voie, etc. Cette question n'offre plus aujourd'hui de difficultés. A moins qu'il n'y ait eu faute ou imprudence de la part du voyageur, le seul point qui reste à débattre est celui de l'évaluation du dommage.

En 1842 et 1843, les jurisconsultes les plus éminents ont savamment débattu une question capitale. A qui incombe la preuve? Est-ce au voyageur à prouver la faute de la compagnie? ou la compagnie, responsable en principe, doit-elle, pour échapper à la demande, prouver soit l'imprudence du voyageur, soit le cas de force majeure?

Aujourd'hui, il est généralement reconnu que la compagnie doit faire la preuve des faits qui sont de nature à décharger sa responsabilité. Elle s'est engagée à transporter sain et sauf un voyageur : il arrive mutilé, la présomption s'élève contre la compagnie.

Puisque nous avons rappelé cette sombre date de 1842, nos lecteurs nous sauront gré de leur rapporter, comme document historique, une partie de la grave plaidoirie de M⁰ Liouville, avocat d'une des victimes de la catastrophe du 8 mai, M. Apiau. A nos yeux, ces éloquentes paroles renferment l'expression exacte de l'opinion publique à cette époque sur l'étendue de la reponsabilité des compagnies.

« On vous propose d'absoudre la compagnie et les administrateurs. Qu'en résulterait-il? Que l'accident du 8 mai ne provenant ni du système de la machine ou de son mauvais état, ni de l'usage qu'on en aurait

fait auparavant, ou de l'usage qu'on en aurait fait
ce jour-là, ni des ordonnateurs des voyages ou des
conducteurs de locomotives, ni du mauvais état de la
voie ou des dispositions du terrain, ni enfin d'un obstacle étranger jeté au-devant des machines par le hasard
ou la malveillance, il ne resterait plus que les voyageurs
parmi lesquels on pût trouver des coupables, et qu'il
faudrait une condamnation pour les punir de leurs
blessures.

« Quant à moi, je le dis hautement, je regarderais
une pareille décision comme une calamité publique !

« Mon esprit ne peut admettre que, sur un chemin
privilégié, où le public est forcé de subir une administration qu'il n'a pas choisie, des voitures, des machines qu'il n'a le droit ni de contrôler ni de repousser,
il arrive à ces voitures, à ces machines, un accident
qui tue cinquante-six personnes et en mutile cent huit,
sans qu'on puisse indiquer un obstacle venu du dehors,
une intervention de la malveillance, et que cependant
les directeurs de ce chemin soient considérés comme
exempts de toute imprudence, de toute négligence, et
qu'il ne se trouve pas dans nos Codes un article qui
prononce contre eux la responsabilité.

« S'il est vrai que la prudence humaine a été mise en
défaut dans l'événement du 8 mai; s'il faut reconnaître
qu'il peut se reproduire chaque jour, sans entraîner
d'autres conséquences que la mort, la mutilation et la
condamnation des victimes, ce résultat est si effrayant,
que, malgré la magnificence des promesses que la vapeur peut faire à l'humanité, le plus grand service que

la législature ait à rendre au pays, serait d'abolir immédiatement les lois qui nous menacent de si funestes
bienfaits !...

« Comptant sur leur longue impunité, les directeurs
des messageries, les conducteurs, les postillons se
jouaient avec la vie de ceux qu'ils devaient conduire.
Vous les avez avertis de leurs devoirs en les frappant
avec sévérité. L'humanité y a gagné, et en méritant la
confiance du public, les messageries y ont gagné à leur
tour. Agissez de même avec les chemins de fer, et ap-
prenez-leur par votre sentence que la première condition pour réussir, c'est de veiller sur les voyageurs, et
que l'industrie ne peut aller à la fortune qu'en donnant
la main à la vigilance et à l'humanité. »

Comme complément de ces considérations élevées,
pourquoi ne pas rappeler l'incident émouvant qui les
suivit? M. Apiau demande à dire quelques mots, M. le
président donne l'ordre d'avancer un siége à cette cou-
rageuse victime. Alors, ce père infortuné retrace avec
désespoir, et la lugubre soirée, et ses enfants perdus, et
la mère qui lui demande ses fils ! L'horreur s'empare
de lui à ce sombre souvenir; l'épouvantable scène se
dresse devant sa vue, il la montre palpitante aux juges.
Cette sinistre hallucination, cette éloquence des san-
glots concentrés jettent la pâleur et l'effroi dans tout
l'auditoire.

« Monsieur, dit-il, vous voyez devant vous un homme
dont la destinée a été bien fatale et qui a supporté des
malheurs inouïs. J'avais deux fils : l'aîné a péri, le plus
jeune a été mutilé avec moi, et dans ma demeure, au-

trefois si paisible, je ne puis rentrer aujourd'hui sans trouver le désespoir et les larmes.

« Quand j'eus la fatale pensée d'aller à Versailles le 8 mai, le pauvre fils que j'ai perdu avait de tristes pressentiments. Nous partîmes de Versailles par le convoi de cinq heures et demie ; la rapidité était effrayante, quand un choc affreux vint nous frapper. Je sens encore sur ma tête le plafond du wagon qui nous écrase ; j'entends le bruit de la vapeur qui nous brûle ; je me précipitai en dehors en voulant sauver mes fils avec moi, mais j'étais mutilé.

« J'allais périr brûlé par la vapeur quand un homme courageux m'arracha tout sanglant et m'emporta sur le talus, d'où je vois encore les flammes qui dévorent le corps de mes pauvres fils. Jugez de ma douleur, messieurs, quand il m'a fallu revenir seul à Paris, quand il m'a fallu dire à cette pauvre mère qu'elle ne reverrait pas ses enfants ! Il nous restait un fils, mais dans quel état !

« Je n'existais que pour mes enfants. Que me reste-t-il aujourd'hui, que je suis condamné à me traîner péniblement sur la terre ? Quelle consolation puis-je offrir à cette mère qui me redemande sans cesse ses fils ? Ah ! messieurs, pour supporter une pareille vie, il faut un grand courage !

« Quand des événements sont dus à la force majeure, on s'y résigne et on cherche à supporter les maux qu'on a soufferts. Mais doit-on accepter avec résignation les maux dus à l'imprudence et à la cupidité d'avides concessionnaires ? Je veux l'industrie des chemins de fer malgré le malheur qui m'a frappé, mais je ne veux pas d'une civilisation qui ressemble à la barbarie.

« On a parlé des dangers de toutes les grandes découvertes, des naufrages, de la poudre à canon ; mais quand nos marins, nos soldats, sont mutilés, on leur donne des secours, et ils ont une retraite honorable aux Invalides.

« Mais qu'a fait pour nous l'administration du chemin de fer de la rive gauche ? Elle n'a rien fait, rien !... Je regrette de ne pouvoir montrer mon malheureux fils défiguré à ces hommes sans cœur, qui, après nous avoir privés de nos membres et de nos enfants, veulent aller à la fortune par le chemin que nous avons arrosé de notre sang ! »

§ 3. — Dans quelles voitures les accidents sont moins à redouter.

Peut-être me reprochera-t-on d'avoir rappelé les tortures d'une des victimes de ce drame du 8 mai. Nous aimons peu, dans notre pays, les douleurs poignantes. En grande hâte, on s'empresse de déblayer la voie, de jeter du sable sur les taches de sang, et de s'en retourner gaiement vers la vie.

En revanche, nous goûtons assez les causeries sur les accidents futurs. Les craintes prématurées font toujours rire. Sous les plaisanteries qu'elles provoquent se cachent souvent d'utiles vérités et de sages conseils. Peut-être trouverons-nous encore quelque profit à tirer de la conversation de deux amis déjà bien connus de nos lecteurs : M. Prudhomme et M. Finevue. Ces deux antithèses voyagent chaque jour ensemble sur un de nos chemins de fer de banlieue. Tous les habitués du convoi de cinq heures cherchent à l'envi à se placer dans le compartiment de ces singuliers parleurs. Il va sans dire que cet empressement n'étonne nullement M. Prudhomme.

M. PRUDHOMME. — Nous sommes toujours entourés, mon cher monsieur Finevue... N'y avait-il pas en Grèce une académie avec des jardins fameux, où le citoyen Platon, m'a-t-on dit, se voyait aussi cerné par une foule d'élite ?

M. FINEVUE. — Parlez au singulier, monsieur Prudhomme ; ne divisez pas un honneur qui n'appartient qu'à vous.

M. PRUDHOMME. — Vous êtes trop modeste. Quoi qu'il en soit, ce train de cinq heures est une satisfaction pour ma sensibilité. Pourvu qu'un accident imprévu, une bourrasque d'un destin implacable ne vienne pas interrompre le cours de ce plaisir quotidien.

M. FINEVUE. — Oui-da ! un accident ! Eh ! que feriez-vous s'il survenait un choc, un déraillement, un incendie ou autres misères pareilles ?

M. PRUDHOMME. — En premier lieu, nous avons trois fois plus de chances de nous sauver que la plupart des voyageurs.

M. FINEVUE. — Comment cela ?

M. PRUDHOMME. — Nous montons toujours dans les *premières classes*. Donc, en cas d'explosion, nous avons trois fois moins de risques à courir que les habitants des *troisièmes classes*, et deux fois moins que les voyageurs des *secondes*.

M. FINEVUE. —Émettez-vous cette assertion sérieusement?

M. PRUDHOMME. — Comme tout ce que je dis, mon cher voisin. Sans ce motif, pourquoi y aurait-il différentes classes? N'est-il pas clair qu'on a voulu, en créant les *premières*, mettre à l'abri du sort la vie des citoyens les plus importants? N'est-il pas clair que c'est dans ce but qu'on place les premières au centre ou en arrière, et que les troisièmes sont mises en avant, comme devant être les premières victimes des catastrophes, ainsi que le prescrit la sagesse humaine dans les combats, où l'on place toujours prudemment les généraux en chef au centre ou à l'arrière-garde? Or, suivez-moi bien : dans la plupart des accidents, il n'y a guère que les deux ou trois premières voitures du train qui se trouvent mises en pièces ou broyées. Cet inconvénient retombe donc tout naturellement sur les troisièmes. Pendant que cette classe subira son sort, il nous restera probablement assez de temps pour ouvrir les portières et nous sauver. D'un autre côté, en cas de choc, les excellents tapis rembourrés des premières nous préservent des contusions. Enfin, la construction évidemment plus solide des roues et des essieux de ces voitures nous rend moins redoutables les déraillements. Ne partagez-vous pas mon sentiment?

M. FINEVUE. —En aucune façon.

M. PRUDHOMME, — Vous m'étonnez profondément !

M. FINEVUE. — Permettez ; vous n'êtes pas plus en

sûreté en *premières* qu'ailleurs. Un déraillement, un essieu qui se rompt, une roue qui se casse, sont des accidents qui menacent indifféremment toutes les voitures. Bien plus, eu égard au système des roues et des essieux, qui sont les mêmes pour toutes les voitures, il y aurait peut-être plus à craindre en *premières*. En effet, les voitures de première classe voyagent plus que les autres. Elles sont seules admises dans les trains-post. Elles éprouvent donc plus de fatigue et sont par là plus exposées aux accidents.

M. Prudhomme. — Vous m'effrayez !

M. Finevue. — Vous n'êtes pas au bout. Vous avez entendu dire que, dans les catastrophes, les voitures s'aplatissaient, si je puis m'exprimer ainsi. Les banquettes de devant rejoignent celles de derrière et coupent forcément les jambes des voyageurs. Or, en troisièmes, les bancs étant en bois nu, coupent les jambes d'une façon nette qui évite la peine d'une amputation, tandis qu'en premières, grâce aux bons tapis rembourrés, les jambes se trouvent broyées, ce qui rend beaucoup plus difficile l'amputation.

M. Prudhomme. — Quel épouvantable trait de lumière dans mon intelligence troublée !

M. Finevue. — Attendez. Dans un choc, les voyageurs assis sur la banquette de derrière se trouvent précipités contre les parois du devant. Or, plus la distance est grande, plus les dangers des culbutes, la force des contusions, deviennent redoutables. La largeur étant plus considérable en premières, les foulures et les contusions y sont donc plus à craindre qu'en secondes.

M. Prudhomme devient pâle.

M. FINEVUE. — Supposons qu'un essieu se brise, la voiture tombe, est soulevée par les autres, puis retombe, jusqu'à ce que les voitures de derrière grimpent sur elle. Or, dans ces circonstances, on se trouve secoué de bas en haut, la tête va frapper contre le plafond de la voiture. Et remarquez, monsieur Prudhomme, que le toit est bien peint, mais n'est pas rembourré.

M. Prudhomme relève la tête et jette un regard inquiet sur le plafond de la voiture.

M. FINEVUE. — Notez encore que lorsqu'un wagon monte sur un autre, la toiture d'une voiture des secondes, supportée par trois parois intérieures, est plus solide que la toiture des premières, qui n'en possède que deux.

M. PRUDHOMME. — Décidément, il faut joindre l'économie à la prudence. J'habiterai désormais les secondes. Mais vous, monsieur Finevue, pourquoi, s'il en est ainsi, vous placez-vous toujours en *premières?*

M. FINEVUE, en riant. — Parce qu'on y est plus commodément, et qu'en fait d'accidents, sur un peu plus ou un peu moins de risques, la différence est insignifiante. Qu'un pont s'écroule et que le convoi fasse un plongeon, autant nager en premières qu'en secondes. Toute ma dissertation n'est qu'une plaisanterie. Les accidents sont si variés qu'il est impossible de choisir une place qui en soit à l'abri. Pas de précautions possibles contre les événements au-dessus de l'homme. *Vis divina!* comme disaient les anciens. J'ai voulu seulement détruire une opinion erronée et très-répandue sur la supériorité de certaines voitures en cas d'accident.

M. Prudhomme, mélancoliquement. — Je l'avoue. Courbé sous le lourd fardeau de mes pensées philanthropiques, absorbé dans mes études sur le pays, je devais fatalement me laisser entraîner par le sentiment trop peu réfléchi des masses.

§ 4. — Ce qui est le plus à craindre dans les accidents.

Le nombre des victimes est toujours notablement augmenté, dans le tumulte inévitable d'un accident, par la précipitation. C'est là le fléau le plus redoutable. Il en périt dix où le sangfroid en aurait sauvé six et souvent plus. Un incendie se déclare dans le wagon-bagages, les flammes couvrent le train ; on serre les freins, le train se ralentit. Avant qu'il soit arrêté, cinquante personnes qui ne couraient pas un danger extrême se précipitent hors des voitures. La moitié est blessée, plusieurs sont tuées. Sans cette malheureuse précipitation, on n'eût pas compté peut-être une seule victime.

Je n'hésite pas à soutenir que la moitié des blessures et des morts ont pour cause cette sorte de furie avec laquelle les voyageurs se précipitent des wagons sur la voie. Inutile de démontrer que l'on va beaucoup moins vite par suite de l'entassement aux portières.

Là où la précipitation exerce principalement ses désastres, c'est à la descente des voitures quand le train est encore en marche. Les principes élémentaires de la gymnastique démontrent au premier coup d'œil que, pour sortir ainsi des voitures, il faudrait descendre sur le marchepied, se tenir de la main gauche à la rampe ou poignée, puis se jeter dans le sens de la marche du train les pieds très en avant. Le plus grand sang-froid et une certaine modération sont nécessaires pour une retraite aussi dangereuse. — Mais, hélas! je crains fort de prêcher dans le désert. Quand la peur a jeté l'épouvante, c'est un sauve-qui-peut insensé. Comme dans une véritable déroute, la mort vient moissonner ses victimes.

§ 5. — Ce qu'on entend par force majeure.

La force majeure est un événement qu'il est impossible de prévoir, un accident que les efforts les plus énergiques ne peuvent conjurer.

Un essieu qui se brise, un frein qui se rompt, un encombrement imprévu, etc., ne sauraient décharger la responsabilité de la compagnie. Les retards occasionnés par ces sortes d'accidents la rendent responsable de dommages-intérêts.

La responsabilité s'aggrave si la compagnie ne déploie pas toutes ses forces pour réparer autant que possible l'accident. Prenons pour exemple, non pas un fait exceptionnel, mais un cas qui se renouvelle fort souvent.

Un accident quelconque arrivé à la machine a occasionné un retard de quelques heures. Les voyageurs victimes comptaient prendre à une station prochaine un train correspondant à une direction différente. Arrivés à la bifurcation, on leur annonce que le train, fatigué de les attendre, est parti sans eux, et qu'ils ne pourront continuer leur voyage que quelques heures plus tard. — Aux récriminations des voyageurs, le chef de gare répond : « Messieurs, il y a force majeure. »

Pure comédie que ce manége! D'abord, il n'est pas prouvé qu'il y ait force majeure. En second lieu, au moment de l'accident, la compagnie, avertie par le télégraphe, était dans l'obligation d'organiser un train spécial pour les voyageurs victimes de ce retard. Il devrait en être ainsi même pour un seul voyageur.

N'oublions jamais : qu'en prenant un billet, il s'établit une convention par laquelle la compagnie s'engage à transporter en tant d'heures; que les Tribunaux condamnent les gens qui ne remplissent pas leurs obligations; que l'opinion publique méprise tout ce qui est arrogance et mauvaise volonté; et qu'une compagnie sera d'autant plus sévèrement jugée qu'elle est plus puissante.

§ 6.—Précautions à prendre après l'accident pour constater les faits sur lesquels s'appuiera la demande en dommages-intérêts.

Les voyageurs, échappés sains et saufs, doivent, en même temps qu'ils soignent les victimes, s'enquérir des causes de l'accident et bien examiner les lieux, l'état de la voie, etc., afin de fournir à la justice d'amples renseignements. Les blessés devront faire constater leur état par le commissaire de police, qui ne tardera pas à arriver, presque toujours accompagné d'un médecin. Souvent le médecin commis par la justice évalue dans son rapport la durée probable de la guérison de la blessure ; mais l'état de la victime peut empirer, la maladie se prolonger ; il est très-important de faire constater tous ces faits par des procès-verbaux irrécusables.

Lors des débats, il nous faut, hélas ! reconnaître que les compagnies ont assez l'habitude de tout contester, et la durée de la maladie, et l'intensité des douleurs, et la gravité des blessures, etc., etc. L'un a une jambe de moins?.... mais il est encore capable de travailler dans un bureau ! — L'autre a reçu des contusions graves?... mais ce léger malaise disparaîtra avec le printemps ! — Celle-ci est devenue veuve, son mari a été écrasé sous les décombres des voitures?... mais elle est jeune :

Sur les ailes du Temps la tristesse s'envole ;

elle trouvera bientôt un mari, beau, bien fait, riche, et qui rendra inutile la pension qu'elle réclame !...

Le mieux est de se bien munir de toutes les preuves, de tous les témoignages susceptibles d'établir la responsabilité de la compagnie et la gravité des dommages éprouvés.

CHAPITRE XVII

Lieu de destination manqué.

Laisser passer, sans nous arrêter, la station où doit finir notre voyage, est une mésaventure quotidienne. Les causes sont variables. Tantôt un sommeil profond s'est emparé de nous, et les cris des employés annonçant le nom de la station n'ont pu nous réveiller ; tantôt les employés ont oublié d'annoncer la station ou ont mal articulé le nom.

A qui incombe le plus généralement la faute ? Aux employés. Nous ne nous dissimulons pas combien leur service est pénible ; nous faisons mille vœux pour qu'il soit allégé par la création de voitures perfectionnées, et pour qu'un destin meilleur augmente leurs appointements, mais avant tout faut-il que le voyageur sache où il doit descendre.

Or, il ne peut le savoir qu'autant qu'on le lui dira. Comment pourrait-il l'apprendre autrement ? Il ne peut faire le calcul d'après l'heure, car il faudrait avoir d'abord une montre, puis un *Journal des chemins de fer*, et souvent il ne possède ni l'un ni l'autre.

Lui faudra-t-il mettre le nez à la fenêtre pour lire le nom de la station ?

C'est d'abord supposer amicalement qu'il sait lire, mais cette supposition polie sera souvent fausse. En second lieu, le train ne s'arrête pas toujours bien en face de la station, et il peut faire nuit. Enfin, ce serait imposer un supplice illégal au voyageur que d'exiger qu'il ait toujours la tête à la portière, si toutefois cette position incommode était possible. Il n'y a qu'une fenêtre (il est défendu de passer la tête par la fenêtre du côté droit), et un compartiment peut contenir dix personnes. Quelle sera la tête privilégiée?

Ainsi, pas de doute sur le principe : les employés sont forcés d'avertir tous les voyageurs, à haute et intelligible voix, du nom de la station où le train s'est arrêté.

Quand le voyageur n'a pas été nettement averti, la compagnie est responsable du dommage qu'éprouvera le voyageur forcé de descendre à une station plus éloignée.

La difficulté sera toujours de prouver la faute des employés.

Ils répondront qu'ils criaient à tue-tête; qu'il faut être sourd pour ne pas les entendre; que leur voix est plus perçante que le flageolet de l'aveugle de Meulan, etc., etc.

Le voyageur placé dans cet embarras fera bien de prendre le nom des voyageurs occupant le même compartiment, et pouvant attester qu'il ne dormait pas et que nul n'a entendu le cri des employés.

L'individu ainsi attardé malgré lui a le droit, à la prochaine station, de se faire conduire à destination aux frais de la compagnie. Sa situation est analogue à celle que nous avons rapportée au chap. iv (livre **V**).

Plusieurs esprits ingénieux ont cherché les moyens de remplacer l'avertissement des employés par des rouleaux indicateurs placés dans chaque comparti-ment. Qui donnerait le mouvement à ces rouleaux? Des horloges? Cela coûterait fort cher. — Des em-ployés à chaque station? Les oublis ne seraient-ils pas encore possibles?

Si le voyageur, par sa propre faute, n'est pas des-cendu à la station indiquée sur le billet, la compagnie peut exiger un supplément pour la station prochaine. Ces sortes de suppléments se soldent comme tous les autres. (*Voy.* au chapitre suivant.)

<hr>

CHAPITRE XVIII

Des suppléments pendant le parcours. — Voyage au delà de la station sans supplément. — Contravention.

Il existe trois circonstances dans lesquelles les com-pagnies exigent des suppléments :

1° Le voyageur a été trouvé dans une voiture d'une classe supérieure à celle indiquée par son billet.

2° Le voyageur veut prolonger son voyage? Il n'est pas nécessaire qu'il descende à la station indiquée sur son billet ; il réclame à l'employé un bulletin, et lui paye un supplément.

3° Par sa faute le voyageur n'est pas descendu à la

station pour laquelle était destiné son billet? Il devra un supplément.

Il est bon de connaître la manière dont s'exécute cette opération.

L'employé doit réclamer le supplément aussitôt qu'il est dû. A cet effet, il demande au voyageur la remise de son billet, et lui remet en échange, détaché d'un livre à souche, un bulletin contenant la désignation de la distance supplémentaire, et portant le prix payé.

Il va sans dire que les prix seront conformes au tarif.

En aucune circonstance la compagnie ne peut les augmenter.

J'ai entendu parler d'une autre sorte de supplément prélevé par certaines compagnies sur les voyageurs qui demandent à s'installer dans un compartiment dit *coupé*.

Cette taxe est-elle autorisée par le tarif? Pourquoi ne se trouve-t-elle pas sur le *Journal des chemins de fer?*

Elle est, dit-on, affichée dans les gares. Belle réponse! Va-t-on obliger un voyageur à lire toutes les affiches qui décorent l'intérieur des gares, depuis l'eau de Lob infaillible jusqu'aux amours conjugaux, également infaillibles, que débite M. de Foy? Et ceux qui ne savent pas lire? Et ceux qui accourent à la dernière heure sans regarder? Et ceux qui sont myopes?

Passe encore si cette affiche était dans le coupé même et parfaitement visible.

D'ailleurs l'administration est en contravention avec ses propres règlements. Dès qu'un agent constate qu'il y a lieu à supplément, il doit prendre le billet du voyageur, et le remplacer par un bulletin indiquant l'opération. Quand deviez-vous recevoir ce bulletin? Immédiatement à votre départ, car le chef de train doit alors visiter toutes les voitures et poinçonner les billets.

Ce serait un véritable piége que de laisser le voyageur, qui a pu se tromper de bonne foi, parcourir, sans être averti, un long trajet au terme duquel on lui réclamerait brusquement une surtaxe imprévue.

On vous dira peut-être: Indiquez-nous l'employé qui vous a fait monter par erreur dans le coupé.

J'ai entendu une fois poser une pareille question. Jugez si elle m'a fait rire. Allez donc à cent lieues passer en revue tous les employés d'une gare et reconnaître l'auteur de l'accident. A ce compte, Lavater y eût perdu son latin. Tous les employés sont en apparence fondus dans le même moule: même habit, même chapeau, même barbe; dix passe-ports avec de légères variantes suffiraient pour tous les employés d'une même compagnie.

En admettant l'effet d'une perspicacité miraculeuse, la connaissance de la nature humaine permet-elle de supposer que l'employé désigné va humblement avouer sa faute à ses chefs?

CHAPITRE XIX

Des employés qui accompagnent les convois. — Le chef de train.
Des gardes-freins.

Le chef du train est le patron du navire. Il donne des ordres au mécanicien. Il mentionne sur un registre tous les retards ou accidents.

Nous avons déjà répété que les employés pouvaient être assermentés. Beaucoup ont prêté le serment ; ceux-là se trouvent assimilés aux gardes champêtres. Toute résistance, injure, voie de fait contre les fonctionnaires publics, sont sévèrement punis par le Code pénal.

Comme le public ne peut distinguer les assermentés de ceux qui ne le sont pas, il est toujours prudent de modérer, dans les altercations, l'impétuosité de ses mouvements et l'intempérance téméraire de sa langue.

Les gardes-freins, les graisseurs, sont sous les ordres du chef de train. Vis-à-vis du public, ils ont les mêmes droits et les mêmes devoirs que leur chef, lorsqu'ils le remplacent.

Je ne sais personne qui n'ait plaint les malheureux employés, obligés, pendant la marche du train, de parcourir les wagons pour poinçonner les billets. Combien est dangereux ce voyage sur l'étroite planche ! Pour ouvrir et fermer les portières, pour passer d'un wagon sur un autre, que d'habileté et de dangers ! Si le pied glisse... la mort la plus horrible !

En parlant d'une catastrophe récente, je demandais à un employé s'il n'était pas défendu de parcourir le convoi pendant la marche :

« Oui, monsieur.

— Mais ce fait se répète chaque jour?

— Oui, monsieur ; il faut bien poinçonner nos billets. L'administration veut que nous remplissions cette formalité pendant le temps d'arrêt, ce qui est matériellement impossible. De plus, vous savez que, dans les temps d'arrêt un peu prolongés, les voyageurs s'échappent des wagons pour courir au buffet ou ailleurs; nous ne pouvons courir après eux, il faut bien faire l'ouvrage pendant la marche.

— L'administration vous punit-elle pour cette infraction ?

— Non, non, elle tolère toujours.

— Alors, il était inutile de faire la défense. »

L'employé se mit à rire en me regardant d'un air narquois.

« On voit bien, monsieur, que vous n'êtes pas du métier. On ne dit rien, quand il n'arrive pas d'accidents; mais si nous nous cassons une jambe, on crie fort, on nous reproche sévèrement l'infraction au règlement par-ci, la violation de la loi par-là... et la conclusion de cette indignation juridique est la contestation de notre droit à une indemnité. Vous comprenez maintenant?

—Oui, parfaitement. Bel alinéa à ajouter au chapitre des contradictions intelligentes!

— Heureusement pour nous, le ministère public, qui comprend dans quelle indigne alternative l'on nous place, prend notre défense et nous sauve de la famine. Sur ses conclusions, la jurisprudence établit une distinction légitime entre l'employé qui a violé les règlements sans raison valable, par caprice, et celui qui les a enfreints forcément pour les nécessités du service, ou en cas de danger, dans l'intérêt de la compagnie.

— En effet, je me rappelle plusieurs jugements et réquisitoires fort remarquables où les fautes des compagnies vis-à-vis de leurs employés étaient sévèrement et justement qualifiées. Les compagnies auraient bien dû, en guise d'appendice, faire imprimer ces pièces curieuses à la suite de vos petits livrets réglementaires, pour la plus grande édification de tous.

— Oh! oh! vous voulez rire, monsieur.

— Non pas. Cela viendra, je vous l'assure. Le boucher ou l'épicier qui trompe l'acheteur sur sa marchandise se voit puni par l'affiche posée sur sa boutique. Eh bien, il arrivera un jour où l'on comprendra que la condamnation pécuniaire d'une riche compagnie est chose insignifiante pour elle; qu'en outre, de bons jugements affichés dans toutes les gares, à la porte des administrateurs et directeurs, et constatant les fautes lourdes, produiront des conséquences merveilleuses. Voyageurs et employés, tous se réjouiront de l'innovation. »

La punition par l'affiche multipliée entraînerait une révolution dans nos mœurs commerciales, et surtout dans celles des compagnies. Alors, la justice ne serait plus impuissante ou inefficace. Elle rayonnerait dans tout son éclat. Ce serait son grand jour.

Adveniat regnum suum.

CHAPITRE XX

Même sujet. — Du mécanicien et du chauffeur.

Le mécanicien soumis au chef de train est maître absolu sur sa locomotive, sans que pourtant il puisse y laisser s'introduire aucun individu. La locomotive est un lieu sacré. Nul mortel ne peut s'installer sur l'autel du dieu Vapeur, à moins d'une autorisation spéciale des chefs supérieurs. Ces priviléges ne sont accordés qu'aux ingénieurs et inspecteurs.

La rigueur d'une telle prohibition s'explique par l'imminence du danger qu'entraînerait la plus légère imprudence et par la nécessité d'éviter au mécanicien toute distraction.

Bien rapides doivent être les décisions du capitaine d'un navire en détresse. Néanmoins, il lui est donné souvent de pouvoir compter l'heure et calculer les distances. Bien autrement énergiques doivent être les résolutions du mécanicien. Pour lui, ni heure ni distance. Tout sera prompt comme la foudre. Un seul moment d'hésitation, l'abîme s'est ouvert! Un éclair de génie, six cents hommes sont sauvés!

Entre cent exemples, rappelons l'accident de Creil. Au détour d'une courbe, le mécanicien aperçoit la voie barrée par une voiture chargée d'énormes blocs de pierre. « Aux freins! » crie le sifflet. — Non pas; il sera impossible d'arrêter à temps. La catastrophe est là béante! «Pas de freins! » hurle vivement le sifflet, et au même instant toute la vapeur est déchaînée; la machine ne roule plus, elle vole avec furie. La montagne de pierre, broyée, mitraillée, vole en mille éclats, et le génie passe vainqueur.

Les voyageurs n'apprirent qu'à la station prochaine l'effrayant danger qu'ils avaient couru. Profonde stupeur! Tous les fronts pâlirent.

Il y a soixante ans, on eût fait mieux. Un cri d'admiration aurait jailli de la foule; le mécanicien eût été porté en triomphe; la reconnaissance publique aurait fait graver sur la machine son nom avec cet exergue : *Génie et dévouement* (1).

Le chauffeur ne doit avoir également aucun rapport avec les voyageurs.

Le mécanicien et le conducteur garde-freins ne peuvent, pendant la marche du convoi, abandonner leur poste, sous peine d'un emprisonnement de six mois à deux ans. (Loi du 15 juillet 1845, art. 20.)

---

(1) A la suite de cet événement, le mécanicien, **M. Pilinski**, fut promu au grade de mécanicien de première classe.

L'ordonnance du 15 novembre 1845, art. 26 et 27, règle les devoirs du mécanicien et du conducteur garde-freins.

CHAPITRE XXI

Des employés chargés de la police, de la surveillance des trains et de la voie. — Le commissaire de police, les inspecteurs.

La surveillance de l'exploitation des chemins de fer s'exerce concurremment : par les commissaires impériaux, par les ingénieurs des ponts et chaussées, les ingénieurs des mines, par les conducteurs, les gardes-mines et tous autres agents sous leurs ordres.

Telle est la disposition de l'art. 51 de l'ordonnance du 15 novembre 1846.

Parmi tous ces agents, ceux qui se trouvent journellement en rapport avec les voyageurs sont les commissaires spéciaux. Dans les principales gares, des locaux particuliers leur sont réservés.

Dans leurs tribulations, les voyageurs devront recourir principalement au commissaire de surveillance. Le procès-verbal du commissaire, la réclamation faite sur le registre dont nous avons déjà parlé, sont les meilleures pièces d'un procès contre l'administration. Souvent l'intervention du magistrat suffira pour aplanir la difficulté et préviendra un conflit juridique.

Plus que tous autres, les commissaires de surveillance seront à même de donner des renseignements exacts à l'expéditeur et au voyageur.

Le public ignorant s'imagine qu'ils sont là uniquement pour punir les voyageurs délinquants. Grave erreur! Leur mission est générale ; mais, sans doute, ils doivent préférer protéger les voyageurs contre les compagnies, par ce motif que tout cœur honnête et tout jugement droit sontportés à soutenir le faible contre le fort.

Quant aux inspecteurs de l'administration, leur contrôle ne s'exerce que sur les employés, mais ils acceptent fort bien les plaintes des voyageurs. Leur position supérieure les fait redouter, et quand un train contient un inspecteur, les employés sont rarement en défaut. Leur activité et leurs soins redoublent. Un soldat est deux fois bon sous les yeux de son général.

CHAPITRE XXII

Même sujet. — Des gardes-barrière.

Il n'est pas rare que des altercations s'élèvent entre les voyageurs attardés et les gardes-barrière qui stationnent près des gares.

Encore une fois, nous recommandons aux voyageurs du sangfroid et de la modération. Les gardes-barrière peuvent être assermentés. Un grand nombre le sont. Le serment les transforme en fonctionnaires publics. Nous ne saurions trop rappeler les sévérités du Code pénal et la protection énergique qu'il accorde aux fonctionnaires.

Je connais peu de positions qui inspirent autant de réflexions mélancoliques que celle de beaucoup de ces gardiens. Quel métier plus monotone que celui de garde-fou sur les chemins qui traversent la grande route de fer !

Quelle antithèse entre le mécanicien et le garde-barrière ! L'un roulant, roulant toujours, condamné à dévorer l'espace ; l'autre, sentinelle immuable, rarement relevée, toujours là, debout, le bras tendu vers le pays que gagne le convoi.

Homme-borne, toujours seul, avec une pensée unique : l'heure du prochain convoi ! Il a limité sa vie dans la circonférence de sa barrière, et pourrait écrire sur sa plaque : « Mon traitement et ma consigne ! »

LIVRE VI

ARRIVÉE

CHAPITRE PREMIER

Perte du billet. — Prétention des compagnies. — Réflexions d'un
voyageur débonnaire.

Il faudrait n'avoir jamais voyagé pour ignorer qu'en
chemin de fer le billet de place est chose facile à égarer. On cause, on dort, on rêve, la pensée trotte plus
vite et la troupe des distractions accourt. Le chef de
train vient tout à coup vous tirer de votre somnolence
pour poinçonner le billet. Vous le cherchez avec impa-
tience, vous le donnez en grommelant, vous le remet-
tez dans votre poche avec négligence; à la première
station où vous descendez, il tombe et se perd. Telles
sont les causes ordinaires.

10

En outre, il se trouve des gens qui perdent facilement en route leur argent, leurs bagages, leur portefeuille, leur santé, leurs résolutions et leur vertu. Les longs chemins sont jonchés d'épaves déposés par la faiblesse et l'étourderie humaines. — Donc, il n'est pas difficile de perdre son billet.

Il est moins facile, de sortir sans dommages de cette mésaventure.

Comme, dans notre siècle, tout tend à la concentration et à la simplification, les compagnies ont appliqné à cet accident un remède simple et unique : « Tout voyageur qui ne remet pas son billet à la station devra payer le prix des premières classes depuis le point de départ du convoi. »

Ainsi, vous avez pris à Libourne un billet de troisième classe (soit 2 fr. 25 c.) pour Bordeaux. Arrivé dans cette dernière ville, si vous avez perdu votre billet, la compagnie vous réclamera le prix des premières classes depuis Paris, point de départ du convoi; soit : 65 francs 50 cent.

On prétend, mais en vain, que c'est faire payer un peu cher une erreur souvent bien excusable. Il faut avouer que c'est là une admirable façon de résoudre des difficultés multiples et délicates. Alexandre ne tranchait guère autrement le nœud gordien. Ce système des compagnies a cela d'avantageux pour elles qu'elles ne peuvent jamais rien perdre, ce qui leur assure l'appui de tous les actionnaires intelligents.

Or, un voyageur qui n'était pas actionnaire, après avoir payé une somme assez forte pour remplacer son billet perdu, s'en allait en murmurant les paroles suivantes :

« On me dit de faire une réclamation, mais je vais perdre en lettres, temps, démarches et tracas de toute nature, autant que j'ai déjà payé. Vraiment, plus j'y pense, moins je me range à leur raisonnement : « *Je suis trouvé sans billet, donc je frustre la compagnie; il est probable que je n'ai pas payé!* » La perte de mon billet ne devrait pas être une preuve, ni même une présomption du non-payement de ma place.

«.Au départ, un agent m'a forcé de lui montrer mon billet en entrant dans la salle d'attente; un autre a procédé à un deuxième examen dès que j'ai été installé en voiture. Un troisième, pendant le trajet, a renouvelé cette inspection. Comment dès lors supposer que j'ai été assez adroit pour voyager de Paris à Bordeaux sans billet? Ce n'est pas seulement me présumer bien rusé, bien habile, mais encore taxer d'incapacité tous les agents : chef de gare au départ, employé surveillant la salle d'attente, chef de train vérificateur des billets. Les compagnies ne se flattent guère par cette présomption. L'intérêt est bien le plus cruel tyran de l'amour-propre. »

Et notre homme s'éloigna content de son raisonnement. Heureux les gens qui savent se consoler par des réflexions philosophiques !

Nous verrons plus loin jusqu'à quel point ces plaintes sont fondées. L'intérêt des compagnies est aussi respectable que celui du voyageur, mais la multiplicité des rouages de ces grandes entreprises rend difficile

une solution qui protégerait également les deux parties.

CHAPITRE II

Même sujet. — Un chapeau et un parapluie détenus pour dettes.
— Les compagnies peuvent-elles exiger de suite le payement du
billet perdu?

Avant l'examen du droit, il nous faut narrer le fait.
Quelle conduite va tenir le voyageur qui s'aperçoit du
mauvais tour que lui a joué la fortune? A quelles exigences va-t-il être soumis? avec quelle personne aura-
t-il à débattre ses intérêts? Sera-t-il contraint de payer
le prix demandé à l'instant même? Et si un mauvais
destin veut qu'il ait perdu sa bourse, ou ce qui n'est pas
moins triste, qu'elle se trouve vide, va-t-on exercer
sur lui une appréhension de corps et de biens?

On cite plusieurs situations tragi-comiques dignes
d'intérêt.

L'été dernier, deux voyageurs se disposaient à sortir
du chemin de fer du Nord, quand ils s'aperçurent de
la disparition de leur billet. Pour comble d'infortune,
ils avaient oublié leur bourse.

Que faire? se dit l'employé. Retenir les deux voyageurs en personne, cela n'était guère possible. Comme
il n'y avait pas flagrant délit, l'arrestation aurait frisé
la séquestration de personnes.

Retenir leurs bagages? Les malheureux voyageaient

sans suite et sans accessoires. Disciples de Bias, et vêtus à sa manière, ils portaient sur leur dos toute leur fortune.

Pourtant, après une rigoureuse investigation, l'employé s'aperçut que l'un deux avait le chef couvert d'une calotte et d'un chapeau, ce qui faisait double emploi. Il remarqua en outre que ce chapeau semblait être presque neuf. De plus, le second voyageur tenait à la main un parapluie dont la bonne physionomie pouvait faire espérer une valeur intrinsèque.

« Je garde, dit l'employé, le chapeau et le parapluie jusqu'au payement du prix de vos places. »

Comme un malheur ne voyage jamais seul, il plut à torrents ce jour-là. Nos voyageurs avaient une longue course pédestre, grande fut leur colère. Peut-être un rhume aigu vint-il compléter la catastrophe. Toujours est-il qu'il y eut procès.

Le tribunal condamna l'administration du chemin de fer. Nul n'a le droit de s'emparer du bien d'autrui sous le prétexte d'une dette. Il faut suivre les formes légales pour poursuivre un débiteur, et, dans l'espèce, obtenir d'abord contre lui un titre exécutoire, c'est-à-dire un jugement.

Cette solution fort équitable est conforme en tous points aux règles de notre droit civil.

Ainsi, posons en principe :

1° Que la compagnie ne peut faire arrêter un voyageur qui ne représente pas son billet, quand même il serait patent que ledit voyageur a circulé sans avoir pris de billet. Ce fait ne constitue qu'une contravention. L'agent pourra dresser procès-verbal, mais il ne peut faire d'arrestation qu'en cas de flagrant délit;

2° La compagnie ne peut davantage séquestrer les effets du voyageur, soit qu'il les ait conservés près de lui, soit qu'il les ait fait enregistrer. Il est de droit constant que nul ne peut se faire justice à soi-même et s'emparer, en guise de payement et pour solde de tout compte, des biens de son débiteur. Personne, non plus, ne peut accaparer les biens de son débiteur, et lui dire : « Je les garde jusqu'au payement de votre dette. » Notre législation n'admet pas le nantissement forcé. Le droit de rétention n'existe plus. Il faut un titre authentique pour poursuivre le payement d'une dette. Dans le cas où nous nous plaçons, la compagnie ne pourra exiger le prix des places qu'après avoir obtenu un jugement contre le voyageur.

Mais le voyageur ne pourra pas se refuser à donner à la compagnie des indications précises sur son individualité et son domicile. En cas de déclaration suspecte, l'employé conduira sans doute le voyageur devant le commissaire de police, soit du chemin de fer, soit du lieu de la station. De cette pérégrination fort peu agréable, nous devons tirer cet enseignement : qu'il est utile de ne pas voyager sans passe-port ou sans papiers qui puissent y suppléer, sous peine de passer provisoirement comme vagabond.

Le voyageur ne pourra-t-il jamais, en sortant de chez le commissaire, être conduit en prison? Il est clair que le commissaire ne donnera cet ordre que quand il aura affaire à un malfaiteur ou à un vagabond impuissant à fournir des indications sur son individualité. Le fait seul d'avoir voyagé sans billet ou dans une classe supérieure à celle indiquée par le billet ne pouvant constituer qu'une contravention (art. 21, L. du 25 juillet 1845), ne suffirait pas pour autoriser une semblable mesure.

L'employé, convaincu que la compagnie ne pourra atteindre le voyageur et s'en faire rembourser s'il le laisse partir en lui rendant ses effets, n'aurait-il aucun moyen légal de retenir ces derniers?

Il lui restera toujours la faculté de présenter à l'instant même au président du Tribunal de première instance une requête pour autoriser la compagnie à pratiquer, entre ses propres mains, une saisie - arrêt. Le magistrat décidera souverainement.

Résumé de ce chapitre.

1° Le voyageur qui a perdu son billet peut refuser de payer immédiatement le prix de sa place que lui réclame la compagnie.

2° Il ne peut se dispenser de fournir des indications précises sur son individualité et sur son domicile.

3° Comme il peut y avoir contravention, il est loisible à l'employé de dresser procès-verbal.

4° La compagnie ne peut retenir les effets du voyageur que par le moyen exceptionnel dont nous venons de parler : requête au président.

CHAPITRE III

Même sujet. — Nature du billet de place. — Il est la preuve écrite
du contrat de transport. — Le contrat cesse-t-il par la perte du
billet?

Payer une place et recevoir en échange de son argent un billet, c'est faire un contrat de transport.

Le billet en est le titre. Si le voyageur perd ce titre,
la compagnie est-elle dégagée de ses obligations?

En principe, non. La compagnie exige, il est vrai,
que le billet soit présenté à toute réquisition et rendu
à l'arrivée, parce qu'elle n'a pas trouvé d'organisation
plus simple pour constater l'exécution fidèle du contrat
et combattre les fraudes. Le contrat est indépendant
du titre qui le représente. Et si le voyageur peut suppléer le titre par d'autres moyens de preuves, il ne
perd rien de son droit.

Pour que la perte du titre puisse annuler le contrat
de transport, il faudrait une convention expresse.
L'entrepreneur ne pourrait exiger une seconde fois le
prix de la place qu'autant que le voyageur se serait
soumis par stipulation formelle à cette clause exorbitante. Ce qui sort du droit commun ne se présume
pas, et cette sorte de clause pénale ne serait admise
par les Tribunaux que sur preuves indubitables.

Aussi, dans un procès relatif à un billet d'abonnement, le Tribunal de la Seine n'a-t-il donné gain de

cause à la compagnie que sur cette raison particulière. L'abonné avait par écrit renoncé à tout droit en cas de perte.

Mais le voyageur qui, malgré la perte de son billet, réclame le bénéfice de son contrat, doit toujours fournir la preuve de son existence.

Quelquefois il se trouvera dans une grande perplexité ; souvent il pourra invoquer toutes sortes de preuves : nous allons examiner les plus ordinaires. Les moyens de recours varieront selon les circonstances.

CHAPITRE IV

Même sujet. — Moyens de suppléer au billet perdu.

Les principaux moyens auxquels le voyageur pourra recourir, sont :

Le bulletin de bagages, la preuve par témoins, le contrôle des livres de la compagnie, et les présomptions.

Le bulletin de bagages. — On ne délivre de bulletin que sur le vu du billet de place. Le bulletin fournit donc une preuve que le voyageur a payé une place quelconque.

De plus, il indique le point de départ et le point d'arrivée.

La preuve par témoins. —Le voyageur peut invoquer le témoignage de ses compagnons de route. Il pourra même recourir au chef de train, qui a poinçonné son billet pendant la route et qui, peut-être, se rappellera le fait.

La preuve par témoins est admise pour toutes les sommes jusqu'à concurrence de 150 fr. Elle ne peut être invoquée pour les sommes supérieures que dans le cas où il y aurait commencement de preuves par écrit. Le bulletin de bagages peut, sans nul doute, être considéré comme commencement de preuve par écrit du payement de place. Ainsi, sur cette matière, la preuve testimoniale sera, pour ainsi parler, toujours admissible.

Le contrôle des livres de la compagnie. — Comme tout commerçant, la compagnie est tenue d'avoir une comptabilité parfaite. De l'examen de l'argent reçu au départ de chaque train, du nombre de billets distribués, de la destination de ces billets, il doit résulter la preuve de la véracité du voyageur. Si réellement il a pris un billet tel jour, à telle station, pour tel train, la compagnie doit en avoir la preuve dans sa comptabilité. Le Tribunal pourra ordonner que les livres lui soient communiqués. Les livres font preuve contre la compagnie, mais ne peuvent servir que de présomption contre le voyageur.

Les présomptions. — Nous avons dit dans l'un des chapitres précédents qu'il nous paraissait injuste d'élever *à priori* contre le voyageur sans billet une présomption de fraude. Le fait seul que les agents l'ont sans difficulté laissé franchir la salle d'attente, monter en voiture et faire un certain trajet, doit tourner la présomption en sa faveur.

A cette première présomption d'autres plus graves viendront parfois s'accumuler de façon à dissiper tout doute. Une honorabilité parfaite, une réputation inébranlable, une haute position sociale, rejettent bien loin le soupçon d'une fraude misérable pour un intérêt aussi minime.

Je suppose qu'un académicien perde son billet, il sera cru sur parole. Une compagnie n'ira pas suspecter la parole d'un immortel.

Si les preuves laissent encore quelque doute dans l'esprit du Tribunal, le voyageur pourra être invité à prêter le serment que la loi appelle le serment supplétoire.

Il ne sera pas inutile maintenant de rappeler les situations principales dans lesquelles le voyageur aura à user de ces divers moyens.

§ 1. — Le voyageur qui a perdu son billet possède des bagages enregistrés.

Cette position est la plus favorable. Tous les moyens de preuves sont à sa disposition ; mais son bulletin lui suffira puisqu'il constate implicitement le payement d'un billet de place, le point de départ et le lieu de destination.

Mais si vous avez voyagé en première classe et si la compagnie allègue que vous n'avez pris qu'un billet de troisièmes, comment prouver le contraire?

Par témoins, par le contrôle, par les présomptions.

Nous souhaitons vivement que le bulletin de bagages remis au voyageur, ou au moins le bulletin collé sur ces bagages, porte l'indication de la classe occupée par le voyageur. De cette sorte le billet et le bulletin pourront se suppléer mutuellement. Cette mesure éviterait aux voyageurs de nombreux soucis.

§ 2. — Voyageur ayant perdu tout à la fois son billet de place et son bulletin de bagages.

Le point important pour le voyageur sera de donner à l'employé des preuves manifestes de son droit de possession sur les bagages enregistrés. Le fait n'est pas difficile à vérifier. Le voyageur pourra fournir des détails sur les colis, leur nombre, leur forme, et principalement sur leur contenance. Si ces indications se trouvent exactes, il est à peu près certain que le voyageur a dit vrai et, sauf des motifs exceptionnels de soupçon, l'employé devra délivrer les objets. La propriété des bagages établie, la situation est la même que la précédente.

Seulement, l'agent de la compagnie sera en droit d'exiger du voyageur des renseignements précis sur son individualité et son domicile, afin que, s'il survenait des réclamations relatives aux bagages, la compagnie puisse exercer son recours contre lui.

§ 3. — Voyageur sans bagages enregistrés et qui a perdu son billet de place.

La situation est embarrassante, surtout pour le voyageur qui ne peut recourir à la preuve testimoniale. Le moyen le plus efficace sera le contrôle des livres de la compagnie : ce contrôle ne se fait que quelques jours plus tard. Il serait utile de provoquer par une réclamation l'attention particulière des agents sur les opérations du train où se trouvait le voyageur.

CHAPITRE V

Distribution des bagages.

C'est à Paris surtout, et dans les grands centres, que la question de distribution rapide des bagages s'élève à la hauteur d'un problème difficile à résoudre.

Combien de temps faut-il pour le parcours en chemin de fer de Saint-Denis à Paris ?

Cinq à dix minutes ?

Non pas, loin de là ! Pour un voyageur armé de bagages, voici le calcul :

Dix minutes de chemin de fer, ci . . . . . 10 minutes.
Une demi-heure pour la distribution
des bagages, ci. . . . . 30 —
Un quart d'heure pour prendre une
voiture et se rendre au milieu de Paris, ci. . . . . 15 —

Total. . . . . 55 —

Aussi, rien d'agaçant comme la station forcée que le voyageur est contraint de subir avant de revoir ses bagages. Un peintre passionné pour les figures maussades ou mélancoliques devrait élire domicile dans la salle d'attente des bagages : nulle part autant de types curieux.

Mais si nous laissons le côté artistique pour le côté économique, nous allons tomber dans de nouvelles invectives contre l'amour du siècle pour les antithèses burlesques.

L'homme a employé tout son génie à parcourir rapidement d'énormes distances ; mais son esprit n'a pas eu la moindre petite idée pour accélérer le court trajet qui sépare le wagon de la salle de distribution des bagages. Un malheureux paquet mettra, pour sortir du wagon et arriver dans la salle de distribution, autant de temps que son maître en a dépensé pour faire 30 kilomètres.

Le génie-machine semble s'endormir dès qu'il rentre en gare.

Les bras des manœuvres sont presque seuls employés : Allons, courage ! soulevez de pesants colis, écorchez-vous l'épaule, cassez-vous le bras, poussez ferme vos brouettes ; les mauvais planchers et les montées ne vous feront pas défaut. Si vous n'êtes pas assez, doublez les renforts. La population d'une gare sera bientôt celle d'une ville...

Pas un seul petit cheval-vapeur employé dans la gare à faire la plupart de ces travaux, pas une seule construction de gare qui puisse éviter ces courses aux brouettes ! Pauvres manœuvres, je vous plains ! Il faut que le bras d'homme soit à bon marché pour que vous ne soyez pas remplacés depuis longtemps par une machine chargée de faire manœuvrer en gare tout ce qui s'appelle fourgon, voiture, colis, etc.

En attendant, bons voyageurs, murmurez, criez, frappez du pied. La contrariété épanchée soulage toujours. Depuis une demi-heure vous attendez et vous ne voyez encore rien poindre. Patience ! de plus grands désastres vous menacent peut-être si vous avez des bagages à reconnaître. — Gare aux colis qui ne sont pas enveloppés de puissantes cuirasses !

CHAPITRE VI

Perte du bulletin de bagages.

Nous avons parlé incidemment, au chap. IV, du bulletin de bagages perdu. Tout propriétaire pourra donner, relativement à ses colis des détails suffisants pour ne pas laisser de doute sur ses droits.

Nous n'avons qu'à ajouter une simple remarque pour le voyageur qui a perdu uniquement son bulletin de bagages.

On ne devra pas remettre son billet sans faire observer immédiatement à l'employé chargé de le recevoir, qu'on a perdu le bulletin de bagages et qu'en conséquence il veuille bien mettre de côté le billet de place.

Le billet de place est marqué, en effet, d'un timbre ou d'un poinçonnage particulier indiquant que le porteur a fait enregistrer des bagages (1). Ce fait constaté régulièrement vide la question de savoir si réellement le voyageur a des bagages. Il ne reste plus qu'à examiner les bagages qui lui appartiennent, ce qui est la moindre des difficultés.

CHAPITRE VII

Bagages détériorés.

Nous sommes ici au chapitre des doléances et des exclamations.

(1) Il paraît que sur quelques lignes cette précaution est souvent négligée. Que les voyageurs se mettent donc sur leurs gardes dans

« Bon ! ma caisse brisée ! murmure un marchand.

— Aïe ! ma boîte à chapeau fendue ! s'écrie une dame d'une voix aiguë.

— Diantre ! dit un commis, quelle écorchure tu as reçue, ma pauvre valise ! Encore un bon voyage comme celui-là, et nous retournerons chez l'équarrisseur !

— Est-ce que ce carton de boîte à chapeau, si parfaitement aplati, m'appartiendrait ? monologue un artiste. Ah ! ah ! quelle transfiguration ! on en a fait un gibus ! »

Ce sont des litanies sans fin.

Si ces accidents causent le chagrin des uns, ils provoquent l'hilarité des autres. En face d'un immense colis rempli de meubles de haut prix et fort avarié (contenu et contenant), j'ai vu un monsieur se frotter gaiement les mains. Mes informations m'ont appris qu'il était emballeur. Les chemins de fer ont fait centupler en effet le commerce de ces messieurs.

Laissons les plaintes. Il n'est pas inutile de se demander à qui l'on doit s'en prendre :

Est-ce : 1° au voyageur dont les colis sont fragiles ?

2° Aux employés qui jettent et bousculent ?

3° Au système employé par les administrations pour les embarquements et les débarquements ?

le cas d'erreur ou d'oubli de la part des employés. Sur plusieurs lignes, ces sortes de négligences ne se présentent guère. Sur les autres la tolérance des inspecteurs provient de ce que la susdite mention est plus dans l'intérêt du voyageur que dans celui de la compagnie.

§ 1. — Est-ce aux voyageurs dont les colis sont fragiles ?

Parfois le voyageur imprudent confie des objets précieux à de mauvaises enveloppes. Souvent aussi l'emballeur trop économe est coupable. Mais le voyageur peut toujours répondre :

— C'était à la compagnie d'examiner, avant de l'admettre, si mon colis pouvait être transporté par elle sans accident ! Elle a le droit (et elle n'oublie pas d'en user !) de refuser les objets dont l'enveloppe n'offre pas assez de résistance.

Telle peut être la défense du voyageur quand le contenant est détérioré. Mais si le contenant est intact et que le contenu seul ait éprouvé des avaries ?

La compagnie n'a-t-elle pas le droit de répondre qu'elle ne pouvait examiner la contenance du colis, vérifier son état, et que l'accident a pu avoir lieu avant l'embarquement ?

A priori, il est impossible de juger toutes ces causes. Les faits particuliers modifieront les situations respectives.

Néanmoins, il est bon de noter que ces brisures intérieures sans dommages extérieurs sont assez rares. Ainsi, dans la majorité des cas, ce n'est pas le voyageur que l'on doit accuser.

§ 2.—Sont-ce les employés qui jettent et qui bousculent les colis ?

En général ils sont réputés les auteurs de tous les

méfaits. Incapacité, insouciance, mauvais vouloir...
rien ne leur est épargné.

Ceux qui ont beaucoup voyagé ne sont pas de l'avis
du public. On accorde si peu de temps aux employés,
hélas! plus à plaindre qu'à blâmer, pour empiler des
paquets de tout poids et de toute nature! Les charges
sont parfois pesantes, et les difficultés plus nombreuses
chaque jour. Et, de plus, les malheureux employés ne
sont-ils pas contraints d'essuyer le vent, la pluie,
l'orage, et de charger autant la nuit que le jour?

Le nombre des voyageurs augmente, les embarras
s'accroissent, et les employés chargeurs sont loin d'être
augmentés dans la même proportion. Comment sub-
venir à tout, ménager doucement un objet léger, quand
on vient d'en déposer plusieurs entraînés par la lour-
deur de leur poids! Rien n'est moins facile, et si les
employés étaient traduits devant un jury composé de
leurs collègues, les circonstances atténuantes seraient
presque toujours admises.

§ 3. — Est-ce au système employé pour l'embarquement et le
débarquement?

Sur cette dernière question l'opinion est assez générale. Le système est mauvais. Sans doute il ne serait
pas impossible d'en trouver un pire ; mais il ne serait
pas impossible non plus d'en inventer un meilleur. Que
le problème soit mis au concours, avant un mois nous
aurons vingt systèmes préférables au mode actuel.
Souvent j'ai entendu parler de la mise à niveau de la

partie du quai où stationnerait le wagon-bagages, de brouettes entrant de plain-pied et toutes chargées dans le wagon, d'une brouette d'une forme nouvelle restant dans le wagon, et sur laquelle on chargerait les colis destinés à la prochaine station. La brouette de débarquement serait remplacée par la brouette d'embarquement, etc., etc. Dans les grands centres, à Paris par exemple, pourquoi ne pas employer les tables à rouleaux avec chaînes sans fin analogues à ce qui existe dans maintes usines?

Bref, grand nombre affirment que les machines feraient facilement la moitié de la besogne, et de plus, ils soutiennent que les colis ne devraient être maniés que deux fois au lieu de dix ou douze, ainsi que nous l'avons rappelé au livre II, *Billets et bagages*. Là est le siége du mal, il ne reste qu'à trouver le remède.

En attendant, traçons la conduite du voyageur qui désire se faire indemniser du dommage causé à ses colis. Le fait, nous le savons, n'est pas rare. C'est sans doute en vue des colis voyageant en chemin de fer que fut créé cet axiome : « Je sais bien comme on y entre, mais ne sais pas comme on en sort ! »

CHAPITRE VIII

Même sujet. — Constatation des avaries.

Si le voyageur n'a aucun intérêt à reprendre immédiatement ses colis, il peut les laisser en gare jusqu'à la solution des réclamations qu'il se propose d'adresser à la compagnie. Mais souvent il lui sera de toute impossibilité d'attendre. Dès lors, ses premiers soins devront être donnés à la constatation régulière des avaries dont il veut rendre la compagnie responsable.

Le mode le plus usité est le constat par ministère d'huissier. Avant donc de retirer ses bagages, le voyageur ira chercher un huissier qui viendra dresser procès-verbal détaillé de l'état dans lequel se trouvent les colis. Le voyageur signifiera ensuite sa réclamation à la compagnie, soit par lettre, soit par consignation des faits sur le registre des réclamations, soit par assignation.

Le voyageur aura également la faculté de recourir au commissaire de police spécial.

Dans les stations où il ne pourrait rencontrer ni huissier, ni commissaire de surveillance, le voyageur a encore la ressource suivante : sommer le chef de gare de dresser procès-verbal de l'état de ses colis avariés.

Si celui-ci venait à s'y refuser, ce qui n'est pas impossible lorsque les avaries auront lieu par sa faute ou celle de ses employés, il faut demander énergiquement le registre des réclamations et y transcrire tout au long : 1° le refus du chef de gare, 2° l'état des colis malades.

Un semblable document sera presque toujours, devant les tribunaux, une pièce de conviction qui assurera au voyageur le gain de son procès.

11.

CHAPITRE IX

Bagages égarés.

C'est la plus grande déception qui puisse attendre le voyageur après le bris de ses colis. Dès que le voyageur a émis sa plainte, le chef de gare met en mouvement tous les télégraphes possibles. Le convoi qui s'est remis en route est averti à la prochaine station. Malgré la diligence extrême, le déserteur ne se retrouve pas. De tous les points de la ligne on répond : « Il n'est pas chez nous. — Cependant il est quelque part, » murmure le chef de gare. Soudain une idée lumineuse traverse son cerveau. « Je parie, dit-il, qu'il se sera trouvé confondu avec les paquets des messageries dont la voiture vient de partir; » ou bien encore : «Attendez… oui, l'hôtel Lelièvre reçoit de nombreux colis; sa voiture aura emporté celui-là par mégarde. C'est clair !

—Monsieur, dit-il, en s'adressant au voyageur en détresse qui se promène de long en large comme une âme en peine; monsieur, veuillez, je vous prie, vous rendre à la ville (à une ou deux lieues peut-être), vous descendrez à l'hôtel Lelièvre, et vous demanderez à visiter tous les colis apportés par ce train. Si vos recherches sont infructueuses, vous poursuivrez jusqu'à l'hôtel des Princes, où vous serez plus heureux ; sinon vous monterez dans la haute ville au bureau des messageries, que je soupçonne fort d'être le détenteur de vos paquets... Prenez une voiture, la compagnie vous remboursera vos frais. »

En pareille occurrence, le voyageur doit se munir d'une bonne dose de philosophie. Peut-être, au bout d'une journée d'investigations minutieuses dans trois ou quatre hôtels, parviendra-t-il à découvrir le maudit paquet.

La compagnie ne lui refusera pas ses frais de dérangement et le prix de son temps. Il est clair qu'en cas de refus, ou d'offres trop modiques, le voyageur est en droit d'actionner la compagnie : nul doute sur la responsabilité de celle-ci. Il ne restera à débattre que le chiffre des dommages-intérêts.

Je dis que la compagnie payera au voyageur, sans lésinerie, son temps et ses courses. — Bien des lecteurs vont se récrier et m'accuser d'être partial envers les chemins de fer. A cela je réponds que l'on doit toujours supposer le juste et le bien. Cependant, malgré mon désir et mes efforts pour trouver ces perfections, je ne puis méconnaître que souvent les compagnies ne payent que le jour de la sommation ou le lendemain. Entre mille exemples, prenons un accident fécond en leçons pratiques.

M. Dunet, commis voyageur actif et intelligent, combine son temps en véritable avare. En ce moment il est à Lille ; il part vers le soir afin d'arriver le lendemain matin dans la capitale. « En deux jours, se dit il, j'expédierai ma clientèle de Paris. J'aurai donc terminé samedi soir, alors je roulerai vers Lyon. » Il prend billet et bulletin de bagages, monte en wagon et s'endort en rêvant délicieusement à sa clientèle de Paris, à la finesse de l'un, à l'embonpoint majestueux de l'autre, à l'esprit de celle-ci, à la beauté de celle-là. Il se réveille à Paris, sur ce dernier chapitre : terrible réveil ! Il a beau chercher dans la salle des bagages, ses cartes d'échantillons ne s'y trouvent pas.

L'employé examine le bulletin des bagages.

« Mais, monsieur, vos bagages ne peuvent se trouver ici. Voyez votre bulletin : « Lille à Amiens. » La gare de Lille vous a donné un billet de place pour Paris et un bulletin de bagages pour Amiens, voilà l'erreur. »

M. Dunet, désolé, court dans les bureaux ; là, un autre employé à moitié endormi prend son nom et l'adresse de son hôtel :

« C'est bien, monsieur, je vais demander vos bagages à Amiens. »

Un jour se passe, les bagages n'arrivent pas.

Le deuxième jour, rien encore.

Le troisième, un dimanche au matin, M. Dunet arrive furieux à la gare, apostrophe l'employé qu'il a vu le premier jour.

« Monsieur, répond celui-ci, j'ai *écrit* à Amiens pour réclamer vos bagages. C'est tout ce que je puis vous dire ; le reste n'est plus de mon ressort. Voyez au bureau des bagages. »

Au bureau des bagages, après de longues recherches :

« Monsieur, vos bagages sont arrivés hier soir ; ils sont passés au factage, ils doivent être chez vous.

— Cela n'est pas, puisque je sors de chez moi.

— Monsieur, vos bagages ne sont plus entre nos mains. Le reste n'est plus de notre ressort.

M. Dunet, exaspéré. — Parbleu, vous me la baillez belle, vous autres ! Je ne puis cependant pas rester suspendu éternellement entre deux ressorts ! Donnez-moi le registre des réclamations... »

Mais comme c'était un dimanche, le fameux registre, profitant du jour férié, était sans doute en promenade. Toujours est-il qu'il ne se trouva pas.

Enfin, dans l'après-midi, les fameux bagages arrivent à l'hôtel.

M. Dunet réclame immédiatement au chemin de fer :

1° Pour trois jours à Paris, 60 fr.

2° Pour vente manquée dans cette ville (il était forcé de partir pour Lyon), 200 fr.

Quoique la civilité puérile et honnête proclame comme axiome que jamais une lettre ne doit rester sans réponse, sous peine de faire passer le destinataire pour un individu médiocrement élevé, cette lettre ne reçoit pas de réponse.

Et le voilà forcé de recourir à la justice, de faire le voyage de Paris, c'est-à-dire de perdre, à soutenir sa cause, plus de temps et d'argent qu'elle ne lui en rapportera.

Je n'ai cité cette anecdote que pour en graver profondément, dans l'esprit de mes lecteurs, les enseignements utiles.

1° La faute du chemin de fer est évidente. En premier lieu, il y a eu erreur à l'enregistrement des bagages à Lille. L'erreur est une maladie universelle. Il ne faut donc pas se récrier contre elle outre mesure; mais quiconque a, par une erreur, causé préjudice à autrui, doit le réparer. Le chemin de fer est donc par ce seul fait responsable du dommage causé au susdit voyageur.

En second lieu, à la gare de Paris, il y a eu, non plus erreur, mais faute lourde. En effet, on s'est contenté d'écrire à Amiens. Or, en pareil cas, la lettre qui entraînait des longueurs devait être remplacée par le télégraphe électrique. Si ce mode d'avertissement avait été employé, les bagages auraient pu arriver par le prochain convoi, c'est-à-dire quelques heures après. Ainsi la responsabilité qui résulte de l'erreur de la gare de Lille, s'aggrave par la faute lourde de la gare de Paris.

2° Le commis voyageur, s'il est parfaitement dans son droit, aurait pu éviter cet accident ou du moins y remédier en employant les précautions suivantes. Nous les recommandons à nos lecteurs comme essentielles.

Premièrement. Ne jamais prendre soit un billet, soit un bulletin de bagages, sans les vérifier.

Secondement. A la découverte de l'erreur, à Paris, le voyageur devait s'adresser, autant que possible, aux chefs supérieurs dont les *ressorts* sont plus étendus en un mot, au chef de gare, et lui exposer l'urgence de sa situation, enfin exiger que l'on employât immédiatement la télégraphie électrique pour réclamer le bagage.

Troisièmement. Assister à l'envoi de la dépêche et attendre la réponse de la gare d'Amiens.

Quatrièmement. S'il avait éprouvé des refus et des lenteurs, demander le registre des réclamations et y inscrire de sa propre main une note très-explicative de l'accident, du dommage qu'il cause, du refus et des lenteurs des employés nominativement.

Toutes ces précautions prises, il est presque certain que le bagage serait arrivé par le convoi suivant.

Sinon, cette note très-explicative aurait aux trois quarts simplifié le procès en dommages-intérêts et même l'aurait évité.

Ne pas confondre le registre du bureau des bagages avec le vrai registre *des réclamations*, qui passe sous les yeux des inspecteurs généraux.

Enfin si, malgré tous ces efforts, le voyageur ne réussissait pas à accélérer l'inertie de tous les rouages multipliés de la bureaucratie, il devait recourir au commissaire de surveillance. L'intervention de ce magistrat est souvent des plus efficaces.

Terminons ce chapitre par une question qui se présentera rarement, il est vrai, mais qui ne mérite pas néanmoins d'être passée sous silence.

Je suppose une erreur semblable à la précédente et, de plus, urgence, dans toute l'acception du mot, pour le voyageur, à emporter ses bagages. Un voyageur, par exemple, arrive au Havre d'où il doit s'embarquer deux heures après pour l'Amérique. Sa malle, par erreur ou faute de la compagnie, est restée à Rouen.

Peut-il exiger du chef de la gare du Havre qu'il enjoigne à la gare de Rouen d'envoyer immédiatement un train spécial pour apporter au Havre les bagages du voyageur?

Pour nous, ce droit ne fait aucun doute. La compagnie s'était engagée à transporter le voyageur et son bagage par tel train. Elle laisse les bagages en route. Elle doit déployer toutes ses forces, télégraphie électrique, convoi spécial, demande urgente d'autorisation s'il est nécessaire, pour remplir les obligations qu'elle a contractées.

Que faire si elle refuse, ou témoigne de nonchalance, de retards, etc. ?

Exiger le registre des réclamations et y dresser une plainte, avec sommation au chef de gare; fixer dans cette plainte le chiffre du préjudice que l'on va éprouver; puis courir chez un huissier, adresser une nouvelle sommation au chef de gare, invoquer le concours du commissaire de surveillance. Et si l'on est contraint de partir en Amérique, confier à un mandataire vigilant la poursuite de cette affaire, qui deviendrait difficile sans ces constatations préliminaires.

Quant aux bagages qui n'accompagnent pas le voyageur, nous renvoyons au livre IX.

CHAPITRE X

Bagages perdus. — Valeurs non déclarées.

En principe, la compagnie est toujours responsable de la perte des bagages.

Déjà nous avons parlé de plusieurs cas de responsabilité :

1° Bagages remis en arrivant à la gare entre les mains des employés ;

2° Bagages déposés au bureau-consigne.

Ajoutons maintenant :

3° Bagages perdus après l'enregistrement ;

4° Bagages perdus dans les omnibus de la compagnie, soit en se rendant à la gare, soit en s'en éloignant. (Paris, 24 novembre 1857.)

Jusqu'où s'étend cette responsabilité ? La compagnie doit-elle rembourser au voyageur la valeur totale de ses bagages ?

Nous avons déjà vu que la compagnie doit la valeur intégrale des objets perdus.

Mais l'embarras commence lorsque le voyageur prétend que ses bagages contiennent des valeurs et objets précieux qui n'avaient pas été déclarés à l'enregistrement.

La compagnie, avons-nous déjà dit, interprète la

loi sur les tarifs d'une façon qui lui est favorable, ce qui est très-naturel. Elle raisonne ainsi :

« Je ne dois rien au susdit voyageur. La loi sur les tarifs est obligatoire pour les compagnies comme pour les particuliers.

« Or, les tarifs frappent d'une taxe exceptionnelle les valeurs et objets précieux.

« Pourquoi laissent-ils à la compagnie le droit de prélever un prix supérieur? Par cette raison que, sa responsabilité étant plus étendue, elle est forcée de prendre des mesures de précaution plus actives. Le voyageur qui dissimule des valeurs frustre la compagnie du prix exceptionnel, la met dans l'impossibilité de prendre des mesures de précaution particulières et la dégage, par ce fait, de toute responsabilité.

— Je ne partage pas l'opinion de la compagnie, reprend le voyageur. J'ai, pour soutenir mon droit, quelque chose de supérieur à vos tarifs : le Code de commerce, article 203, et le Code Napoléon, art. 1782 et 1784. Rien de plus décisif. Les voituriers et les entrepreneurs de transports sont responsables de la perte des effets qui leur sont confiés. Ils sont assujettis, comme *dépositaires nécessaires*, aux obligations imposées par la loi pour la garde et la conservation de ces effets et marchandises.

« Voilà la loi que vos tarifs n'ont pas abrogée : on ne fait pas disparaître une loi fondamentale comme on a fait disparaître ma malle.

« Mais ces tarifs mêmes ne peuvent me nuire. D'abord ils n'exigent nullement la déclaration des valeurs contenues dans les bagages que le voyageur transporte avec lui. Elle n'est exigée que pour les colis qui n'accompagnent pas le voyageur. C'est l'opinion de la Cour impériale d'Angers (20 janvier 1858).

« En second lieu, en supposant que la compagnie ait eu droit à la taxe exceptionnelle pour les valeurs contenues dans la malle perdue, quelle conséquence peut-elle en tirer? Une seule : elle a la faculté de me réclamer le prix qu'elle aurait dû toucher. Là se borne son droit.

« Dire : il n'y a pas eu de déclaration, donc je ne dois plus dès lors apporter aucun soin à ces colis fallacieux, c'est faire un argument *à contrario*. Mais cette fausse monnaie de la logique ne suffit pas pour abroger une loi générale et rigoureuse.»

Cette défense du voyageur au bagage perdu est-elle préférable aux arguments de la compagnie? Le lecteur décidera. En examinant les nombreux procès auxquels de pareils faits ont donné lieu, je me suis aperçu que les juges étaient souvent fort embarrassés. En équité, les sentences étaient fort bien rendues; mais on apercevait certains tiraillements dans l'application ou mieux l'explication de la loi.

Ainsi on décide que les déclarations des valeurs ne sont pas nécessaires si le voyageur transporte avec lui ses bagages, mais immédiatement on ajoute ce correctif : à moins qu'il n'y ait eu fraude. Je cherche en vain comment la fraude n'existerait pas, à moins que l'autre ne prétexte étourderie ou ignorance. Mais l'étourderie n'est pas admise en droit, et quant à l'ignorance, elle est repoussée par l'axiome : « Nul n'est censé ignorer la loi. »

Dans un autre jugement, on condamne la compagnie à payer seulement une fraction des valeurs perdues, parce qu'il y a eu imprudence du voyageur à mettre tant d'argent (6,000 fr.) dans sa malle.

J'ai peine à apercevoir l'imprudence. Est-ce que le voyageur peut supposer que la compagnie a des agents d'une probité inébranlable en face d'une petite somme, et fragile en face d'un magot : les uns honnêtes jusqu'à 400 fr., les autres honnêtes jusqu'à 1,000 fr., ceux-ci incorruptibles jusqu'à 5,000, et ceux-là héroïques jusqu'à 100,000 fr. On est imprudent quand on emporte de fortes sommes dans des lieux suspects, mais non dans les hôtels ou dans les gares de chemins de fer légalement responsables. Harpagon seul prétendait qu'il était toujours imprudent de sortir de chez soi avec de l'argent.

Quoi qu'il en soit, la jurisprudence semble se fixer dans le sens suivant, quant aux bagages que le voyageur transporte avec lui :

1° Il n'y a pas nécessité de faire une déclaration des valeurs et objets précieux contenus dans les malles.

2° Si les valeurs contenues dans les malles ou bagages sont en rapport avec la fortune du voyageur, avec le voyage qu'il entreprend, la compagnie lui remboursera le montant total des valeurs perdues.

Puisque nous nous sommes permis de faire entendre que la question n'avait pas été franchement résolue par la plupart des arrêts, le lecteur est en droit de nous demander notre opinion. Il est juste qu'il puisse aussi nous critiquer.

La question peut être ainsi posée :

Les tarifs qui accordent pour le transport des valeurs une taxe exceptionnelle, ont-ils abrogé, pour le cas où ces valeurs ont été dissimulées, les articles du Code de commerce et du Code Napoléon cités plus haut ?

Non, cent fois non : la responsabilité grave qui pèse sur tous les entrepreneurs de transport n'a pu disparaître ainsi par induction. Le législateur aurait dit expressément que, faute de déclaration, la responsabilité de la compagnie serait dégagée. Il ne l'a pas fait, et la responsabilité reste.

Si telle n'avait pas été l'intention du législateur, il est certain qu'il aurait résolu les difficultés graves qui se présentaient à l'esprit.

En effet, en admettant le système des compagnies, la responsabilité se trouverait dégagée seulement après l'enregistrement. C'est là seulement qn'est faite la déclaration.

Mais les bagages peuvent être perdus :

1° Dans la voiture de la compagnie en se rendant au chemin de fer ;

2° Par l'employé auquel on confie les bagages avant de prendre le billet de place ;

3° Dans le bureau-consigne.

Dans toutes ces espèces, quelle est la loi qui exige la déclaration ? Il n'en est aucune : aussi la responsabilité a été maintenue par tous les Tribunaux lors-

que la perte avait eu lieu dans ces circonstances. Il
est évident pourtant que, dans ces trois cas, la compagnie court plus de risques qu'après l'enregistrement des bagages. Et le législateur, sur un point
aussi important, n'aurait rien prévu, rien discuté, rien
stipulé ! Ce serait le plus grave reproche qu'on puisse
adresser à une assemblée qui renfermait un grand
nombre de jurisconsultes éminents.

Non, la responsabilité de la compagnie ne varie
pas, lorsqu'il s'agit de bagages voyageant avec leur
maître. La Cour d'Angers a parfaitement décidé
qu'aucune loi n'exigeait, dans ce cas, la déclaration des
valeurs et objets précieux. Matériellement, j'estime la
déclaration impossible. Les bagages d'un voyageur
renferment des objets dont la valeur peut être esti-
mée par un Tribunal après mûr examen, mais qui ne
pourrait l'être à la gare dans un enregistrement accé-
léré.

Je ne crois pas, comme on l'a dit dans l'intérêt des
compagnies, que les taxes exceptionnelles aient seulement pour cause les soins plus minutieux que com-
mandent les valeurs ou objets précieux. Quand la
caisse est solide, il n'y a pas plus de soins à accorder
qu'à tout autre paquet.

Quant à la surveillance et à la probité des employés, c'est à la compagnie à ne confier le poste de
bagages qu'à des personnes dont elle est sûre. Évidemment il y aura toujours des vols. La certitude n'est
jamais complète. Les caisses de chemins de fer ne
sont pas même à l'abri.

J'avoue qu'il existe dans la loi une lacune regrettable.

Il eût été à désirer que la responsabilité des compagnies cessât quand les bagages auraient renfermé une somme supérieure à tel chiffre, à 5 ou 10,000 fr., par exemple. Alors la déclaration eût été rigoureusement exigée.

C'est cette lacune qui a entraîné les cours dans tant de solutions contraires.

La multiplicité des opérations des chemins de fer devait faire modifier à leur égard la responsabilité qui incombe aux entrepreneurs et aux aubergistes. Mais jusqu'ici leurs positions restent les mêmes. Un voyageur se présente dans un hôtel, remet au maître sa valise sans déclarer son contenu ; la valise est volée. L'aubergiste est responsable, que la valise contienne 10 fr. ou 100,000 fr,

Il en est absolument de même en chemin de fer.

Au livre. IX : *Du Transport des marchandises*, la question se présentera sous une autre face. Là, la déclaration sera exigée, et la dissimulation autorisera peut-être la compagnie à réclamer des dommages-intérêts.

CHAPITRE XI

Bagages laissés en gare. — Serrures forcées par les employés de l'octroi.

Les gens qui ne savent pas attendre conservent leur bulletin et se rendent immédiatement à leurs affaires

ou à leurs plaisirs. Le soir ou le lendemain, ils con-
fient le bulletin à leur domestique et l'envoient chercher les bagages. Tout le monde sait que chacun es
libre de laisser en gare ses bagages. La compagnie le
met en dépôt et perçoit par chaque colis et par jour
une faible rétribution.

Il est arrivé, à Paris, que quand le voyageur ou so
domestique revenaient le lendemain, ils trouvaient l
serrure de la malle forcée. Un vol avait-il été commis
Non. Qui donc s'était arrogé ce droit ? Les employé
de l'octroi, répondait-on.

Ce fait est grave, et, s'il se renouvelait, il ne faudrai
pas balancer à le signaler à l'autorité. Un objet laiss
en gare n'est pas dans la ville. Il ne peut être soumis
sauf des cas exceptionnels et par ordre de justice
au contrôle des employés de l'octroi. Il ne peut sorti
de la gare sans subir ce contrôle, — très-bien, — mai
tant qu'il reste au bureau de dépôt, nul ne peut se livre
à des perquisitions sans l'aveu de son propriétaire.

Contre qui le voyageur ainsi maltraité dans ses bien
devra-t-il exercer un recours ?

Contre la compagnie. Elle est responsable comm
dépositaire ; elle devait s'opposer aux tentatives illéga
les de l'octroi. Elle aura la faculté, si bon lui semble
d'appeler l'administration de l'octroi en garantie.

CHAPITRE XII

Des correspondances. — Correspondances retenues au moment
du départ. — Correspondances qui ne correspondent pas.

I. — Sur plusieurs lignes, on voit affiché dans les
gares que les voyageurs ont la faculté de prendre des
billets pour une ville située en dehors du parcours de
la ligne. Une partie du trajet se fait en chemin de fer,
l'autre par correspondance. On vous affirme qu'arrivé à
telle station, vous aurez une voiture qui immédiatement
vous transportera à la ville indiquée. En homme prudent, vous demandez s'il est bien certain que vous trou-
verez place dans la correspondance. Il vous est répondu
affirmativement. Sur cette assurance, vous payez votre
billet tant de chemin de fer que de correspondance, et
vous arrivez plein de sécurité à la station correspon-
dante. Là, existe en effet une voiture ; mais elle ne peut
contenir que dix places, et le nombre des voyageurs
qui se présente est de quinze.

Votre mauvaise fortune vous place dans les cinq
derniers, c'est-à-dire dans les exclus ; à vos récriminations on se contente de répondre en vous offrant de
vous rendre l'argent.

Quelle que soit la cause de cette affluence, la responsabilité soit de la compagnie du chemin de fer, soit
de la compagnie de la correspondance, si elles sont

distinctes, n'est pas discutable. Les correspondances sont forcées de fournir autant de places qu'il a été distribué de billets. Le voyageur ainsi frustré de sa place pourrait agir comme celui du chapitre iv, livre V. Il pourrait se faire transporter le plus commodément possible à sa destination, et si la compagnie lui refusait le remboursement de ses frais, nul doute qu'elle n'y soit condamnée par les tribunaux.

II. — Il ne faut pas oublier de mentionner dans les correspondances quelques organisations sottes et comiques.

Vous êtes à trois lieues d'une station, vous avisez une voiture ornée pompeusement de la suscription : Correspondance du chemin de fer.

« — Cocher, à quelle heure partez-vous?

— A cinq heures, monsieur.

— Et à quelle heure arrivez-vous à la station?

— A six heures et demie.

— Fort bien. Quel est le train qui correspond?

— Il n'y en a pas, monsieur. Le train ne passe qu'à onze heures.

— Comment! à onze heures?

— Certainement, monsieur.

— Que voulez-vous donc que fasse le voyageur de six heures et demie à onze heures?

— Monsieur, il y a près de la station un petit cabaret.

— Merci ; mais pour quelles raisons ne partez-vous pas juste à temps pour arriver à l'heure du passage du train?

— Croyez-vous, monsieur, qu'il soit bien agréable pour un conducteur de passer sa nuit à la belle étoile? Le voyageur se reposera au cabaret. Il faut bien faire aller le commerce. D'ailleurs, quel avantage aurais-je à voyager la nuit? Il n'existe pas d'autres voitures. Les voyageurs sont donc contraints de passer par mes mains. Je ne perds rien, je me couche de bonne heure, et le cabaret dont je vous parle me fait encore une petite gratification. »

Que tous les voyageurs victimes d'une insouciance aussi effrontée la signalent sur le registre des réclamations de la station, l'abus disparaîtra sans doute en très-peu de temps.

III. — Gardons-nous de passer sous silence une mésaventure non moins étrange. Il existe çà et là des voitures qui ne voiturent guère et des correspondances qui ne correspondent pas, et pourtant le tout coûte un prix fabuleux !

« Ainsi l'idée vous prend, cette année, d'aller visiter le château de Chambord en Touraine, une idée d'antiquaire fort respectable. Vous cherchez sur *l'Indicateur des chemins de fer*, et vous trouvez : « Mer (cor-« respondance pour Chambord). » — Arrivé à la station de Mer, vous demandez l'heure du départ pour le célèbre château ; il vous est répondu qu'il n'existe pas de correspondance. — Que faire? Vous vous livrez à une enquête minutieuse pour trouver une voiture particulière. Vos efforts sont couronnés de succès. Une vieille carriole à deux roues avec de vieux ressorts, un vieux cheval, des carreaux cassés, des banquettes exrembourrés, vous est offert pour le prix de 9 fr. — Quelle exigence modeste ! 9 fr. pour deux lieues et demie, et le plaisir d'attraper une courbature !

Je prends pour exemple des faits où le mal, en somme, est supportable pour une nature robuste. Mais quel est le voyageur qui n'ait eu à supporter des malheurs réels, des préjudices sérieux causés par les fausses indications du *Journal des chemins de fer?* Des correspondances chimériques ! des lenteurs inouïes ! des méprises impossibles, etc., etc. (Voyez LIVRE IV.)

CHAPITRE XIII

Omnibus aux gares de Paris. — Insuffisance. — Voitures de remise. — Voitures de place.

Rien n'est plus difficile que de deviner, à l'arrivée de chaque train, le nombre de voitures nécessaires. Les administrations ont fait de louables efforts pour fournir au public un assez grand nombre de moyens de transport ; mais Paris réclame de plus grandes améliorations.

Ainsi, dans les gares du chemin de fer de l'Ouest, il est plusieurs trains du matin où, très-régulièrement, l'insuffisance des omnibus est notoire. Le public le sait. Malheur aux retardataires ! La moitié des voyageurs n'a pu sortir de la gare que déjà les omnibus regorgent. La possession d'une place d'omnibus est une véritable conquête. Les plus hardis se sont précipités en dehors des wagons bien avant que le train se soit arrêté ; on se heurte ; on se foule ; c'est une véritable course au clocher ; puis on grimpe en avant, en arrière, par les roues... l'omnibus est emporté d'assaut !

Quand semblable pénurie de places se renouvelle tous les jours, à la même heure, la compagnie du chemin de fer devrait exiger que la compagnie à laquelle elle a concédé le privilége de ces omnibus doublât ses voitures pour ces trains exceptionnels ; il y aurait profit pour tous et bien des dangers de moins pour les coureurs au clocher.

A côté des omnibus se trouvent d'autres sortes de voitures. Notons les omnibus de famille, d'invention récente, et qui paraissent fort goûtés du public. Puis viennent les voitures de remise et les voitures de place, communément appelées *fiacres*.

Quant au stationnement de ces deux espèces de voitures, chaque chemin de fer a son système particulier. L'un permettra aux fiacres de stationner dans la cour d'arrivée, l'autre n'y tolérera que les voitures de remise ; cet autre exclura tout le monde et n'admettra que les voitures d'une compagnie privilégiée. Ces dernières voitures prennent le même prix que les voitures de remise.

Il est à désirer qu'un seul et unique système soit adopté par toutes les compagnies, afin que le voyageur sache sur quoi compter. Le système dont le public souhaiterait l'adoption serait sans contredit celui de la liberté.

Les gares sont assez vastes pour contenir un nombre considérable de voitures de tous titres, de tous prix. Pourquoi, comme au chemin de fer de Lyon, forcer l'homme d'une fortune modeste, qui a voyagé pour ce motif en troisièmes, ou de prendre un remise, ou de courir loin de la gare, en quête d'une voiture de place? Est-ce que la concession d'un chemin de fer, nous ne saurions trop le répéter, n'implique pas cette condition : efforts constants pour procurer les moyens de transport les plus rapides, les plus commodes et les moins coûteux? Les efforts ne doivent pas se limiter au parcours de la ligne, mais à tous ses débouchés.

L'insuffisance et quelquefois l'absence de voitures aux gares de Paris a soulevé des embarras fort graves, précisément dans les circonstances où un accident sur la ligne les rendait plus nécessaires. Un retard de quelques heures, principalement dans l'hiver, n'est pas chose encore très-rare. Les trains arrivant de l'extrémité de la France sont surtout exposés à cet inconvénient. Or, outre l'ennui d'un retard, les voyageurs ont à essuyer le désappointement de ne trouver à leur arrivée ni omnibus ni voitures. On citait, l'hiver dernier, un train de dix-huit wagons arrivant du Midi à deux heures du matin, par un temps pluvieux. Il était en retard de trois heures. A l'arrivée du convoi, il ne stationnait à la gare que deux voitures pour quatre cents voyageurs !

Depuis la création des lignes télégraphiques sur tous les chemins de fer, on se demande pourquoi le chef de train n'a pas mission d'avertir une heure à l'avance le chef de gare de l'arrivée (Paris), du nombre approximatif des voyageurs. Celui-ci devrait avoir des moyens de communication avec tous les bureaux des stations de voitures environnantes et leur demander au besoin des renforts.

Puisque le télégraphe joue bien à chaque instant pour réclamer un mouchoir ou un chapeau perdus, pourquoi ne s'en servirait-on pas pour avertir que deux ou trois cents voyageurs vont arriver et chercher en grande hâte des véhicules pour descendre dans l'immense cité ?

Les motifs de cette incurie sont ridicules, comme il sera dit au livre XII, *Télégraphe électrique.*

Nous avons raconté que sur le chemin de fer de l'Est, au départ de Paris, un employé s'informe de ceux des voyageurs qui comptent dîner au buffet d'Epernay ; puis il signale par le télégraphe le nombre approximatif des convives.

Cette mesure si sage pour l'estomac des voyageurs serait encore plus utilement appliquée au service des voitures à l'arrivée.

CHAPITRE XIV

Double sortie de certaines gares.

Les architectes ne pensent pas à tout. Les ingénieurs sont portés naturellement à s'occuper davantage des besoins de l'administration que de ceux des voyageurs. De là, la petite misère suivante :

Votre ami doit venir vous voir à Paris. Grande fête pour vous. Il vous a annoncé l'heure de son arrivée et vous vous réservez le plaisir de lui sauter au cou dès qu'il sera sorti de la gare. L'amitié est exacte ; elle vous trouve à votre poste, auprès du factionnaire qui garde la porte de sortie. Le train est annoncé, votre cœur bat aux champs. La foule débarque et s'écoule devant vous... Hélas ! en vain vous cherchez... Rien. Vous attendez encore trois quarts d'heure, craignant que votre ami n'ait des bagages. Déception complète. Vivement contrarié, vous allez vous distraire sur les boulevards, puis au théâtre, et vous rentrez à minuit. Nouvelle surprise ! votre ami vous attend chez vous et il est arrivé par le train convenu.

« Comment ! je ne t'ai pas vu sortir de la gare ?

— J'y étais, pourtant. J'y ai pris une voiture qui est descendue par la cour de gauche, et cinq minutes après j'étais chez toi !

— Parbleu, voilà qui est singulier ! On sort maintenant par deux issues, l'une pour les piétons, l'autre pour les voitures ! Mais ces deux sorties sont assez éloignées l'une de l'autre ; jamais nul ne sera sûr de rencontrer un ami avec ce double système d'échappement. »

Nos deux amis se consoleront facilement de cette mésaventure. Mais l'inconvénient est réel, il peut causer parfois des mécomptes sérieux.

LIVRE VII

LES TARIFS

CHAPITRE Ier

Principes généraux.

Il existe deux sortes d'industries : l'industrie libre et l'industrie monopolisée. La concurrence fixe le prix dans la première : la concurrence est le droit commun. Elle est la source la plus vivace de l'activité et de la fécondité du commerce, ainsi que le plus sûr garant du progrès et du bien-être.

Le monopole est la violation de cette liberté. Il n'est justifiable que lorsqu'il est commandé par la nécessité. Alors, on le définit : « une puissance restée indivise dans l'intérêt de tous. » Nous l'avons appelé,

dans notre introduction : « l'expropriation d'une
liberté commerciale dans l'intérêt général. »

L'intérêt général, qui justifie le monopole, commande aussi que son action soit rigoureusement limitée. C'est le seul moyen de se sauvegarder des enva-
hissements incessants qui sont le vice propre de toutes
les puissances considérables.

Aussi retrouvons-nous, dans toutes les lois de concessions de chemins de fer, deux principes protecteurs :

1° Les tarifs devront toujours être homologués par
l'autorité administrative, qui est le mandataire du
public ;

2° L'intérêt commun exigeant la plus stricte égalité,
la perception des taxes se fera par les compagnies, indistinctement et sans faveur.

CHAPITRE II.

Histoire des variations du premier principe. — Homologation par
l'autorité. — Formalités nécessaires pour rendre les tarifs obli-
gatoires.

Les compagnies présentent des projets de tarifs.
L'autorité administrative accepte, rejette, modifie,
homologue. Si, dans le tarif accordé, certaines taxes
ont été oubliées, les compagnies recourront de nouveau à l'autorité. Aucune taxe ne peut être prélevée

sans homologation. De plus, il était avantageux, pour les industries particulières, de ne pas être prises au dépourvu par de nouveaux tarifs et de connaître à l'avance les projets d'augmentation ou d'abaissement.

Pour satisfaire à ces divers droits et besoins, la loi proclame :

1° Que toute proposition des compagnies, relative aux modifications des taxes, sera affichée un mois à l'avance ;

2° Que le tarif sera homologué par l'autorité compétente ;

3° Que le tarif ainsi publié et homologué ne sera rendu exécutoire, dans les départements traversés, que par des arrêtés des préfets.

Ces dispositions semblent fort claires, et néanmoins elles ont donné lieu à de nombreux procès. Le curieux en ceci, c'est que les difficultés, les dissentiments se manifestent plus vifs à mesure qu'on s'éloigne de l'époque de la promulgation de la loi.

Les lois ne gagnent pas toujours à vieillir! Nous reviendrons sur ce sujet au chapitre suivant.

La nécessité d'homologation existe-t-elle dans tous les cas?

Non, dit la Cour de Montpellier, si le tarif fixe le maximum des taxes sans déterminer le minimum. Alors les compagnies peuvent abaisser sans autorisation.

Oui, réplique la Cour de cassation (10 janvier 1849), l'homologation est toujours nécessaire : « Les chemins de fer, créés par la puissance publique pour le service général et au prix des charges imposées à la propriété et à tous les citoyens, ne peuvent percevoir d'autres tarifs que ceux qui ont été *spécialement* et *expressément* déterminés par les autorités compétentes. » Et l'abaissement illégal du tarif peut donner lieu à des dommages-intérêts. (Cass., 19 juin 1850.)

Distinguons, disent plusieurs autres Cours. Les arrangements particuliers ne sont soumis envers l'autorité qu'à une communication préalable. L'autorisation spéciale n'est pas nécessaire. De plus, la loi du 15 novembre 1846 ne soumet plus les autorisations ministérielles à l'*exequatur* des préfets.

Pas de distinctions, réplique la Cour de cassation (1857), il faut des autorisations ministérielles, et les tarifs autorisés ne sont exécutoires qu'après les arrêtés des préfets.

Mais oui, il faut distinguer, reprend la Cour de cassation le 22 février 1858 (au sujet du traité fait avec des compagnies de transport); certains arrangements ou certaines réductions de tarifs sont soumis seulement à une communication préalable de l'autorité supérieure, lorsque le bénéfice est mis à la disposition des entreprises rivales.

Au milieu de tous ces débats, certains pessimistes craignent qu'on ne batte en brèche les principes.

Le chapitre d'un livre moderne, intitulé : *Comment les dogmes périssent*, aiderait peut-être à faire comprendre bien des altérations des lois dites fondamentales. Il était bien entendu, en 1845 et 1846, par tous les législateurs, que les mandataires de la nation qui avait aliéné ses droits en concédant le monopole, posséderaient seuls celui de déterminer toutes les taxes. Aujourd'hui ce premier principe s'est un peu obscurci avec le temps.

Reste le second : « l'égalité des tarifs. » J'ai grand peur qu'il n'ait éprouvé, en voyageant, un meilleur destin.

CHAPITRE III

Égalité des tarifs.

Ce chapitre, comme le précédent, offre une foule de questions délicates, qui ne sauraient trouver place que dans un ouvrage de droit. Ne cherchant, dans nos causeries avec le voyageur, qu'à lui donner des conseils pratiques, nous évitons les labyrinthes juridiques. Ceux qui auraient intérêt à étudier la question, pourront consulter : un Mémoire fort remarquable de M. Dutard, avocat; une consultation de M. Vatimesnil qui coupe, taille et renverse ce monstre dévorant répondant aux noms de tarifs différentiels, tarifs d'abonnement, etc.; un précieux article de M. Ballot dans la *Revue pratique* (1857, II, p. 530), enfin une excellente brochure de M. Hippolyte Peut.

Ici nous rapporterons uniquement les impressions des industriels. Comme il s'agit d'une question de vie ou de mort pour beaucoup de négociants, il est intéressant de savoir ce qu'en pensent ceux qui y trouvent la fortune et ceux dont elle brise les espérances.

Le 24 février, dans un cercle d'industriels, j'ai eu l'avantage d'entendre la conversation suivante entre quatre négociants, tous intéressés à un haut degré, les uns à l'inégalité, les autres à l'égalité.

M. Géas, se frottant les mains.—Eh bien ! M. Censé, voyez le journal, l'arrêt est rendu, je vais gagner cette année 80,000 fr.

M. Censé. — Comment cela ?

M. Géas.—Vous connaissez mon traité avec le chemin de fer. Il me diminue de moitié les frais du transport de mon charbon (soit 10 fr. par tonne au lieu de 20 fr.), pourvu que je lui assure un transport de 1,000 tonnes par an. De mes deux concurrents, l'un ne débite que 400 tonnes ; l'autre, M. Martin, un des abonnés de notre cercle, n'en vend guère que 500. Ils ne peuvent obtenir du chemin de fer les mêmes avantages que moi, puisqu'ils ne peuvent assurer un transport de 1,000 tonnes. Ils attendaient l'arrêt de la Cour de cassation pour attaquer le chemin de fer et obtenir la même réduction que moi, sans conditions. Cet arrêt va faire évanouir leurs illusions. Je puis maintenant vendre mon charbon 10 0/0 meilleur marché qu'eux ; je les ruine ; j'accapare leur clientèle et me voilà millionnaire avant quatre ans.

L'associé de M. Censé. — Dans mon commerce, j'ai subi le même sort que vos concurrents ; mais nous nous sommes associés, M. Censé et moi ; nous pouvons nous soumettre aux conditions de la compagnie, et nous voilà sauvés.

M. Géas. — Oh! mes concurrents ne s'associeront pas : leurs familles sont en guerre de père en fils; je suis sûr de mon affaire.

M. Censé. — Savez-vous bien, monsieur Géas, que je ne suis pas partisan de ce droit du plus fort? Je regrette que les chemins de fer prêtent des armes aux riches entreprises pour écraser leurs voisins. Tout le monde doit vivre au soleil!

M. Géas. — Mon cher, vous ne changerez jamais la nature humaine : les grandes entreprises ont toujours pu diminuer leurs frais généraux et faire sauter les petites boutiques voisines ; elles agissent avec les chemins de fer comme autrefois les compagnies de roulage ; rien n'est changé.

L'associé de M. Censé. — Les gros poissons ont toujours eu le privilége de manger les petits. Mais les petits ont le droit de se défendre, et c'est dans le but de les protéger que la loi dit : « Les taxes seront prélevées indistinctement et sans faveur. » Les chemins de fer violent la loi en abaissant leurs tarifs pour les uns et en les maintenant pour les autres.

M. Géas. — Vous êtes dans l'erreur : les chemins de fer respectent scrupuleusement le principe d'égalité. S'ils concèdent certains avantages à des particuliers, ils s'empressent de les accorder à tous, pourvu que ceux qui réclament cette faveur se soumettent aux mêmes conditions ; rien de plus juste.

M. Censé. — Rien de plus faux, à mon sens. En

exigeant que, pour obtenir le traité de faveur, on accepte les conditions faites par la compagnie aux privilégiés, il serait nécessaire que ces conditions fussent acceptables pour tous ou du moins pour le plus grand nombre. Sans cela, où sera l'égalité ? Quel sophisme incroyable pour un homme de bon sens! j'aimerais autant une loi ainsi conçue :

« Au nom de l'égalité!

« Tous les citoyens qui auront sept pieds de hauteur « et cinq pieds de circonférence voyageront à moitié « prix! »

M. Géas. — Vous exagérez singulièrement la portée de notre principe d'égalité. Les traités de faveur faits avec les compagnies, loin de nuire à l'industrie et au bien-être général, lui impriment un mouvement favorable. Ils pourront léser une foule d'intérêts privés ; mais la nation y puisera d'éminents avantages. Les forces, au lieu de s'éparpiller en une masse de petites usines, seront par là forcées de se concentrer dans de puissantes associations. Dès lors, les produits seront meilleurs, à plus bas prix, en plus grande abondance, et la nation tout entière y gagnera. Voyez les grandes entreprises de Manchester!

L'associé de M. Censé. — Sans doute, nous devons applaudir à la création des fortes associations, mais dans de justes limites. Sans cela, loin d'obtenir d'heureux résultats de la concurrence, on tuera celle-ci. Notez que le bon marché des maisons importantes provient de leurs luttes avec des établissements moins considérables qui, ayant à supporter moins de frais, se contentent d'un moindre bénéfice.

Au surplus, ces discussions sont plus du ressort de l'économie sociale : elles n'appartiennent pas directement à notre sujet. La question capitale se résume pour nous en ces termes :

La loi a-t-elle pu autoriser les compagnies à faire des traités particuliers avec des conditions impossibles pour la pluralité des industriels?

La loi n'a pas dû se prêter ainsi à la ruine du plus grand nombre au profit de quelques privilégiés. Toute action de la loi doit tendre au développement de la masse. Les concessions de chemins de fer n'ont pas d'autre raison d'être. Si quelqu'un a droit à une faveur du chemin de fer, c'est le plus faible, c'est l'industrie la plus précaire.

Combien est éclatante cette pensée de la loi lorsqu'elle a exigé qu'il y eût des premières, des deuxièmes et des troisièmes classes! Les prix de transport deviennent moins chers dans la proportion des fortunes des voyageurs. Et voilà que, par une contradiction révoltante, ces règles si sages, on les renverse lorsqu'il s'agit du transport des marchandises!

Comme les conditions imposées ne sont acceptables que pour très-peu d'individus, il s'établit diverses catégories d'expéditeurs, les unes de première, les autres de seconde, les autres de troisième classe; trois classes, mais renversées, d'un hideux illogisme, au rebours du sens commun !

Oserez-vous placer encore votre mot *égalité*, lorsque

vous voyez le plus puissant et le plus riche paye
moins, et que sur le malheureux de troisième class
retombe le prix énorme des premières! — Pauvr
égalité!

M. Géas. — Si vous vous échauffez, nous ne pou
rons suivre nos raisonnements. Je ne puis discuter su
des exclamations.

L'associé de M. Censé. — Que voulez-vous? il exist
parfois une antithèse si forte entre une personne et so
nom, que le rire vous saisit involontairement. Il e
est de même des institutions. Elles sont parfois coi
fées d'un nom qui pousse à l'exclamation.

M. Géas. — Oui, et le mot *égalité* placé sur les wa
gons éveille en vous ce sentiment. Mais, croyez-mo
il est chez vous à l'état d'exagération. Parce qu'un
loi prononce l'égalité, supposez-vous qu'elle entend
parler d'une égalité absolue? Non, jamais il n'en fu
ainsi. Ce fait contre lequel vous vous récriez, cette né
cessité qui oblige l'expéditeur de troisième classe
payer plus cher que celui de première, découle d'un
loi fatale. Vous la voyez appliquer dans la vie, chaqu
jour, autour de vous. Descendez dans les plus peti
recoins du commerce, toujours la même loi : faveu
pour le marchand en gros, prix plus élevé pour le pe
tit débitant. Mêmes observations, dans les achats d
ménage, pour chaque particulier. Le riche achète e
gros son bois, le pauvre en détail. Ce dernier paye
moitié plus. Nous sommes sous l'empire, je vous
répète, d'une loi fatale qui régit toute la terre. Vo
beaux principes d'égalité ne pourront l'expulser de

gares où elle s'est établie comme partout ailleurs.

M. Censé. — Oui, comme des orties là où il y a de bonnes terres !

Je vous l'accorde, votre observation sur l'industrie en général est exacte. Toutefois il faut se garder de la nommer : loi fatale. Dites qu'elle est une maladie inhérente à notre nature, et que tous nos efforts doivent la combattre.

Mais vos belles raisons, vous ne pouvez les appliquer au chemin de fer.

M. Géas. — Pourquoi donc, s'il vous plaît ?

M. Censé. — Encore une fois, parce que les lois de l'industrie libre nê peuvent être les mêmes que celles qui régissent les monopoles.

Le monopole est une propriété restée indivise, dont le fermage est concédé à une compagnie, à condition que la gestion de la propriété ne nuira en rien à la nation, qu'au contraire elle sera profitable à tous, et qu'elle se gardera, comme d'une forfaiture à son mandat, de ruiner les petits au profit des grands. Telle est la signification de ces mots : expropriation pour cause d'*utilité publique.*

M. Géas. — Si les principes que vous émettez étaient réellement ceux de la loi, la jurisprudence les aurait appliqués ; au contraire, elle les condamne.

L'associé de M. Censé. — Permettez; vous commettez une grave erreur. Ces questions sont très-discutées. Il existe autant d'arrêts *pour* que d'arrêts *contre.*

M. Géas. — Mais la Cour de cassation du 22 février ?

13.

M. Censé. — La Cour de cassation a sanctionn
plusieurs fois le principe d'égalité des tarifs. Son der
nier arrêt qui y fait exception, ne parle que des entre
prises de transport. Les cahiers des charges contien
nent des clauses spéciales à cet égard.

M. Géas. — Je conteste. Si le pourvoi prononce su
une compagnie de transport, la Cour dit clairemer
qu'elle considère les traités particuliers avec des cor
ditions impossibles pour le plus grand nombre comm
ne violant pas le principe d'égalité.

M. Censé. — Elle n'exprime pas complétement cet
opinion. Elle déclare qu'il appartient à l'autorité ad
ministrative de décider si le traité est contraire a
principe d'égalité, et si la réduction sera obligatoi
pour tous *sans conditions*.

L'associé de M. Censé. — Alors les industriels au
ront à porter leurs débats devant une autre juridictior

M. Géas. — Pourquoi pas ? Dans tous les cas,
question me semble désormais bien tranchée.

M. Censé. — Loin de là. Voyez plutôt les sentenc
si précises et si pleines de considérations élevées de
plupart des Tribunaux. Notez surtout un jugement d
Tribunal de commerce de Rouen (1855).

M. Géas. — Mais voyez les arrêts de la Cour de cet
même ville ! Ils infirment !

L'associé de M. Censé. — N'oubliez pas ceux de
Cour de Paris si favorables à l'égalité !

M. Censé, après une pause. — Il y aurait une bonr
leçon à tirer de tous ces combats entre les esprits ém
nents des Cours souveraines.

M. Géas. — Laquelle donc?

M. Censé. — Pour modifier un principe fondamental d'une loi, on s'appuie plus tard sur quelques autres articles de la même loi. Ici, au frontispice de la loi sur la matière, on avait gravé le principe de l'égalité des tarifs. Plus tard, on a argumenté de quelques petits articles mal digérés des cahiers des charges, et on a miné le principe qui semblait inattaquable. Si j'étais législateur, je poserais en tête de la loi le principe, et j'ajouterais : « Si quelques articles de la présente loi pouvaient être interprétés de façon à altérer le susdit principe, ces articles sont dès à présent abrogés, » mais...

(Entre en ce moment M. Martin.)

M. Censé, bas à son associé. — Tenez, voici le concurrent de M. Géas. Il vient voir quel est l'arrêt de la Cour. Comme l'anxiété est peinte sur son visage!

L'associé, bas à M. Censé. — Il attendait cet arrêt avant d'intenter un procès au chemin de fer, pour obtenir *sans conditions* les mêmes réductions que M. Géas, réductions qui le mettent au désespoir.

(Pendant ce temps, M. Géas se detourne en souriant, pour éviter le regard de M. Martin. M. Martin s'assied, prend le journal à la hâte. Tout à coup ses traits se contractent ; il se lève frémissant.)

M. Censé. — Qu'avez-vous, monsieur Martin? Dieu! que vous êtes pâle !

M. Martin, en lançant un regard terrible sur

M. Géas. — Eh vraiment! je le crois bien, messieurs... je suis ruiné! . . . .

. . . .

Rien de plus navrant que l'aspect d'une ruine. Qu
de nous n'aura des pitiés pour ce malheureux **M. Martin**
qui voit sombrer sa fortune en un seul jour?

M. Martin, qui ne l'a deviné? est un pseudonyme
Pourquoi ne pas lui restituer son vrai nom?

Il s'appelle un million de Français.

CHAPITRE IV

De dures vérités. — Le drapeau et l'enseigne. — Véritable base
des tarifs.

Les traités particuliers, tels que les avaient orga
nisés les compagnies, apparaissaient à l'industri
privée comme un monstre dévorant.

L'esprit le plus froid recule épouvanté à la vue de
ravages qu'ils devaient causer infailliblement.

Ces tarifs comportaient-ils une violation de la loi

L'autorité supérieure l'a pensé ainsi, et à la satis
faction générale elle a prohibé les traités particuliers

Mais les tarifs sont tellement multiples, ils ont tan
de noms, ils portent des habits de couleurs si variées
qu'il devient, non pas utile, mais nécessaire, de bie
savoir la signification que la loi a donnée à ces noms
« égalité des tarifs, » ou « les taxes seront prélevée
indistinctement et sans faveur. »

Les compagnies, pour vivre, se développer, attaquer et se défendre, possèdent deux choses : un drapeau et une enseigne.

Sur leur drapeau est écrit : « Etablissement d'utilité
publique. »

Leur enseigne porte ces mots : « Entreprise commerciale. »

Or, pour justifier telle prétention, réclamer tel privilége, s'arroger tel droit, tantôt la compagnie s'enveloppe fièrement de son drapeau, tantôt elle s'écrie :
«Voyez mon enseigne ! »

Dans la grave question qui nous occupe, le drapeau est soigneusement laissé de côté, l'enseigne seule
fournit des arguments à l'intérêt de la compagnie.

Il ne pouvait en être autrement. Comment s'appeler
établissement d'utilité publique, au moment où l'on
heurte et froisse cette utilité? La concession d'un chemin de fer implique chez nous l'obligation expresse
de travailler sans relâche à l'avantage de tous. Ruiner
des cent milliers d'industriels serait remplir peu exactement ces obligations, surtout quand on songe que les
gens ainsi ruinés ont contribué comme les autres à la
dotation des compagnies, dotation de quelques cent
millions, il ne faut pas l'oublier.

Vue dans cette page de la loi, la question des tarifs,
ainsi que voulaient l'entendre les compagnies, devenait ou ridicule ou sévèrement condamnable.

— « Mais nous sommes commerçantes, disent les
compagnies. — Commerçantes ! c'est-à-dire, libres
d'user de tous les moyens, de tous les appâts, voire

même des ficelles qu'emploie le commerce pour achalander sa boutique ! Attirer celui-ci, sourire à celui-là, menacer cet autre, favoriser ce troisième, mettre en déconfiture ce quatrième, fusionner avec Jean pour lutter contre Pierre, accaparer Paul pour ruiner Jacques, en un mot, déployer tout notre génie pour apprendre à ce bon public à faire passer le plus d'argent possible de sa poche dans notre caisse. Nous sommes commerçantes, entendez-vous bien ! usons donc du privilége du commerce. »

Soit ; examinons au point de vue du commerçant quelle a été la pensée du législateur en proclamant l'égalité des taxes.

A notre époque, le développement du commerce et de l'industrie a donné forcément à certains mots un sens très-précis. Aucune équivoque possible. Or, dans toutes les discussions que provoquèrent ces questions, il est impossible de méconnaître que les législateurs, en édictant des taxes prélevées indistinctement et sans faveur, ont voulu établir dans les chemins de fer un système analogue à celui de certains établissements publics (la Banque de France, par exemple), ou encore, aux règles invariables suivies dans plusieurs industries privées, et qui se résument par ces mots : prix fixe.

Prix fixe, c'est-à-dire, prix connu d'avance, égal pour tous, sans aucune faveur pour telle ou telle classe d'acheteurs. Prix égal pour Pierre qui prend pour cinq francs de marchandises, pour Paul qui en achète pour vingt mille francs.

De même dans la Banque de France, que nous venons de citer, la qualité de l'individu ne pourra faire varier l'escompte. Le prix est indépendant des considérations spéciales et des rapports particuliers. Utilité générale implique expulsion de toute faveur.

Ces notions sont à ce point du ressort du bon sens, qu'il semblerait inutile de les rappeler ? Peut-être ! Elles vont nous conduire à un singulier rapprochement.

Il est bien entendu que les législateurs et toute la France attachaient aux *taxes prélevées sans faveur* la même signification qu'au *prix fixe, invariable*, usité dans l'industrie privée.

Rapprochons maintenant sous forme de tableau et la loi et le fait, ce que voulaient les législateurs et ce qui existe aujourd'hui.

ENSEIGNE

—

MAGASIN DE CHEMIN DE FER

ÉTABLISSEMENT D'UTILITÉ PUBLIQUE

Taxes prélevées indistinctement et sans faveur

ou MAISON DE CONFIANCE

PRIX FIXE

ÉNUMÉRATION DES DIVERSES TAXES OU TARIFS AUXQUELS
LES COMPAGNIES ONT DONNÉ NAISSANCE :

Tarifs différentiels,	*Egalité !*
Tarifs de faveur,	*Prix fixe !*
Traités particuliers,	*Utilité publique !*
Tarifs d'abonnement,	*Egalité !*

Tarifs de détournement,	*Maison de confiance!*
Tarifs internationaux,	*Egalité!*
Tarifs communs,	*Utilité publique!*
Tarifs de correspondance,	*Egalité!*
Tarifs de provenance,	*Egalité!*
Tarifs de destination,	*Egalité!*
Tarifs de prix faits, etc.	*Egalité!*

Quelle fécondité, bon Dieu! Le public pourra-t-il se reconnaître au milieu de toutes ces machines de guerre! Les belles inventions, vraiment! Quelle ample matière aux études du jurisconsulte! Il y a aussi de quoi faire pâmer de rire le philosophe d'une nature joviale.

— Donnez-nous donc, me direz-vous, l'explication de tous ces grands problèmes; nous n'avons jamais trouvé ces mots dans le dictionnaire.

L'explication complète exigerait de longs développements. En somme, avec les uns, un industriel puissant avait la faculté de ruiner ses concurrents; avec les autres, les entreprises de transport par eau se trouvaient affamées (nous en dirons quelques mots au livre suivant); avec ceux-ci, des négociants étrangers pouvaient s'engraisser au détriment de nos nationaux; avec ceux-là, apparaissaient des incohérences curieuses.

Ainsi certaines marchandises, pour voyager du Havre à Bordeaux, payaient 70 fr., tandis que les mêmes, de Paris à Bordeaux, payaient 80 fr. 50, c'est-à-dire 10 fr. 50 de plus pour parcourir 227 kilomètres de moins! Plusieurs ne produisaient aucun bénéfice *apparent* à personne et nuisaient à tous. D'autres enfin faisaient involontairement reporter la pensée vers un certain article d'un certain code que les jurisconsultes appellent, dit-on, le Code pénal.

J'écris cette page au participe passé, quoique certains abus soient encore vivants ; mais ils paraissent à tous si criants, que chaque soir, en se couchant, il est permis à un honnête homme d'espérer qu'ils auront disparu à son réveil.

Les abus sont de l'essence de la nature humaine. Rien d'étonnant dans la naissance de tous les faits que nous venons de rappeler ; mais, en se reportant au principe de la nécessité de l'homologation préalable de la part de l'autorité, on est fondé à se demander comment ces opérations illicites n'ont pas été étouffées dès leur naissance ?

Plusieurs réponses se présentent à l'esprit : il était utile de laisser à des créations aussi nouvelles que grandioses une assez large tolérance, pour croître et se développer. Prévoir, calculer d'avance les résultats de toutes les combinaisons, était impossible. Là, comme ailleurs, il fallait procéder souvent par tâtonnement... Une sévérité trop rigide aurait pu comprimer l'élan nécessaire à la transformation... Mais le temps de l'effervescence passé, l'œuvre accomplie, on se retourne vers les règles immuables du droit. Les plaintes s'accumulent ; elles prennent pour interprètes les voix puissantes des représentants de la nation, et nous ne doutons pas que, de gré ou de force, on verra appliquer pour les tarifs la règle suivante, qui n'est, du reste,

que l'interprétation unique et rationnelle des principes
posés par la loi :

L'égalité des tarifs a pour base :

1° La nature de la marchandise, comme classification ;

2° La tonne, comme unité de poids ;

3° Le kilomètre, comme unité de distance ;

Tout abaissement de tarifs sur un parcours doit être
uniformément appliqué à toutes les lignes et sur tous
les points.

Par là disparaîtra la nomenclature indéfinie des tarifs, véritable bouteille à l'encre, ou plutôt sorte de
jeu d'échecs pour la bourse d'un public innombrable.

Comme base de la classification, nous avons pris la
nature de la marchandise. Certains conseils généraux
ont pensé que le principe d'égalité excluait même une
classification semblable. Nous ne partageons pas cette
opinion ; il est des marchandises qui exigent différents
degrés de précaution. En bonne justice, le prix de
transport doit varier dans une proportion analogue.

Cependant les efforts constants des compagnies ten-
dront à la plus grande simplification, si elles sont fi-
dèles à leur mandat. Le principe le commande, l'intérêt général le réclame, l'exemple sans réplique offert
dans ces temps par la poste fait disparaître toute crainte
pusillanime. Les chemins de fer sont obligés, par une
organisation parfaite et par un marché considérable, à
créer des millions d'expéditeurs et de voyageurs
comme la poste a su faire centupler le nombre de
lettres.

La nouvelle vie de la poste n'offre pas seulement un

argument en faveur de l'abaissement des tarifs et de toutes les taxes en général. Elle est aussi, comme la Banque de France, que nous avons citée plus haut, une protestation énergique contre l'inégalité des tarifs. Si jamais les ports de lettres avaient été divisés, ordonnés, combinés, favorisés, etc., ainsi que les tarifs, Dieu sait comme on eût crié haro sur l'administration !

Adieu donc la généalogie des tarifs ! la famille caméléon ! qu'on l'ensevelisse et qu'on la porte en terre sans oraison funèbre comme les enfants nés non viables. Elle apparaissait, chez nous, comme une violation d'un principe d'ordre public. Qu'elle soit condamnée sans pitié et jetée hors les règlements, comme, à Sparte, on jetait aux égouts les enfants bossus ou difformes !

CHAPITRE V

Tableau des taxes et frais accessoires.

Toutes les taxes qui doivent être réglées annuellement, doivent être soumises à l'approbation du ministre des travaux publics, dans le dixième mois de chaque année. Jusqu'à décision contraire, les anciens tarifs continueront à être perçus.

Les tableaux de taxes et frais accessoires approuvés doivent être affichés dans les lieux les plus apparents des gares et stations des chemins de fer.

Telles sont les dispositions des art. 47 et 48 de l'ordonnance du 15 novembre 1846.

On entend par frais accessoires, les frais de déchargement et d'entrepôt dans les gares et les magasins de chemins de fer.

Toute gare doit posséder deux tableaux : 1° un tableau des heures de départ, 2° un tableau des taxes.

Quant au premier, certains voyageurs prétendent qu'il ne se trouve pas toujours très-visible. Nous en avons parlé souvent. En tous cas, les petits marchands de journaux et d'*Indicateurs des chemins de fer* applaudiraient naturellement à la disparition des affiches qui viennent faire concurrence à leur commerce.

Jusqu'ici la science des tarifs et taxes était un mystère pour tout le monde. Après une longue attente, le public possède enfin un Recueil général des tarifs. OEuvre colossale, qni a dû exiger un travail de galérien ! Mieux que tous les discours, le Recueil, premier rayon de lumière qui soit tombé sur ce chaos, montrera la nécessité d'une révision générale.

LIVRE VIII

DES ENTREPRISES DE TRANSPORT

CHAPITRE Ier

Entreprises rivales. — Entreprises auxiliaires. — Division. —
Principes généraux.

Avant d'étudier le transport des marchandises, il est
encore quelques notions générales qu'il importe de
connaître.

Deux sortes d'entreprises de transport se groupent
autour des compagnies de chemins de fer.

Les unes sont des auxiliaires échelonnés le long de
la ligne, chargés d'approvisionner chaque station au
passage des trains.

Les autres sont des rivales, oui, des rivales, petites
mais vivaces. Il est vrai qu'elles ne peuvent lutter de

vitesse avec le chemin de fer ; mais la question d[e]
transports est double : célérité et prix.

Pour le voyageur, le temps est si précieux qu'il s[a]
crifiera un prix plus élevé à la rapidité du voyag[e]
mais pour le transport des marchandises la célérité e[st]
indifférente dans certaines limites : le prix est le poi[nt]
capital. Il arrive donc qu'une ligne de chemin de f[er]
côtoyant un fleuve a souvent des compagnies de b[a]
teaux qui lui font une active concurrence pour [le]
transport des marchandises. Inutile de mentionner [où]
se trouve le meilleur compte.

Dans leurs rapports avec le chemin de fer, ces de[ux]
natures d'entreprises sont protégées par les princip[es]
suivants :

1° *Entreprises rivales.* Les chemins de fer ne pe[u]
vent exploiter les lignes de transport collatérales p[ar]
terre ou par eau.

2° *Entreprises auxiliaires*, communément appelé[es]
correspondances. Les compagnies ne peuvent faire a[ux]
unes des concessions de faveur qu'elles n'accorderaie[nt]
pas aux autres.

Si de graves raisons nécessitent çà et là des exce[p]
tions, elles seront autorisées par l'administration, [et]
l'autorisation sera spéciale.

Par la nature même de la concession, le législate[ur]
défend virtuellement aux grandes compagnies de t[ra]
directement les concurrences collatérales. Il ordon[ne]
que le monopole du chemin de fer ne franchira pas [les]
barrières qui limitent sa voie. C'est le droit commu[n]
c'est la liberté d'une industrie, et de plus le meille[ur]

tempérament à l'avidité des compagnies. L'abaissement progressif des tarifs du chemin de fer sera le résultat du travail de la concurrence collatérale.

Les correspondances des stations, à leur tour, trouvent leur appui dans le principe d'égalité. Toutes, diligences, cabriolets, fiacres, omnibus, pataches, charrettes, seront, de par la loi, égales devant les compagnies. Les exceptions commandées par des besoins impérieux n'obtiennent de consécration que par l'autorité supérieure.

Tout cela est fort beau, vu dans le livre de la loi. Vienne l'application, l'éclat disparaît; le principe, si clair d'abord, présentera quelques coins obscurs aux yeux intéressés.

Il en est des principes, comme des étoffes éclatantes qui brillent dans les vitrines des magasins : sortez ceux-ci de la théorie et celles-là des montres où elles s'étalent si à l'aise; faites-les promener tous deux dans les chemins bourbeux de la vie pratique; au bout de cent pas, ils seront maculés par force éclaboussures.

Les chapitres suivants en font foi.

CHAPITRE II

Entreprises qui font concurrence aux chemins de fer. — Les habiles et les roués. — Encore des tarifs suspects.

De toutes les positions scabreuses, la pire est celle d'une conscience aux prises avec l'intérêt.

La loi, c'est la conscience d'une nation.

L'intérêt ne respecte pas plus cette conscience-là que l'autre.

Pour lutter contre ces faiblesses, on a créé en France des inspecteurs généraux qui, dans les diverses compagnies, font l'office d'examen de conscience. Grâce à leur zèle, les petites histoires que nous allons narrer n'auraient pu avoir lieu dans notre pays. Mais comme il est agréable de se trouver meilleur en étudiant les imperfections des étrangers, voici l'anecdote.

Dans un pays bien loin, bien loin du nôtre, une compagnie de bateaux à vapeur faisait concurrence à un chemin de fer pour le transport des marchandises. Comment se débarrasser de cet ennemi? L'affamer! L'unique moyen de lui couper les vivres était de proposer un abaissement de tarifs considérable. Mais les recettes se seraient trouvées menacées d'une lourde diminution.

Les généraux délibèrent. Le plus habile propose d'acheter le matériel des bateaux en exigeant des vendeurs qu'ils s'interdisent à l'avenir ce commerce par eau. L'avis est fort applaudi, on se frotte les mains. La négociation s'entame; malgré sa vétusté, le matériel est acheté au prix exorbitant exigé par l'ennemi, c'est-à-dire une somme équivalant à un million de francs de notre monnaie. « Le sacrifice est considérable sans doute, mais les résultats seront brillants. Les actionnaires ne diront rien; on dissimulera la chose... D'ailleurs, c'est dans leur intérêt... » Bref, l'affaire est célébrée dans un excellent souper (les soupers sont fort en honneur dans ce pays-là), on calcule les produits futurs et l'on termine par des toasts à la santé de la compagnie.

Le lendemain des victoires est toujours à redouter. Le directeur de la compagnie des bateaux était un fin matois, sachant l'art des évolutions commerciales. Il avait vendu un million ce qui valait 200,000 fr. C'était bien, mais il y avait mieux à faire : une solide opération d'abord, et un bon tour à jouer à la compagnie :

Son bien premièrement, et puis le mal d'autrui.

Il achète de beaux et bons bateaux, et recommence la concurrence avec plus de vigueur que jamais.

— Mais, me direz-vous, cela ne se peut, puisqu'il s'était engagé à ne plus faire la concurrence?

— Nenni; ces difficultés sont faciles à résoudre dans le susdit pays. Il plaça la nouvelle entreprise sous le nom d'un *sieur Cousin*. Ceci s'appelle prendre un prête-nom. Un prête-nom est, dans ce cas, un sauve-réputation : Bertrand devait sauver parfois de cette façon son ami Robert Macaire.

Et le tour fut fait.

— Les actionnaires s'aperçurent-ils du million dépensé assez étourdiment et sans profit?

— L'histoire ne le dit pas. L'actionnaire, en général, n'est pas teneur de livres.

On cite encore plusieurs anecdotes. Tantôt le che-

14

min de fer traite sous main avec une compagnie de
bateaux pour qu'elle élève ses prix à un taux qui fera
affluer les marchandises aux gares. Les indemnités sont
débattues à l'amiable. Tantôt le chemin de fer achète
une ligne de bateaux et les fait naviguer pour son
compte à l'aide d'un prête-nom. Par là il trouve
moyen de perdre peu et d'empêcher la création de
nouveaux bateaux-transport.

Enfin dans ce malheureux pays où les puissants savent faire plier les principes au gré de leur intérêt, les
compagnies ont inventé différents systèmes pour ruiner la concurrence collatérale. Pour donner une idée
de leur habileté, il nous suffira de citer :

1° Le tarif *el Abonamento*. Quand sur son parcours
une ligne de chemin de fer rencontre pour adversaires
des bateaux-transport qu'elle ne peut acheter, elle dit
aux expéditeurs : « Nous allons vous transporter telle
marchandise à très-bas prix — jamais vous n'aurez
joui d'un aussi bon marché. — Nous sommes, voyez-
vous, de braves gens à haute conception ; nous vou-
lons donner une impulsion inouïe à l'industrie par ce
transport à prix réduit, mais... réduit à ce point que
nous y perdons ! — Seulement, nous ne consentons à
ce sacrifice qu'autant que vous nous signerez un petit
écrit, par lequel vous vous engagerez à ne pas faire
voiturer ces catégories de marchandises par une autre
entreprise que celle de notre chemin de fer. »

Le bon commerçant s'empresse d'accepter la bonne
fortune. Au bout d'un an de ce trafic, la compagnie
de bateaux se trouve ruinée. Alors l'ingénieux che-

min de fer relève subitement ses prix, et à cette nouvelle, le naïf commerçant ouvre de grands yeux stupides. Il comprend enfin, mais trop tard. Le pauvre homme !

Ce peuple simple, que nous ne nommerons pas, parce qu'il ne faut jamais humilier les étrangers, a cherché à donner un nom à ce jeu étrange de hausse et de baisse. Il l'a appelé : le jeu des fausses-trappes.

2° Le tarif *el detornamento*. Pour expliquer ce problème, figurez-vous deux chemins de fer partant d'un même point A et formant angle : l'un se dirigeant en B et l'autre en C.

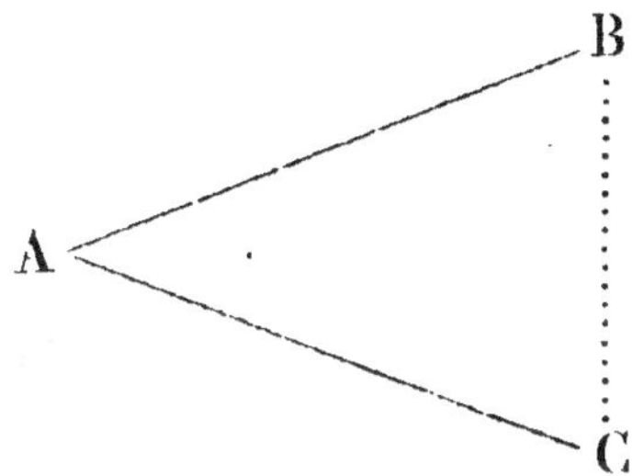

De B en C il existe des canaux représentés par la ligne pointée.

Sur ces canaux naviguent laborieusement des bateaux-transport chargés de marchandises que la ville B. envoie à la ville C, et réciproquement. Le parcours étant peu considérable, les prix sont très-minimes.

Les compagnies des chemins de fer A-C et A-B, se disent un beau matin : « Est-ce que nous ne pourrions pas faire sauter cette petite flottille et nous em-

parer du transport de B en C ? L'acheter ? Elle ne veu
pas se vendre. Diantre ! il faut trouver un autre expé
dient. Alors formons une coalition : offrons de trans
porter les marchandises de B en C, en passant par A
(c'est-à-dire en faisant un parcours triple) et cela
des prix tellement réduits que la compagnie de bateau
mourra d'inanition. Après son décès nous prendron
notre revanche sur le bon public. »

Ainsi fut crée le tarif *el detornamento*, ainsi nomm
parce que la marchandise se trouve détournée d
sa route naturelle ; ou bien encore, selon l'étymologi
d'un plaisant de ce pays-là, *el detornamento*, c'es
à-dire manière détournée de tuer son voisin.

Le lecteur s'imagine que tous ces faits ont donn
lieu à de vives récriminations, que l'opinion publiqu
a tonné avec véhémence contre ces indignes manœu
vres ?

Magnanime lecteur, dans ce pays fortuné, on n
s'émeut pas pour une question de droit. D'ailleurs, le
mœurs y sont extraordinaires ; il n'existe pas, comm
chez nous, un article 419 du Code pénal. Si vous le dé
sirez, en terminant notre travail, nous nous livreron
à une curieuse excursion sur une législation étrangère
Vous y verrez combien ce qu'on appelle conscienc
et connaissance du droit varie souvent selon les con
trées. Pour de tels faits, personne ne bouge. On ri
quand un bon tour a été joué de part et d'autre ; o
fait un bon mot, et là-dessus on s'endort conten
comme dans le meilleur des mondes possibles.

CHAPITRE III

Entreprises auxiliaires. — Les correspondances.

Pas de faveurs particulières (sauf autorisation spéciale), tel est le principe de tous les voituriers qui approvisionnent les stations.

Quelques compagnies ont tenté d'oublier le principe.

La Cour de cassation et les Cours d'appel l'ont remis souvent en mémoire. Nous avons vu au livre premier (*Gares*) comment avait échoué la tentative d'une compagnie, qui voulait partager la cour d'entrée en catégories de première et de deuxième classe pour les voitures.

La passion des places privilégiées dans les cours des gares avait gagné jusqu'à un omnibus ! Privilége et omnibus étaient deux mots qui hurlaient de se trouver accolés. Aussi ce communisme ambulant fut-il rappelé bien vite au principe de l'égalité.

Les compagnies peuvent accorder une subvention à un service de correspondances. La régularité du service, l'intérêt général, sollicitaient l'autorisation de semblables traités. Cette subvention, comme tout avantage particulier, est soumise à une autorisation expresse de l'autorité.

Le principe d'égalité a été consacré dans une foule

14.

de questions et sous toutes ses formes. Ainsi, en 1852 une compagnie avait organisé pour ses gares un service de camionnage. Rien peut-être d'illégal dans ce acte. Seulement, la compagnie faisait ce raisonnement digne d'un propriétaire peu hospitalier :

« Il est juste, disait-elle, que je fasse charger me propres fourgons avant ceux des camionneurs qui m font concurrence. Je serais bien sotte de me priver d ce moyen si facile d'achalander mon service de ca mionnage. Chacun pour soi. Les questions de politess et de prévenance n'ont que faire dans les questions d fourgons. »

La Cour a décidé que, si la politesse n'était pas un loi, l'égalité en était une, et que les fourgons de l compagnie n'ayant aucun privilége ne pouvaient êtr chargés avant les fourgons des concurrents (1).

---

(1) Les rapports détaillés des entreprises de transport ave le public sortent du cadre de cet ouvrage. Nous en avon renvoyé l'examen dans notre *Code des expéditeurs*, que nou comptons publier cette année.

LIVRE IX

CHAPITRE Ier

Enveloppes des colis.

Tout entrepreneur de transports étant responsable
des objets qui lui sont confiés, le chemin de fer, comme
les autres, a le droit d'exiger que les colis soient mu_
nis d'une cuirasse solide.

Pourra-t-il exiger que l'objet soit renfermé dans une
caisse, ou entouré de papier, foin, etc., ou enveloppé
d'une toile d'emballage, toile cirée? etc.. ?

Non. Il ne lui est pas permis de spécifier un genre
d'emballage plutôt qu'un autre. Son droit se résume
à refuser tout colis dont l'enveloppe n'offre pas de
garanties suffisantes contre les secousses inhérentes
au mode habituel de ce transport.

Nul n'ignore, hélas! que les secousses sont violentes, les chocs nombreux. Les marchandises sont soumises aux mêmes inconvénients que les bagages dont nous avons parlé. Un expéditeur prudent doit organiser ses colis, comme s'ils partaient en guerre. — Quelle conduite faudra-t-il suivre, si le chemin de fer refuse des colis en alléguant leur mauvais emballage, et si l'expéditeur au contraire trouve ses colis suffisamment garantis contre les éventualités du voyage?

Cette question est d'autant plus grave, que le refus d'accepter des marchandises peut occasionner, par suite du retard, un préjudice considérable à l'expéditeur.

La conduite à tenir variera selon l'intérêt de l'expéditeur à un prompt envoi. Comme toujours, il faudra noter le fait sur le registre des réclamations en énonçant, outre le refus de l'employé, le préjudice éventuel qui pourrait en résulter, et enfin faire dresser un procès-verbal de constat par ministère d'huissier. Selon les lieux et circonstances, il sera sage de chercher à obtenir du président du tribunal de commerce une permission d'assigner à bref délai, d'heure à heure, pour faire condamner la compagnie, après ou sans expertise, à accepter et à transporter la marchandise.

CHAPITRE II

Colis réunis. — Groupage à couvert. — Groupage à découvert. —
Ce qu'on entend par objets de même nature.

Que de beaux procès sont soulevés par ces questions !
J'entends de bons procès, bien plaidés en première
instance, solidement soutenus en appel, savamment
développés en cassation. Il est bien regrettable que la
forme de cet ouvrage ne me permette pas de vous en
présenter un intéressant historique.

En deux mots, voici la difficulté et la solution :

Le prix du transport des marchandises n'est pas le
même selon que le transport a lieu par la grande ou la
petite vitesse.

1° Par la petite vitesse : — La nature de la marchandise entraîne des différences notables.

2° Par la grande vitesse : — Il n'existe, à vrai dire,
qu'un seul prix, tant par tonne (1,000 kilog.).

Mais, à cette seconde règle, il fut créé trois exceptions : 1° Pour les denrées non désignées au tarif...
2° Pour l'argent et autres valeurs... 3° Pour les paquets de moins de 50 kilog.

Cette troisième exception, reproduite dans les cahiers
des charges de toutes les compagnies, est ainsi conçue :

« ...3° En général, tous paquets, colis ou excédants
de bagages, pesant isolément moins de 50 kilogrammes,

à moins que ces paquets, colis ou excédants de baga
ges ne fassent partie d'envois pesant ensemble au del
de 50 kilogrammes d'objets expédiés par une mêm
personne à une même personne, et d'une même natur
quoique emballés à part, tels que sucre, café, et
Dans les trois cas ci-dessus spécifiés les prix de tran
port seront arrêtés annuellement par l'administratio
sur la proposition de la compagnie. »

Or, il advint que plusieurs expéditeurs, notamme
des commissionnaires de transports, firent ce raisonne
ment *rationnel* : « Nous serions bien inintelligents,
nous ne trouvions pas moyen d'échapper à ce ta
exceptionnel et assez exorbitant qui grève nos peti
colis pesant moins de 50 kilogrammes. Rien de pl
simple : réunissons-les, puis enveloppons le tout, de f
çon à ne faire qu'un seul colis adressé à notre corre
pondant, lequel fera la distribution à chacun des de
tinataires. »

Les compagnies flairèrent le bon tour, ouvrirent l
gros colis, et, à la vue de tous ces petits déserteurs d
tarifs exceptionnels, apostrophèrent, à peu près en c
termes, le commissionnaire des transports :

« Ah! ah! vous fraudez la compagnie?

— Non pas! nous cherchons à payer le moins pos
ble. C'est le droit commun!

— Vous cultivez soigneusement vos intérêts?

— C'est le droit commun.

— Et, en augmentant vos recettes, vous dimint
celles de la compagnie. Vous vous dites : Chacun po
soi.

— C'est le droit commun !

— Et vous mettez dans des sacs, des façons de con-trebandiers ?

— Non pas ! de plusieurs colis nous n'en faisons qu'un seul, ce qui n'est pas défendu. Toujours le droit commun !

— Eh bien ! monsieur, la compagnie n'entend pas comme vous le droit commun, et pas un de ces paquets n'échappera à la taxe exceptionnelle. Si vous voulez en connaître la raison, lisez l'article 45 de notre cahier des charges ; vous verrez que la taxe frappe tous les colis pesant moins de 50 kilogrammes. Oui-da, nous connaissons à fond notre cahier des charges, notre charte à nous !

— Oui, monsieur, comme un bon caporal connaît sa théorie, sans rechercher l'esprit de la loi. Mais d'abord, veuillez remarquer que votre article 45 ne parle que des colis emballés à part ; il ne s'applique qu'au colis pesant isolément moins de 50 kilog ; or, tous nos colis sont réunis en un seul paquet.

— Très-bien ; mais la compagnie a également le droit de les isoler en faisant sauter vos ficelles et vos toiles d'emballage.

— Vous faussez l'esprit de la loi ; car, pourquoi le législateur a-t-il créé ces taxes exceptionnelles ? Evi-demment pour vous indemniser des écritures, des soins plus minutieux qu'exigent les petits colis. Or, ici il n'existe qu'un paquet unique qui ne donne lieu qu'à une déclaration et ne réclame de soins que pour un seul colis. Vous voyez bien que vous faussez l'esprit de la loi,

— Monsieur, assez comme cela ! Si je fausse l'espri
de la loi, je vais vous montrer que je pratique au moin:
la loi de l'esprit ; payez la taxe exceptionnelle, ou dé-
semparez ! »

Le commissionnaire paya, mais se promit de raison-
ner de nouveau devant la justice sur le droit commun.
Il assigna la compagnie, gagna en première instance
perdit en appel, et, sans perdre pour cela courage, all:
en cassation. La Cour suprême trouva qu'il raisonnai
fort juste et lui donna gain de cause, déclarant que l:
groupage *à couvert* était loin de violer le cahier de:
charges et se trouvait conforme au droit commun.

La Cour de cassation a rendu plusieurs arrêts dan:
ce sens. (Voir notamment Cassation, 19 juillet 1853.)

Le groupage à découvert, c'est-à-dire la réunior
fictive d'objets de même nature, est aussi une questior
grosse de contestations.

Ainsi que nous venons de le voir, le cahier de:
charges permet de réunir fictivement les petits colis,
pourvu que : 1° les objets soient de même nature;
2° que l'envoi soit d'une même personne à une même
personne.

Les compagnies ont voulu d'abord soutenir qu'un
entrepreneur de messageries qui adresse à son correspondant divers colis pour différentes personnes viole
le susdit article. « Ce n'est pas, disaient-elles, ce que
la loi a entendu par ces expressions : envoi d'une même
personne à une même personne. »

Ce système est assez difficile à comprendre. Un
expéditeur est une personne, son correspondant une

autre personne. Le contrat se forme entre ces deux individus et le chemin de fer. Rien dans tout cela qui ne soit parfaitement régulier ; aussi les compagnies ont-elles perdu leur procès sur ce point.

Restait l'autre question plus discutable. Que faut-il entendre par objets de *même nature ?* L'identité de nature dépend-elle de ce que les objets sont tarifés de la même manière, ou bien de leur analogie commerciale ou industrielle ?

Contrairement à l'opinion de la Cour de Paris, la Cour de cassation, dans plusieurs arrêts, a décidé qu'il fallait entendre par objets de *même nature,* non la même nature tarifable des objets, mais, des objets, sinon d'une nature identique, du moins d'une nature analogue, c'est-à-dire des objets qui, par leur affinité commerciale ou industrielle, puissent être considérés comme faisant partie d'un même genre de commerce ou d'industrie, ou d'un même ordre de produits. — (Cass., 9 mai 1855.)

Bien des difficultés pourront naître sur les affinités et les analogies. Il existe des commerces d'objets si variés ! Le plus sage, pour éviter tout embarras, sera donc de réunir autant que possible les divers objets sous une seule et unique enveloppe (*Groupage à couvert*).

15

CHAPITRE III

**Ouverture et fermeture des gares pour les marchandises expédiée
en grande et petite vitesse.**

Du 1ᵉʳ avril au 1ᵉʳ octobre, les gares de marchan
dises sont ouvertes pour la réception et la livraison,
six heures du matin, au *plus tard*, et fermées à *si*
heures, au *plus tôt*.

Du 1ᵉʳ octobre au 1ᵉʳ avril, elles sont ouvertes à *sep*
heures du matin, au *plus tard*, et fermées au *plus tô*
à *cinq* heures du soir.

Les dimanches et fêtes, les gares de marchandise
sont fermées à midi, et les articles destinés à partir l
jour même sont remis au lendemain.

L'expéditeur ne devra pas hésiter à transcrire sur l
registre toutes les contraventions à cet article des ca
hiers des charges.

CHAPITRE IV

**Moment où commence la responsabilité de la compagnie relativeme
au transport des marchandises.**

Il faut bien se garder de croire que les compagni
ne deviennent responsables qu'à partir de l'enregis

trement des caisses ou colis. Sans doute, d'après le droit commun, l'obligation ne commence qu'au moment de la réalisation du contrat, et ici, le contrat de transport n'est consommé que par l'enregistrement. Jusque-là il n'existe guère qu'un projet de contrat; les deux parties n'ont pas encore donné leur consentement sur la chose et sur le prix.

Mais les chemins de fer, à titre d'entrepreneurs de transports, sont sous l'empire d'une législation toute spéciale. Ils sont responsables avant la convention à titre de dépositaires nécessaires (Code Nap., art 1782). Dès qu'un objet est entré en gare et a été confié aux mains des employés, ou bien encore s'il est déposé dans un bureau central, au milieu de la ville, ou enfin remis au camionneur du chemin de fer, plus de soucis pour l'expéditeur. La compagnie est bien et dûment responsable à titre—ne l'oublions pas—de dépositaire nécessaire, et avant même que le contrat de transport (l'enregistrement) soit consommé.

Les cours et tribunaux ont maintes fois consacré les principes. Au sujet des bagages qui accompagnent les voyageurs, nous avons dû déjà les rappeler. Leur inflexibilité est la même ici.

Ainsi, un accident arrive à un cheval dans la gare: les tribunaux décident que la compagnie est responsable du cheval à partir du moment où il était entré dans la gare.

CHAPITRE V

Enregistrement. — Récépissé. — Lettres de voitures. —
Acquit-à-caution.

L'enregistrement des marchandises doit se faire au
fur et à mesure des réceptions, sans tour de faveur.

À combien de difficultés, en cas de procès, le public
ne s'expose-t-il pas, faute de quelques précautions !

Vous voulez expédier un colis, vous le transportez
à la gare, vous vous rendez au bureau, vous donnez
à l'employé les indications qu'il vous demande sur
l'expéditeur, le destinataire, la contenance, la destination ; puis, vous imaginant que tout est fini, vous
reprenez votre canne et votre chapeau, et vous vous
éloignez tranquillement de la gare.

Que le colis se perde ou subisse des avaries, bref,
qu'il y ait procès, comment allez-vous établir l'expédition, sa valeur, etc.? Vous invoquerez les livres de
la compagnie? Soit; il faudra une ordonnance du juge,
c'est-à-dire une audience et une remise de plus. Ce
n'est pas tout. Si l'employé a mal écrit le nom, s'il
s'est trompé de destination, il alléguera qu'il a écrit
sous votre dictée, que l'erreur provient de votre
fait, etc. Les ennuis, contrariétés, difficultés graves
pèseront sur vous dans le cours des débats, et vous

perdrez peut-être votre procès, faute d'une simple précaution, — laquelle? Un récépissé.

Posons donc comme axiome cette règle de la prudence :

Nul ne doit jamais remettre au chemin de fer un objet quelconque (paquet, colis, marchandise de toute espèce), soit pour la petite vitesse, soit pour la grande, sans exiger immédiatement de l'employé un récépissé. Ce récépissé devra contenir les noms de l'expéditeur, du destinataire, la date et le lieu du départ, le lieu de destination, etc. (Voir, à la fin du volume, le modèle usité.

Si l'expéditeur le réclame, jamais un employé n'est en droit de refuser le récépissé. Les anciens cahiers des charges contiennent une clause formelle à cet égard.

Bien plus, plusieurs compagnies sont obligées, par leur nouveau cahier des charges, de donner un récépissé dans tous les cas, quand bien même l'expéditeur ne le réclamerait pas.

La lettre de voiture offre plus d'avantages à l'expéditeur que le récépissé simple, et, dès que l'envoi est un peu considérable, il ne doit pas hésiter à placer ses marchandises sous son égide. Il existe tant de commentaires sur les lettres de voiture (art. 101 et suiv. du Cod. de Comm.) qu'il nous paraît inutile de résumer ici cette partie de notre législation. Rappelons seulement, d'après une jurisprudence constante, que la déduction du prix de transport porté sur la lettre de voiture, dans le cas de retard, ne s'entend que des retards ordinaires. — Un retard prolongé, malgré

une semblable énonciation, rendrait la compagnie
passible de dommages-intérêts laissés à l'appréciation
des magistrats.

Un expéditeur peut-il imposer à l'administration
du chemin de fer une lettre de voiture, avec stipulation de la retenue d'un tiers en cas de retard ?

Non ; mais il lui reste toujours la ressource de ré
clamer des dommages-intérêts pour cause de retard

D'après les cahiers des charges, la lettre de voiture
doit être faite en duplicata. L'expéditeur en conserve
une copie.

L'acquit-à-caution mérite une mention dans ce cha
pitre. On s'est demandé dans le commerce s'il ne pou
vait pas servir à actionner une compagnie et à suppléer
une lettre de voiture inexacte.

Voici, entre plusieurs, un des faits qui ont soulevé
la question :

Un expéditeur envoie par le chemin de fer une barrique d'eau-de-vie. La lettre de voiture portait telle
contenance, et l'acquit-à-caution de la régie portait une
contenance supérieure. Une fois la barrique arrivée à
destination, on trouve qu'elle contient le nombre de
litres indiqué par la lettre de voiture et 30 litres en
moins du chiffre de l'acquit-à-caution.

L'expéditeur et le destinataire soutiennent que l'acquit-à-caution était exact, que l'erreur porte sur la
lettre de voiture ; qu'il suit de là que les employés de
la compagnie se sont désaltérés largement, et ont ni
plus ni moins absorbé 30 litres.

Cette allégation était-elle soutenable ? Ce qui aurai

pu en faire douter, dans l'espèce, c'est que l'eau-de-vie en question était de la plus mauvaise qualité, et que ces sortes de liquides arrivent toujours sains et saufs à destination.

En droit, la jurisprudence décide que l'acquit-à-caution de la régie est complétement étranger au contrat de transport dont le titre est la lettre de voiture. A défaut d'autre preuve que celle de l'acquit-à-caution, la lettre de voiture doit faire foi. A l'expéditeur donc de porter une attention scrupuleuse aux énonciations de cette lettre.

CHAPITRE VI

Déclarations frauduleuses. — Elles amoindrissent la responsabilité
de la compagnie.

Déclarer qu'un colis contient une espèce de marchandise quand il en renferme une autre, est une manœuvre frauduleuse, quand la déclaration est faite sciemment, dans le but d'éviter un tarif plus élevé.

La compagnie, qui s'apercevra de la fraude et poursuivra l'auteur du mensonge, aura-t-elle gain de cause? Sans contredit.

Mais pourra-t-elle, outre le prix réel des tarifs qui auraient dû être appliqués, obtenir des dommages-intérêts?

Qu'entend-on par dommages-intérêts? La réparation d'un préjudice. Or, le préjudice n'est-il pas réparé dès que l'expéditeur a payé ou a été condamné à payer le prix voulu par la loi ?

La réponse doit être affirmative. Cependant, les tribunaux ont souvent condamné des expéditeurs frauduleux à des dommages-intérêts assez élevés. L'étendue du préjudice est laissée à l'appréciation des magistrats. Il existe des découvertes de fraudes qui rendent très-vraisemblables des fraudes antérieures de la part des mêmes individus.

Quoi qu'il en soit, il ne faudrait pas aller jusqu'à assimiler ces expéditeurs à des contrebandiers. Ils causent un préjudice à la compagnie et doivent le réparer ; rien de plus.

Il est arrivé trop souvent que des colis perdus contenaient des valeurs qui n'avaient pas été déclarées. Les expéditeurs réclamaient la valeur intégrale; la compagnie répondait que les valeurs lui ayant été dissimulées, elle n'avait pas été à même de prendre les mesures exceptionnelles qu'elle prescrit à ses agents pour ces sortes d'objets. L'expéditeur répliquait que rien ne doit se perdre en chemin de fer ; que si, par erreur, il n'avait pas fait la déclaration, il s'offrait à payer l'excédant de prix porté aux tarifs, mais que la compagnie était débitrice des objets confiés.

Lorsqu'il s'agit de valeurs renfermées dans les bagages accompagnant le voyageur, nous avons vu que la compagnie était responsable de la valeur intégrale. Là, la loi n'exigeait pas la mention de la contenance des colis. Selon nous, le voyageur était parfaitement libre de renfermer dans sa malle ce que bon lui semblait, sans payer de taxe plus élevée.

Mais, ici, la nature de la marchandise étant une des bases des tarifs, par suite des soins différents qu'elle peut commander, l'expéditeur frauduleux cause à la compagnie un préjudice dont il lui doit réparation (le prix réel du tarif), et, de plus, il se rend coupable d'une faute lourde en induisant la compagnie en erreur, et, par là, en l'entraînant à ne pas accorder au colis les soins qu'il exigeait.

Cette faute lourde dégage la compagnie de sa responsabilité. Mais la décharge-t-elle complétement? Évidemment non! Il ne faut jamais toucher à ce principe : rien ne doit se perdre dans les hôtels ni dans les chemins de fer. Sauf les cas de force majeure, une compagnie n'est jamais complétement excusable de la perte d'un objet confié à ses soins.

Sa responsabilité est donc seulement amoindrie. Dans quelle mesure? Les magistrats apprécieront d'après les circonstances.

CHAPITRE VII

Vices cachés des colis. — Substances insalubres.

La marchandise a été apportée en gare ; elle a été enregistrée. L'employé a remis le récépissé, ou la lettre de voiture a été acceptée, l'expéditeur peut-il alors vivre sans soucis sur le destin de ses colis?

Le commerçant est condamné à une anxiété perpétuelle. Non-seulement le déchirant tableau de ses caisses broyées, de sa marchandise éparse sur la voie, viendra agiter son sommeil, mais encore le lendemain, à son réveil, il recevra peut-être une lettre ainsi conçue (1) :

« Monsieur, les caisses et tonneaux que vous avez envoyés hier ne sont pas partis. Au moment de les charger, nous nous sommes aperçus que leur solidité était équivoque. Bien plus, en les maniant même avec ménagement, l'un d'eux s'est entr'ouvert et a laissé dégager une odeur putride, nauséabonde, qui a fait fuir les plus braves. Les employés du chemin de fer n'ont pas perdu, en endossant l'uniforme, l'organe de l'odorat. En conséquence, monsieur, il nous est impossible de transporter vos engrais, trop peu inodores. Veuillez nous débarrasser, au plus vite, de ce contact inexpressible, et nous payer les frais que cette expédition avortée nous a causés. »

A cette lecture, l'infortuné négociant se lève effaré, s'habille à la hâte et court... où? il n'en sait trop rien. Comment faire évanouir l'anathème que la compagnie vient de jeter sur sa marchandise? Comment va-t-il prouver que sa marchandise était en bon état, qu'il a fallu un choc violent pour disjoindre le tonneau? etc.

____

(1) Un fait semblable est arrivé dernièrement à un honorable fabricant d'engrais du clos Pompadour.

Qu'il se rassure. Sa position est bien moins embarrassante que celle de l'expéditeur dont on refuse les colis. (V. plus haut.) Les colis ont été acceptés et enregistrés. Ils sont par là même réputés avoir été remis en bon état. Ce n'est plus à l'expéditeur à prouver que ses colis sont suffisamment armés contre les dangers de la route, c'est à la compagnie à prouver que l'expéditeur l'a trompée, et que la cuirasse des colis était insuffisante. Elle est astreinte, pour dégager sa responsabilité, à établir l'erreur, le dol et la fraude. L'expéditeur n'a qu'à se défendre.

Si la compagnie, contrairement à ses engagements, ne transporte pas les colis, alors, que l'expéditeur l'assigne. Force sera à la compagnie d'apporter les preuves de l'impossibilité dans laquelle elle s'est trouvée d'exécuter la convention. Sauf les cas d'erreur, dol, fraude ou de force majeure, sa condamnation est certaine.

CHAPITRE VIII

Durée des transports par grande et petite vitesse. — Transports effectués par plusieurs compagnies.

Pour les expéditeurs éloignés, il est utile, afin d'éviter des mécomptes, de connaître les heures précises auxquelles ils peuvent apporter aux gares leurs colis.

1° Les marchandises en grande vitesse devront êtr
présentées trois heures avant le train qui doit les porte
à destination.

Quel sera ce train ?

Ce sera le premier train qui réunira les trois conditions suivantes :

Trains de voyageurs contenant des voitures d
toutes les classes, correspondant avec la destinatio
de la marchandise ;

Les trains-post et express, qui ne se composer
presque jamais que de premières, ne transportent don
pas de marchandises en grande vitesse.

Les cahiers des charges qui exigent la présentatio
des marchandises trois heures avant le départ du trair
omnibus, édictent pour les compagnies un droit et no
une obligation. Je m'explique :

La compagnie aura le droit d'ajourner l'expéditio
présentée trop tard, mais rien ne l'empêchera,
elle a du temps de reste, de la faire partir par l
premier train.

Trois heures ont été accordées pour éviter l'encom
brement ; mais les compagnies mésuseraient de leu
droit, si elles refusaient d'expédier un colis retarda
taire uniquement parce que leurs cahiers des charge
leur concèdent cette faculté. De même, il serait ridicul
d'ajourner une expédition urgente, parce que l'expéd
teur serait arrivé un peu moins de trois heures avai
le départ.

Dans les gares, comme ailleurs, il est des maxim
de droit commun qu'il faut respecter. Une rigueur e

cessive recevra toujours une réprobation unanime : *summum jus, summa injuria*.

2° En ce qui concerne la petite vitesse, les colis seront expédiés aux chemins de fer du Nord, Lyon, Orléans dans le jour, à l'Est et Ouest dans les deux jours qui suivront la remise.

Pourquoi cette différence? Les employés de telle compagnie sont-ils moins aptes au chargement des marchandises que les employés de la compagnie voisine? Celle-ci est-elle plus encombrée que celle-là? J'ai cherché le motif et ne l'ai pas trouvé.

La marchandise, une fois partie, doit parcourir 125 kilomètres par vingt-quatre heures.

Les colis seront mis à la disposition du destinataire dans le jour qui suivra leur arrivée en gare.

Ici se présente une question d'un puissant intérêt pour le commerce.

La marchandise ne voyage pas seulement sur une seule ligne, elle passe quelquefois entre les mains de plusieurs compagnies avant d'arriver à destination.

Au point de départ, la compagnie, usant de son droit, laisse les marchandises deux jours en gare. Puis, vingt-quatre ou quarante-huit heures après, elle les remet à la compagnie intermédiaire qui doit continuer le transport; celle-ci use aussi du droit de les conserver deux jours en gare avant de continuer son voyage.

De cette façon, la marchandise, pour franchir 200 kilomètres sur deux lignes différentes, aura séjourné 4 jours en gare, 2 jours de parcours, 1 jour en gare à l'arrivée. Total. 7 jours, pour faire 50 lieues.

Les messageries accélérées d'autrefois marchaient une fois plus vite. J'ai connu des commerçants qui ont subi des pertes notables par suite d'une lenteur aussi désespérante.

Mais la compagnie intermédiaire, qui laisse stationner les marchandises deux jours dans sa gare, use-t-elle ou mésuse-t-elle de son droit? et même a-t-elle ce droit?

Nous pensons qu'en effet le prétendu droit de la compagnie intermédiaire est complétement chimérique. Le cahier des charges, selon nous, n'a accordé les deux jours qu'au point de départ. Un convoi de marchandises ne se compose pas en un instant. Les arrivages ne sont pas réguliers. Nul ne peut prévoir, le matin, l'encombrement du soir. Telles sont les raisons qui ont fait concéder aux compagnies un délai pour le départ de la marchandise.

Assurément, ces raisons disparaissent pour la compagnie intermédiaire. Grâce aux relations constantes, grâce au télégraphe électrique, elle sait d'avance qu'à tel jour, à telle heure, il arrivera tant de wagons en destination pour sa ligne. Les précautions ont donc pu être prises à l'avance. Il ne s'agit pour elle que d'un simple transvasement de wagon, d'un travail de quelques heures. Le départ ne doit pas être retardé.

Le législateur n'a jamais pu entendre qu'une expédition par le chemin de fer serait plus lente que l'expédition par les anciennes voitures accélérées.

CHAPITRE IX

e qui peut arriver pendant le trajet. — Histoire des vins du
prince d'Essurp.

Les colis, comme les humains, sont exposés à mille
idents.

Une loi fatale a gravé sur toutes les choses de ce
nde le mot : fragile. Le code de la voie ferrée n'a
abrogé la loi naturelle. Autant qu'il était possible,
cherché à diminuer un genre d'accident fréquent en
pays. Je veux parler des vols. En retracer l'his-
e serait besogne longue et fastidieuse. En toute jus-
, il faut reconnaître que les vols ne sont pas trop
quents, si l'on considère le grand nombre des en-
yés.

Entre toutes les anecdotes recueillies, la plus cu-
se est celle des vins du prince d'Essurp. Est-ce un
te, est-ce une histoire véritable? J'opine pour un
te. Quoi qu'il en soit, il renferme une question de
it, le voici :

Parmi les rois du monde, le prince d'Essurp était
-renommé pour la perfection dont la nature avait
é l'un de ses cinq sens.

l avait l'organe du goût d'une sensibilité sans pa-
le. Pas un dégustateur de la capitale n'eût osé lut-
avec Sa Majesté sur la science des vins, l'excellence

des crus, l'art de la conservation, de la mise en bou
teille et du transvasement.

Pour assurer au service de sa table une supériori
digne de lui, le prince avait acheté d'avance les pro
duits des clos les plus renommés. Il attachait surtou
un haut prix à un certain vin d'Engapmach. Sa Majes
tenait même ce cru en si haute estime, qu'en traita
avec le propriétaire, elle exigea que jamais une seu
bouteille ne serait vendue au public. Ainsi, ce v
d'Engapmach ne pouvait être savouré qu'à la cour
prince.

Pour arriver à cette cour, le vin prenait la route
fer. Bien vive était la convoitise des employés sup
rieurs et inférieurs, en voyant passer les caisses cont
nant le fameux vin du prince d'Essurp.

« Dire que nous n'en boirons jamais! disait l'un.
Jamais, jamais! » répétaient les autres, et une profon
tristesse était peinte sur tous les visages.

Un employé supérieur, doué d'un organe perfe
tionné, comme celui du prince, souffrait plus que
autres, chaque fois qu'apparaissaient les colis ple
de promesses.

La première année, il tint bon; la seconde, son c
ractère s'aigrit; goûter le vin du prince d'Essurp d
vint chez lui une idée fixe. A la fin, quand il voy
s'éloigner le train possesseur des flacons aux ivress
royales, il devenait plus furieux qu'un poëte qui v
s'envoler son idéal.

La tentation avait dépassé les forces humaines!
prochain envoi, il força une caisse et enleva 25 bout

les. Cependant, ne voulant pas se rendre coupable d'un vol, il écrivit à l'expéditeur pour lui annoncer la disparition... inouïe... dont il recherchait, disait-il, vainement l'auteur. Puis il offrait de payer aussitôt le prix des objets disparus.

L'expéditeur, qui était peut-être enchanté de voir son vin goûté par ses compatriotes, se tut et fixa le prix qui fut payé intégralement.

Je laisse à penser la joie de notre gourmet! Comme une qualité en appelle une autre, il ne se montra pas égoïste : ses amis furent invités. Dieu sait combien de toasts furent portés à la santé du prince d'Essurp, et combien exquis fut trouvé le fruit défendu!

J'ignore si, dans le royaume du bon prince, le détournement et le payement des bouteilles étaient qualifiés délit, contravention ou fraude civile.

Aux yeux du gourmet, rien de condamnable dans son action. Il l'appelait vente forcée, voilà tout.

En France, il faudrait se garder d'imiter un tel exemple. Malgré le payement fait à l'expéditeur, malgré le silence du destinataire, la loi et la jurisprudence qualifieraient le susdit acte de vol. Il en renferme en effet les trois conditions.

Il serait seulement tenu compte du payement à titre de circonstance atténuante.

Un expéditeur français auquel semblable mésaventure arriverait n'aurait qu'à la dénoncer au ministère public. Les délinquants seraient à l'instant l'objet d'une poursuite.

La prudence est fille du danger. Puisque tout colis

est exposé à disparaître par vol ou accident, il faut d'
vance prévoir sa perte et se mettre en mesure d'obt
nir, en cas de malheur, une indemnité complète.

Souvent l'évaluation du dommage n'entraînera a
cun conteste ; quelquefois la nature spéciale de la ma
chandise perdue rendra l'estimation fort difficile.

La valeur vénale et la valeur réelle présentent
maintes circonstances des différences considérables.
premier instrument d'un inventeur peut renfermer u
fortune entière. Tel manuscrit sera le produit de vin
ans de labeur.

Pour ces colis si précieux, l'expéditeur intellige
mentionnera sur la lettre de voiture ou sur le colis
valeur approximative. Elle servira de point de dépa
au calcul des dommages-intérêts. Sans doute, el
n'exclura pas les contestations, pas plus que le chif
d'une police d'assurance n'étouffe les discussions apr
le sinistre. Cependant, son influence sera notal
sur la fixation de l'indemnité.

CHAPITRE X

Arrivée des marchandises. — Lettres d'avis. — Mise en demeu
— Ses effets.

La marchandise doit être mise à la disposition
destinataire le lendemain du jour de son arrivée.

Comment le destinataire sera-t-il averti ? Par une lettre d'avis.

Si la lettre ne parvient pas à son adresse, et que le destinataire ne vienne pas en prendre possession, qu'adviendra-t-il de la marchandise ?

Elle restera en dépôt à la gare, et la compagnie, conformément à ses cahiers des charges, prélèvera une légère prime par chaque jour de magasinage. Les frais de magasinage frappent la marchandise qui n'a pas été enlevée dans les quarante-huit heures, à partir de la remise à la poste de la lettre d'avis adressée par la compagnie au destinataire.

Pour éviter les frais de garde au destinataire, on comprend combien il est important qu'il soit averti sans possibilité d'erreur.

Le seul moyen d'obtenir ce résultat, serait d'avertir le destinataire par lettre chargée : le commerce approuverait fort cette innovation. Elle mettrait fin à une foule de discussions et de difficultés souvent réelles.

Les lettres d'avis réclament d'autres améliorations.

La plupart contiennent le *bon à livrer*. Pour prendre livraison de la marchandise, le destinataire signe le bon à livrer et renvoie la lettre, soit par la poste, si le transport à son domicile doit s'exécuter par le camionnage du chemin de fer, soit par son voiturier s'il veut faire lui-même son camionnage.

En rendant son bon à livrer, le destinataire se dessaisit en même temps de la lettre d'avis. Or, qu'il surgisse des difficultés sur les frais de magasinage, etc., le

destinataire est dépouillé de son titre unique, qui fixe
ses droits : la lettre d'avis.

Des personnes compétentes ont depuis longtemps
réclamé contre cet abus, et ont proposé de séparer la
lettre d'avis du bon à livrer. Il serait bien facile de
disposer ces deux titres, de façon à ce que le bon à
livrer puisse se détacher de la lettre d'avis.

Que de temps et de réclamations exige une amélioration minime !

Le droit de magasinage a servi, dans ces derniers
temps, à combattre une bizarre prétention des compagnies. Un destinataire n'avait pas pris en temps con-
venable livraison de sa marchandise. Survint un incendie qui dévora le magasin et son contenu. Alors, la
compagnie, pour dégager sa responsabilité, soutint
que la mise en demeure adressée au destinataire de
prendre livraison de la marchandise la plaçait aux risques et périls de ce dernier. Par suite, elle se refusait à
payer des dommages-intérêts.

Cette prétention, admise d'abord par quelques tribunaux, fut bien vite rejetée par les cours. La compagnie est dépositaire nécessaire, responsable même
après le refus du destinataire. La responsabilité qu'
l'enveloppe, au moment où la marchandise entre en
gare, ne disparaît que le jour où elle en sort, soit par
la livraison effective, soit par la vente publique autorisée par la loi. (Voy. livre XI.) — Les droits de
magasinage qu'elle prélève sont fondés sur ces principes.

CHAPITRE XI

Même sujet. — Transport à domicile.—Camionnage.

Une marchandise peut être adressée à une personne, en gare, ou au domicile même du destinataire.

1° Si la marchandise doit être livrée au domicile même du destinataire, le chemin de fer charge son camionneur d'effectuer ce transport, moyennant un supplément de prix.

Dans quel délai ce transport doit-il avoir lieu? Pour la grande vitesse, les cahiers des charges exigent que les colis soient mis à la disposition des voyageurs deux heures après l'envoi en gare. Si l'envoi est adressé au domicile du destinataire, l'équité indique que la voiture du camionneur doit partir de la gare dans le même délai, c'est-à-dire dans les deux heures.

Aux gares où il n'existe pas de camionnage, il faut recourir à la lettre d'avis. Quand devra-t-elle être mise à la poste? Pour les mêmes raisons, on doit décider que la lettré doit être mise à la poste dans les deux heures de l'arrivée.

2° Lorsque l'envoi est parvenu par la petite vitesse, si la lettre de voiture indique la remise à domicile, le camionnage devra s'effectuer dans le délai fixé pour la livraison en gare, c'est-à-dire le lendemain du jour de l'arrivée.

Les livraisons à domicile ont donné naissance à
nombreux procès. Notons les difficultés les plus h
bituelles.

Paul adresse à Pierre, restaurateur à Orléans, de
caisses de pièces montées. Ces comestibles doiv
composer la partie principale d'un banquet que des ge
de bon goût s'offrent mutuellement pour occuper le
loisirs de province.—Les deux caisses portent sur le
adresse cette suscription : *En gare*. L'employé n
perçoit pas ces mots, les caisses sont chargées su
fourgon et arrivent juste à point chez Pierre. Outre
prix de transport, l'employé réclame le prix du c
mionnage. Pierre refuse. L'employé reprend ses cais
et jure que, dussent les convives crever de dépit, il
livrera les caisses qu'après facture payée.

Position bien embarrassante pour Pierre. Il est cl
qu'il ne doit pas le prix du camionnage, puisque
caisses lui étaient adressées en gare. Mais l'emplo
offre une résistance qui ne cessera peut-être que p
ordre de justice. Or, un procès ne se vide pas
une heure, et les convives attendent et ne boud
pas sur une illusion gastronomique trompée. Une re
source s'offre : payer le camionneur en faisant d
réserves, puis attaquer la compagnie en rembours
ment de la somme indûment payée. — Fort bie
mais voici les obstacles qui surgissent. Où attaquer
compagnie ? à Orléans ? Non pas ; du moins telle est
prétention que celle-ci élève. Elle entend n'être jug
qu'à Paris. Or, faire un voyage à Paris, et plaider po
1 fr. ou 2 fr., serait une fort mauvaise spéculation.

Aussi Pierre, en homme prudent, courbe la tête sous le destin mauvais, se gratte l'oreille et solde, en grommelant, la facture de l'employé. (Voy. *Compétence*, livre XIII.)

Autre position critique.

Le ciel est pur, le soleil chaud, la brise parfumée, et cela par un dimanche, jour du repos. Le magasin a été fermé à la hâte, et patron, femme, enfants, commis, tous sont partis s'épanouir à la campagne. Pendant ce temps, arrive de la gare un superbe chargement de coton ou d'indigo, de suif ou de sucre, il n'importe! Le camionneur frappe, sonne, brise la sonnette, sans obtenir de réponse. Il s'en retourne, et le lendemain le voici qui revient. Mais, au lieu d'un seul prix de camionnage, il en réclame deux. L'honorable patron répond qu'étant la veille à la campagne, il ne pouvait être chez lui, et refuse de payer le double prix de camionnage. De là procès.

Un procès est une planète qui marche rarement sans satellites. En effet, à côté de ce conflit en apparaît un autre qui se rattache au premier. Pendant le déchargement, on s'aperçoit que certaines marchandises sont avariées, et le destinataire réclame du chemin de fer une indemnité. La compagnie s'y refuse et prouve que les marchandises ont été avariées par suite du double chargement et déchargement, occasionnés par la fermeture de la boutique le dimanche.

Que décider? Le destinataire est-il toujours obligé d'être chez lui pour attendre des marchandises?

Les avaries, causées pendant le double trajet du

camionneur, doivent-elles retomber sur le destinataire
qui la veille ne s'est pas trouvé chez lui ?

Le camionneur du chemin de fer peut-il, à toute heure
du jour et de la nuit, sonner à votre porte pour vous
faire prendre livraison?

Ces diverses questions doivent être résolues par
principe de réciprocité.

Les gares de marchandises sont ouvertes de telle
heure à telle heure. Réciproquement le destinataire est
censé aux mêmes heures se trouver chez lui, et s'il n'y
est pas, il payera le nouveau camionnage. Au delà de
ces heures un destinataire, s'il ne peut prendre livraison, ne devra pas subir le double prix du camionnage.

Egalement le dimanche, les gares sont fermées à
midi, pourquoi les magasins ne jouiraient-ils pas du
privilége de se fermer à la même heure?

Quant aux avaries causées par ces doubles transports, elles ne peuvent retomber en principe sur le destinataire. Dépositaire nécessaire, et sachant très-bien
se faire payer soit les frais de camionnage, soit les frais
de magasinage, la compagnie reste toujours responsable, hors les cas de force majeure.

CHAPITRE XII

Prix plus élevé que celui fixé par le tarif.

Si le peuple français n'était pas ennemi des procé

le payement du prix de transport aurait donné naissance à vingt mille procédures.

Il n'est pas une maison de commerce, assujettie à
des expéditions fréquentes par la voie ferrée qui n'ait
été placée dans la perplexité suivante :

La marchandise arrive. La taxe demandée est plus
élevée que celle exigée la veille pour le transport d'une
marchandise semblable. Que faire? Discuter avec le
chef de gare? Il n'a pas mission de contrôler l'exactitude du prix porté à la lettre de voiture.

Refuser la marchandise jusqu'à la fin du litige? Le
commerce n'attend pas; la marchandise est déjà vendue avant d'être déballée.

La recevoir et faire ses réserves sur le prix du transport?

La réclamation va entraîner des lenteurs, exiger
des missives, des voyages, une perte de temps.

Intenter un procès?

Si le destinataire est éloigné du siége social de la
compagnie, celle-ci déclinera la compétence du tribunal du destinataire. Les frais d'un procès à une grande
distance font reculer les plus mécontents.

Le mal est sérieux, et la complication des tarifs ne
tendra qu'à l'augmenter.

Au livre XIII, *De la compétence*, nous énumérons les
précautions et les moyens légaux à suivre pour sauver
les destinataires de ces préjudices incessants dont ils
sont les victimes.

CHAPITRE XIII

Même sujet. — Le chapitre mystérieux des créances diverses.

A***. — Je voudrais bien pouvoir étudier les livres de comptabilité des chemins de fer.

B***. — Vous êtes bien curieux !

A***. — Pas trop. Seulement, voyez-vous, j'imagine que leurs livres doivent contenir des choses bien intéressantes.

B***. — Sur quoi donc, s'il vous plaît ?

A***. — Mais,... sur ceci, sur cela,... notamment sur les taxes indûment perçues.

B***. — Qu'entendez-vous par ces paroles ?

A***. — J'entends ce que tout le monde entend. Les compagnies se trompent souvent ; elles ne sont pas plus infaillibles que le reste des humains. Or, quand elles ont perçu 25 fr. alors qu'elles ne devaient en exiger que 22, qu'advient-il de ces trois francs ?

B***. — Ainsi que toute maison de commerce, chaque compagnie a son chapitre *des créances diverses* ; elle porte la somme indûment perçue à ce chapitre.

A***. — Alors quand le contrôle s'aperçoit (ce qui arrive chaque jour) qu'un voyageur, ayant perdu son billet, a été forcé de payer deux fois, la susdite somme est portée au susdit chapitre ?

B***. — Sans doute.

A***. — De même dans les expéditions de marchandises pour les taxes mal appliquées?

B***. — Sans contredit!

A***. — Voudriez-vous m'expliquer ce qu'on fait de toutes ces sommes?

B***. — Parbleu! on les met dans la caisse.

A***. — On ne les rend pas à ceux auxquels elles appartiennent?

B***. — On les rend si elles sont réclamées; on les garde si le voyageur ou l'expéditeur reste silencieux.

A***. — Je trouverais plus poli et plus juste que la compagnie ne forçât pas son créancier à se déranger, et qu'elle n'attendît pas la réclamation pour lui rendre son argent.

B***. — Cela coûterait des ports de lettres.

A***. — Et la compagnie est économe, n'est-ce pas?

B***. — C'est son droit.

A***. — Avertit-elle au moins le créancier qu'elle tient l'argent à sa disposition?

B***. — Non, non! Elle attend.

A***. — Toujours les ports de lettres!

B***. — D'abord, s'il s'agit d'un voyageur qui a payé deux fois, elle ne peut le connaître, son nom n'étant pas sur le billet.

A***. — Et, dans ces circonstances, les agents n'auraient pu prendre la précaution d'inscrire son nom?

B***. — Oh! oh!

A***. — Mais, pour l'expéditeur, il en est autrement : elle possède son nom et son adresse.

B***. — C'est vrai ; mais ce travail exigerait quelques employés de plus, outre les ports de lett

A***. — Ah! oui! j'oubliais les ports de lettres

B***. — Cependant la compagnie du Nord agit
féremment depuis quelque temps; elle écrit aux e
diteurs.

A***. — C'est un acte de justice de sa part.

B***. — Elle a longtemps balancé à créer un se
spécial au fameux chapitre; mais enfin elle s'y es
cidée en faisant ce grave raisonnement.

A***. — Voyons ce raisonnement.

B***. — Elle s'est dit: «Mes employés se trom
tantôt en plus, tantôt en moins. Quand ils se trom
en moins, et que j'adresse une réclamation à l'ex
teur, celui-ci me rit au nez en me disant : — Hier
vous êtes trompés à votre avantage et ne m'avez
rendu ; aujourd'hui la fortune a tourné, tant pis
vous! Faire des procès serait trop coûteux ; agisso
trement, rendons au négociant ce qu'il a payé de
hier ; demain, si nous lui réclamons une taxe oul
il ne la refusera pas. »

Et, depuis lors, elle se trouve très-bien de so
de justice.

A***.—Acte de justice, je le vois, très en harr
avec ses intérêts. — Néanmoins je la félicite. —
les autres compagnies ne font rien pour rembo
leurs créanciers silencieux.

B***. — Mon Dieu, non! L'exemple de la comp
du Nord n'a pas encore été suivi..... Tout ne s
pas en un jour..... mais à quoi songez-vous donc?
ne m'écoutez pas.

A***. — Je me demandais pourquoi le mystérieux chapitre restait ainsi dans l'ombre, au lieu d'être publié chaque semaine dans les journaux, comme agit la préfecture de police relativement aux objets perdus.

B***. — Oui... je sais bien... La Belgique agit de même pour les objets perdus dans les chemins de fer, mais...

A***. — Dites-donc! Les compagnies encaissent donc chaque année un peu d'argent qui ne leur est pas dû? Bref, elles présentent à leurs actionnaires de l'argent... qui n'est pas tout à fait le leur, et cela... sans... vous comprenez... sans... agitation de conscience!

B***. — Hum! c'est si peu de chose!

A***. — Ma foi! c'est égal! la chose est drôle!

B***. — Comment! drôle?

A***. — Oui, très-drôle!

B***. — Qu'entendez-vous par ces paroles?

A***. — Baste! il se fait tard aujourd'hui. Bonsoir! Nous en causerons un autre jour.

CHAPITRE XIV

Si les chemins de fer répondent des avaries de route.

A notre époque, les imprimeurs font leur besogne avec tant de célérité, qu'il s y glisse infailliblement une foule d'erreurs. C'est sans doute à une distraction de

16.

prote qu'il faut attribuer la phrase suivante, que to[ut]
le monde a lue dans une foule d'imprimés répand[us]
par les compagnies :

« La compagnie ne répond pas des avaries [de]
route ! »

Il est évident que l'on a voulu mettre : « La comp[a-]
« gnie répond des avaries de route. »

Le contraire serait une violation manifeste de la l[oi.]
Une compagnie ne peut pas, quelque riche et puissan[te]
qu'elle soit, se débarrasser, de son plein gré, des ob[li-]
gations du droit commun.

Sans doute, les contrats peuvent varier à l'infini d'[a-]
près les conventions des parties, pourvu toutef[ois]
qu'ils ne tentent pas de violer un principe d'ord[re]
public. Or, nous avons déjà souvent rappelé la r[es-]
ponsabilité spéciale qui incombe aux aubergist[es,]
voituriers, chemins de fer, etc. Il n'est pas permis [d']
échapper de sa propre autorité.

Une désastreuse anarchie désolerait bientôt les re[la-]
tions commerciales, s'il en était autrement. Aussi, tou[tes]
les législations avancées consacrent-elles ce princi[pe]
primordial : Tout homme répond de son fait. Comme [les]
compagnies ne peuvent répondre que de leur fait, [il]
leur est impossible, sur ce point, d'amoindrir ou de fa[ire]
disparaître, de quelque manière que ce soit, leur re[s-]
ponsabilité.

La phrase que nous venons de citer plus haut n'e[st]
pas sacramentelle. Les versions varient. Ainsi, pl[u-]
sieurs portent : « La compagnie ne répond pas des d[é-]
chets ou avaries de route. »

Si l'on entend pas ces mots les pertes ou détériorations légères que certaines marchandises subissent nécessairement par un transport quelconque, alors la phrase n'a plus de sens. Nul ne peut répondre d'un accident qu'il ne peut éviter, par suite du vice propre de la chose ou de la force majeure. (108, C. Com.) Une explication semblable est donc inadmissible. Elle conduirait à penser que les rédacteurs de la clause savaient écrire sans rien dire.

La véritable explication est malheureusement celle que nous avons donnée. C'est un mauvais tour qu'un prote mécontent aura voulu jouer aux compagnies, en glissant la plaisante négation. Les compagnies ne tarderont pas à s'en apercevoir et nous espérons que bientôt le malencontreux article sera effacé.

CHAPITRE XV

Réception de la marchandise. — Constatation des avaries.

Les compagnies ne remettent la marchandise au destinataire que quand ce dernier signe le bon à livrer, c'est-à-dire a remis un acquit.

Les colis livrés, le destinataire déchire l'enveloppe, démonte la caisse, etc., et vérifie l'état de la marchandise. S'il constate des avaries, il réclamera ; mais la compagnie va répondre avec l'article 105 du Code de

commerce que le recours contre elle est impossib[le]
dès que les objets ont été reçus et le prix de la voit[ure]
payé.

S'armer ainsi du texte de la loi pour violer l'équ[ité]
eût été une calamité pour le public. Aussi, dans [les]
nombreux procès sur la question, les tribunaux ont
toujours déclaré que le destinataire n'avait rien pe[rdu]
de son droit par le seul fait du payement du prix [du]
transport. Dès que la vérification antérieure est
possible, le destinataire n'est pas déchu de son reco[urs.]

Mais quand, comment, en présence de quelles [per]
sonnes, doit se faire la vérification?

Si elle a lieu sans témoins, hors la présence de l'[em]
ployé du chemin de fer, la compagnie soutiendra [que]
l'avarie n'est pas son fait et accusera le destinat[aire]
d'en être l'auteur.

Il est donc de la plus haute importance pour le [des]
tinataire de vérifier l'état de la marchandise avec [des]
précautions qui rendent impossibles des allégat[ions]
semblables de la part de la compagnie.

Si la livraison s'effectue au domicile du destinat[aire,]
celui-ci devra exiger que l'employé assiste au dé[bal]
lage et dresse avec lui un état des avaries constat[ées.]

Je suppose que l'employé s'y refuse.

Le destinataire suivra alors les prescriptions de [l'ar]
ticle 106 du Code de commerce :

« En cas de refus ou contestation pour la réce[ption]
des objets transportés, leur état est vérifié et con[staté]
par des experts nommés par le président du trib[unal]

de commerce, ou, à son défaut, par le juge de paix, et par ordonnance au pied d'une requête. »

Il arrive que le camionneur dépose chez le concierge des colis, en l'absence du destinataire. Ce dernier, à son retour, s'aperçoit que l'extérieur des colis est dans un état de mauvais augure. Qu'il se garde alors d'opérer la vérification ! qu'il mande des employés du chemin de fer. A leur défaut, qu'il ait recours à la procédure de l'article 106.

Quand la livraison s'effectue en gare, il faut vérifier l'état de la marchandise sous les yeux des employés. Si cet examen était rendu difficile à la gare ou trop dispendieux, le destinataire devrait prier le chef de gare de faire accompagner ses colis jusqu'à son domicile par un employé.

Rappelons pour mémoire que tout refus, mauvais vouloir, etc., doit être transcrit à l'instant sur le registre des réclamations.

CHAPITRE XVI

Marchandises remises au destinataire dans un autre lieu que celui indiqué par la lettre de voiture.

Nous avons dit que la Compagnie doit se conformer rigoureusement aux prescriptions de la lettre de voiture. Elle doit livrer la marchandise à domicile, quand la

lettre de voiture indique ce mode de livraison. Elle n'
jamais fondée à la faire sortir de la gare, si la lettre
voiture porte : *livrer en gare.*

Pendant que la marchandise voyage, elle peut re
contrer le destinataire qui voyage de son côté, et c
peut-être a eu intérêt à venir au devant-d'elle.

Le destinataire pourra-t-il exiger la livraison imm
diate et mettre ainsi fin au voyage de sa marcha
dise ?

Sans doute. La compagnie a reçu un ordre
transport ; elle reçoit un contre-ordre, elle doit
conformer.

Pourvu que l'identité du destinataire soit certai
la compagnie n'a rien à objecter. Elle livre la marcha
dise, reçoit le prix du transport : sa mission est te
minée.

Voici une situation plus délicate : M. A***, de
tinataire, a deux domiciles. La compagnie se tron
et adresse les colis à M. A***, à *Clermont-Ferrand*, t
dis que la lettre de voiture portait à M. A***, à *Arva*
Cette erreur entraîne une catastrophe pour M. A*
L'expédition, par exemple, consistait en denrées
devaient être vendues dans les vingt-quatre heure
un marché.

M. A*** actionne naturellement la compagnie. Cel
ci répond qu'il n'y a pas eu d'erreur sur le desti
taire ; qu'on a interverti le domicile, il est vrai, m
que le représentant du destinataire (son concierge
commis) a accepté la livraison ; qu'ainsi tout reco
contre elle est inadmissible.

Qu'adviendra-t-il de ces débats? Selon nous, la compagnie devra être condamnée.

Les prescriptions de la lettre de voiture devaient être exécutées avec la rigueur d'une consigne. La compagnie avait pris l'engagement de livrer la marchandise à tel lieu, et non pas à tel autre, et s'il en est résulté un préjudice, elle en est responsable.

Nous n'admettons d'exceptions à cette règle que dans le cas où le destinataire ou l'expéditeur donne contre-ordre sur le lieu de destination.

Dans l'exemple que nous avons cité plus haut, du destinataire qui rencontre sa marchandise en route, arrête son voyage et se la fait livrer, nous avons supposé qu'il s'agissait du destinataire en personne, ou de son représentant muni à cet effet d'un pouvoir spécial.

CHAPITRE XVII

Refus de la marchandise par le destinataire.

Le refus pur et simple de la marchandise intervertit les rôles. A l'inverse de ce que nous avons dit dans le chapitre précédent, la procédure édictée dans l'article 106 (C. Com.) sera entamée par la compagnie. Sur sa poursuite, le Président du tribunal de commerce ou le juge de paix pourra ordonner le séquestre ou dépôt de la marchandise, ou encore son transport dans un lieu public.

La vente pourra être ordonnée en faveur de la co
pagnie jusqu'à concurrence du prix de la voiture.

Les difficultés de compétence, si délicates dans
autres cas, se simplifient dans cette situation. (V
livre XIII, *Compétence.*)

Les nombreux ouvrages qui ont traité des privilé
des voituriers de chemin de fer nous dispensent
tout commentaire.

LIVRE X

TRANSPORT DES ANIMAUX

CHAPITRE 1ᵉʳ

Considérations générales. — Le transport par les chemins de fer
offre-t-il des avantages sur l'ancien mode de conduite des animaux à petites journées?

Le transport des animaux par le chemin de fer intéresse à un haut degré l'agriculture, l'industrie et
l'hygiène publique.

Expéditeurs, destinataires, consommateurs, tout le
monde, en un mot, doit s'enquérir de l'état dans lequel
arrivent dans nos cités les animaux qui composent
notre principale substance alimentaire.

Il ne faut pas craindre de l'avouer, des négligences
inouïes, des impérities incroyables, ont jusqu'ici transformé le bien en mal.

Les chemins de fer ont à ce point oublié leur mission de progrès et d'humanité à l'égard du transport des animaux, que des esprits distingués ont cru devoir examiner si ce mode de transport ne devait pas être abandonné, dans l'intérêt général.

Dans un très-remarquable mémoire, le docteur Bertherand (de Lille) met en parallèle l'ancien et le nouveau mode de transport, et en déduit les considérations suivantes :

« Certes, dit-il, le transport par les chemins de fer offre de grands avantages sur la conduite des animaux à petites journées ; en effet, la voie ferrée, incomparablement plus économique, supprime tout d'un trait les conséquences graves de fatigues excessives, de marches rendues pénibles par le mauvais état des chemins, par des temps affreux, et dont l'accident le plus fréquent était l'inflammation aiguë du pied et souvent aussi des affections charbonneuses. C'est ainsi que la statistique des bœufs et vaches morts de 1845 à 1849, à Paris, après y avoir été conduits aux marchés par les routes et voies vicinales, a prouvé que ces animaux généralement surmenés, exténués, succombaient dans les quatre premiers jours de leur vente.

« Mais si le chemin de fer obvie radicalement à l'exagération des fatigues de la marche ; s'il supprime, en même temps les mauvais traitements dont les bestiaux étaient victimes, si, en abrégeant la longueur et le nombre des étapes, il a diminué les inconvénients d'une mauvaise et insuffisante nourriture pendant une pénible route, il ne faut pas se dissimuler que ce nouveau mode de transport offre d'autres désagréments et peut-être des dangers. Ainsi :

« 1° Il supprime les avantages d'un degré modéré d'exercice, de douce fatigue, conditions toujours regardées comme rendant la viande plus tendre, plus savoureuse ;

« 2° Il a l'inconvénient, par la mauvaise disposition actuelle des wagons, de ne pas permettre aux animaux pendant un trajet, parfois assez long, de satisfaire la soif et la faim, et de les exposer à des contusions, à des lésions plus ou moins graves ;

« 3° Enfin, il détermine dans leur état général de nutrition, dans les fonctions de sécrétion (lait), des troubles assez profonds, assez notables pour que l'amaigrissement s'ensuive, fait qui doit avoir des conséquences d'autant plus sérieuses que ces animaux, avant d'être expédiés, viennent de subir l'engraissement le plus complet, au moyen des conditions les plus avantageuses sous le rapport de la quantité et de la qualité des ressources alimentaires. »

Ainsi, il y a doute ; et pourquoi? La cause provient-elle de la nature même des chemins de fer?

Non. Qu'on se garde d'accuser les chemins de fer en eux-mêmes. Les causes du mal sont l'avarice et l'ineptie apportées dans la construction des wagons et dans l'organisation des trains (1).

____

(1) Les Mémoires et les plaintes sur le mode de transport des animaux surabondent. Notons une lettre de M. Allier et un mémoire très-judicieux, mais trop court, de M. Par-

CHAPITRE II

Déplorable construction des wagons. — La loi Grammont violé
  ouvertement tant par les compagnies que par les conducteurs e
  propriétaires de bestiaux.

Les wagons destinés au transport des animau
offrent l'aspect le plus désolant au point de vue d
l'hygiène et du bon sens.

En vain les ordonnances du préfet de la Seine e
d'un grand nombre de préfets des départements pres
crivent-elles des modes spéciaux de transport pou
les animaux que l'on conduit au marché.

En vain tous les cœurs humains ont-ils applaudi
la création de ces charrettes où les animaux se trou
vent à l'aise et à l'abri des accidents de voyage, so
par la confection de compartiments, soit par l'appli
cation de sous-ventrières qui préviennent les chocs e
les culbutes.

Ces précieux exemples n'ont pas été suivis par le
compagnies. Les animaux sont entassés pêle-mêle
au moindre choc, ils se heurtent, se froissent, s
blessent. Quand ils tombent, l'anneau auquel i
sont attachés, loin d'être un point de soutien, aggrav
leurs souffrances.

guet, caissier de la caisse de Poissy. Les descriptions de l'
tat des animaux à leur débarquement ne peuvent être lu
sans une émotion profonde.

Les malheureux animaux sont-ils au moins à l'abri du vent et de la pluie? sont-ils suffisamment aérés?

Hélas! non. — Les wagons sont ou fermés presque hermétiquement ou à ciel ouvert. Dans les premiers, ils étouffent; l'air, au bout de quelques instants, devient pestilentiel. Dans les seconds, ils supportent un air vif et glacial et toute l'intempérie des saisons.

Au moins, ont-ils un peu d'eau pour étancher leur soif et un peu de nourriture pour les distraire de leur effroi et calmer leurs souffrances?

Non. Supplice de la faim, supplice de la soif, rien ne leur est épargné.

Combien de temps se prolongeront ces tortures?

Faut-il le dire? Vingt-quatre, trente, trente-six, quarante heures! Et cela, toutes les semaines, par des trains réguliers. En cas d'accidents, de retards, l'horrible voyage durera quarante-huit heures!

Ils sont là, inquiets, haletants, effarés. Tout pour eux, prend le caractère d'un dernier supplice; le sifflet de la locomotive, le bruit du convoi, les glacent de terreur; et quand le train pénètre à grand bruit dans le tunnel retentissant, ils s'affaissent ahuris, brisés, anéantis.

Quelle belle chose que l'homme! Intelligence élevée! Cœur généreux! ah! ah! Est-ce qu'un jour, après boire, il ne s'est pas appelé le roi de la création? Le bon roi! Entrez dans ce bouge infect où sont entassés trois fois plus d'animaux vivants qu'il n'en peut contenir, où tout tremble, où tout frémit, où les victimes jettent un regard d'indicible douleur vers la lucarne,

et semblent implorer la vie qui s'en va, et alors...
alors, vous pousserez un grand éclat de rire, ou les
larmes vous viendront aux yeux en vous rappelant le
titre de noblesse qu'un grand cœur leur a décerné, à
ces pauvres êtres : nos frères inférieurs !

On dit qu'il existe une certaine loi, dite loi Grammont, qui punit tous ceux qui se rendent coupables de
mauvais traitements envers les animaux.

Comme elle serait bien là, collée et affichée sur les
wagons ! Comme on applaudirait les commissaires de
surveillance qui dresseraient procès-verbaux contre
les compagnies et les propriétaires et conducteurs de
bestiaux, coupables chacun dans diverses proportions
selon les circonstances !

J'ai vu un jour soixante-douze animaux étouffés
ensemble dans un de ces maudits wagons. Personne
n'a été puni !

Quelle est la mesure de la culpabilité de chacun ?

La plus grave accusation doit peser, selon nous, sur
les propriétaires des animaux, au moment du transport.
Ils savent fort bien que le trajet durera un jour, un
jour et demi. Néanmoins, ils les embarquent sans
nourriture. Ils n'exigent pas de la compagnie qu'aux
temps d'arrêt déterminés d'avance, il sera loisible de
donner à boire à ces infortunés. Enfin, lorsque la compagnie leur loue des wagons entiers, ces barbares
poussent l'avarice et la cruauté jusqu'à entasser, à
grand renfort de coups, quelquefois cinquante têtes
dans un wagon destiné à n'en recevoir que vingt.

Les compagnies, de leur côté, ne se rendent guère

moins coupables. En premier lieu, elles apparaissent comme complices du délit de mauvais traitements, en laissant les propriétaires et conducteurs commettre ces entassements horribles dont nous venons de parler.

Mais voici qui est plus grave. Elles transportent des animaux qui doivent voyager trente heures, et elles les placent dans de hideuses prisons où il devient presque impossible de leur donner à boire et à manger. Or, aurait-il fallu beaucoup de génie pour placer des auges et rateliers communiquant avec l'extérieur, et au moyen desquels la distribution de nourriture eût été des plus simples?

Ces voyages prolongés sont-ils nécessaires? Les trajets de quarante heures ne pourraient-ils pas être diminués de moitié par une organisation plus parfaite du service?

La culpabilité existe encore dans plusieurs circonstances.

Si le prix du transport se compte par tête de bétail, tout entassement est le fait exclusif de la compagnie, qui devient alors principal coupable du délit.

Entre le wagon et le quai d'embarquement il existe un intervalle. Or, en chargeant les animaux ou en les déchargeant, il arrive très-souvent que, dans leur trouble et leur précipitation ces pauvres bêtes posent leur pied à faux, glissent, enfilent leurs jambes dans ce vide. Par cette chute, la peau se trouve déchirée à l'angle du quai d'embarquement.

Le bon sens commandait d'installer de petits ponts qui reliassent le quai à la voiture. Les compagnies en

ont fait construire, mais on ne s'en sert pas. Le déchar
gement étant effectué d'ordinaire par l'épouvantabl
corporation des Toucheurs, dont nous allons parler
on ne se préoccupe jamais de ces appareils. Nom
breuses et terribles sont les chutes! La culpabilit
principale retombe sur les Toucheurs; mais la compa
gnie, qui reste impassible, qui laisse commettre che
elle ces actes de négligence et de calcul odieux, n'es
elle pas de nouveau coupable comme complice?

Les autres personnes qui, en chemin de fer, violer
la loi Grammont, sont, disons-nous, les Toucheurs.

Le Toucheur est une sorte de commissionnaire qu
aide les conducteurs de bestiaux au chargement et a
déchargement. A Choisy-le-Roi, ils remplissent aus
les fonctions de pilote. Ils conduisent le troupeau jus
qu'au marché de Sceaux.

Je viens de dire que le toucheur se garde de jet
des ponts entre les wagons et le quai pour opérer
débarquement. Si l'animal tombe, grande joie et bonr
aubaine pour le toucheur! L'animal ne pourra pl
marcher, force sera de le transporter dans une cha
rette, et le voiturier, digne compère, lui donnera u
franc pour avoir fait ce beau coup.

Les toucheurs forment une sorte de corporation. I
tiennent le milieu entre les loups et les renards. Ils ra
çonnent les propriétaires d'animaux comme les bandi
d'autrefois.

Si le propriétaire humain et intelligent veut évit
leurs services dangereux, ils lancent aussitôt leu
chiens au milieu du troupeau dont on leur refuse

conduite. Les animaux effrayés se dispersent et s'échappent. Le propriétaire est alors obligé d'intercéder leur secours. .

Le toucheur est un voleur habile. Dès qu'il est hors de vue, il coupe le crin du dessous de la queue des animaux qu'il est chargé de conduire. En apparence, l'animal a toujours sa queue; au marché, elle se trouve une fois moins épaisse.

Les actes de cruauté qui sont reprochés à ce redoutable pilote sont innombrables. L'animal est pour lui une machine à recevoir des coups de bâton.

Les longues souffrances engendrent les maladies. Le transport par les chemins de fer occasionne le mal, ou mieux, la série des maladies connues sous le nom générique de *mal à pied*. Le bœuf s'est affaissé sur lui-même, et les coups fortement assénés sur la queue, les morsures profondes des chiens ne parviennent pas à le faire relever.

Comment s'y prennent les toucheurs pour l'installer sur la charrette?

Un câble est attaché d'un bout au treuil fixé au-devant de la voiture, de l'autre aux cornes de la victime. On tourne la manivelle, et on traîne, on hisse l'animal, sans souci de ses atroces souffrances, ni de ses beuglements épouvantables.

Il est impossible d'assister à un de ces spectacles hideux sans éprouver indignation et colère. Au dix-neuvième siècle, ces faits doivent être signalés comme constituant de vrais scandales. Ils appellent toutes les sévérités de la loi.

L'économiste et le savant s'en inquiètent, en outre, au point de vue de la salubrité publique. Un médecin assiste un jour à l'enlèvement de moutons placés dans un wagon à double étage, et étouffés par suite de l'écroulement du deuxième. Il s'empare d'un de ces animaux, et l'ouvre pour examiner les lésions intérieures. Au bout de cinq heures, toutes les chairs étaient vertes, livides, ou tombées en putréfaction.

Semblable remarque fut faite sur un bœuf mort après le débarquement. Cet animal à peine hors du wagon, emporté par une soif brûlante, se précipita dans la Seine. Là, il but sans s'arrêter jusqu'à ce qu'il tombât sans vie sur le rivage. Quelques heures après, il était en putréfaction.

Un chimiste analyse le sang des *mal à pied*, et trouve qu'il a subi des altérations profondes, analogues à celles qu'engendrent certaines espèces de fièvres typhoïdes.

La santé publique autant que l'humanité réclament une prompte transformation dans le mode de transport des animaux par la voie ferrée.

CHAPITRE III

Animaux qui accompagnent le voyageur.

En général les seuls animaux qui ont l'honneur de voyager dans le même train que leur maître sont le cheval et le chien.

Les wagons affectés au transport du cheval sont moins inhumainement construits que ceux réservés au transport des bœufs, vaches, moutons, porcs, etc., mais ils sont encore loin de la perfection. Il n'est pas très-rare de voir des chevaux blessés par suite des frottements vigoureux que leur fait éprouver le mouvement de va-et-vient, soit les uns contre les autres, soit contre les parois du wagon.

Les chiens sont placés dans des façons de petites boîtes grillées. Ils doivent être muselés.

Pour les animaux, on n'a jamais songé à établir des compartiments de première, deuxième et troisième classe. Il en résulte des froissements d'amour-propre. Certains amateurs, habitués des premières, souffrent de voir leur cheval ou leur chien de race pure, relégués dans un compartiment-omnibus. Plusieurs tentent d'éluder la loi commune, mais ceci n'est pas sans inconvénients. Exemple :

M. Joseph Is..., est un homme de goût. Il possède un petit épagneul charmant. L'été dernier il se présente à la station d'Enghien avec son chien :

« Monsieur le chef de gare, auriez-vous l'inhumanité de reléguer dans une de vos affreuses niches mon joli camarade ?

— Où allez-vous, monsieur ?

— A Ermont.

— Oh ! alors, faites-le monter avec vous en premières. Ermont est si près ! Votre épagneul souffrirait trop d'ailleurs d'un contact avec des animaux vulgaires. Fi donc ! un aussi noble animal !

—Merci de votre courtoisie, monsieur.» Et M. Joseph Is... monte en premières avec son compagnon.

Arrivé à Ermont, autre scène !

—LE CHEF DE GARE. Le billet de votre chien, Monsieur?

M. JOSEPH IS... — Je n'en ai pas, monsieur; vous voyez bien que le chef de gare d'Enghien l'a autorisé à monter avec moi.

LE CHEF DE GARE.—Peu m'importe, monsieur; veuillez payer les trente centimes exigés par les tarifs. Si le chef de gare d'Enghien est en contravention avec les règlements, je ne puis partager son erreur.

M. JOSEPH IS... — Cette question ne me regarde pas. On m'a permis de prendre mon chien avec moi. Or, les objets que le voyageur conserve avec lui sous sa banquette ne sont soumis à aucune taxe ; donc je ne dois rien !

LE CHEF DE GARE. — Monsieur, le prix du transport ne varie pas avec le mode de voyage, lorsque l'objet transporté est soumis à une taxe spéciale. Or, le chien est soumis, d'après les tarifs, à une taxe particulière donc vous devez payer.

M. JOSEPH IS... — Mais monsieur, en laissant monter mon chien avec moi, le chef de gare a transformé cet animal en objet non payant. Ce cas est analogue à celui où le chef de gare fait monter en premières des voyageurs de secondes, par suite d'absence de place. Elles ne doivent aucun supplément.

LE CHEF DE GARE. — La loi, monsieur, ne peut être soumise aux caprices d'un employé. Celui-ci ne peut y apporter de modifications que dans le cas de force majeure. Hors de là, le voyageur ne peut profiter d'une erreur et doit payer... »

M. Joseph Is... qui a autant d'esprit que de goût, se rendit à ces raisons et solda son compte. A notre avis, il fit bien. Rien dans les règlements des cahiers des charges n'autorise les employés à accorder aux chiens des parcours gratuits.

Peut-on conserver près de soi, et sans frais, un petit animal familier? un perroquet, un chat, un écureuil?

Il n'en est pas expressément question dans les cahiers des charges. Nous déciderons, dans le silence de la loi, que les susdits animaux peuvent accompagner leur maître. Il va sans dire que s'ils salissaient ou effrayaient les voisins, l'employé aurait le droit de les faire descendre à la prochaine station, comme il a été dit au chapitre des ivrognes et autres objets incommodes.

CHAPITRE IV

Transport par petite vitesse. — Deux modes : louage des wagons. — Place à moitié prix. — Anecdote.

Le transport par petite vitesse a lieu de deux manières différentes. Tantôt la compagnie se charge des transports à ses risques et périls, et alors elle installe les animaux dans les voitures à sa guise. Ce mode de transport a généralement lieu lorsque les animaux ne sont pas en nombre suffisant pour remplir au moins une voiture. Il est également usité lorsque le prix du transport se solde à tant par tête de bétail.

Tantôt la compagnie diminue sa responsabilité, en louant des wagons entiers et en abandonnant le gouvernement intérieur des voitures aux propriétaires et conducteurs de bestiaux. Elle leur dit : « Voici un wagon, je le loue telle somme, il peut contenir tant d'animaux ; maintenant agissez, comme bon vous semblera ; emplissez-les outre mesure, étouffez vos animaux ou soignez-les ; nous ne nous en occupons plus. Notre responsabilité disparaît. »

La compagnie accorde aux conducteurs de bestiaux une place à moitié prix dans le convoi.

L'année dernière toutes les feuilles publiques ont rapporté l'accident arrivé à un convoi de bestiaux. Parmi les conducteurs cinq furent tués. Or, la mort de l'une des victimes causa une hilarité générale. Le conducteur était un faux bonhomme, un Crésus de province, avare comme un Harpagon ! Afin de voyager à prix réduit, il s'était affublé d'une dignité qui ne lui appartenait pas. Il avait connu dans les marchés l'un des vrais conducteurs ; il tenta de le débaucher et de se faire enrôler parmi ses aides pour avoir une place dans le train. Il proposait généreusement, en guise de paiement, un petit verre d'eau-de-vie. Le prix fut longtemps débattu et porté au triple. L'avare se frottait gaiement les mains en wagon, quand arriva le choc terrible qui le fit soudain passer de vie à trépas.

Un poëte du terroir fit un sonnet dans lequel le

défunt avoue qu'il est enchanté, d'être mort ainsi sans avoir à solder les frais de médecin ni de dernière maladie, et de plus de se sentir enterré aux frais de la compagnie.

CHAPITRE V

Responsabilité de la Compagnie.

Qu'il s'agisse de transport d'hommes, transport d'animaux ou transport de choses, la compagnie ne peut échapper à la responsabilité que la loi lui impose.

Jamais il ne lui est loisible de dire : « Je consens à vous transporter vos animaux, mais seulement à vos risques et périls. » — Une compagnie qui en agirait ainsi violerait un principe d'ordre public. Maintes fois nous l'avons rappelé.

Ainsi, la responsabilité de la compagnie ne peut jamais être diminuée sans le consentement, exprès et obtenu sans fraude ni dol, de l'expéditeur.

Pour diminuer et tenter de faire même évanouir sa responsabilité, elle offre des avantages notables pour la location d'un wagon entier.

Même dans ce second cas, ce serait se tromper que de croire la compagnie à l'abri de toute action.

J'ai loué dix wagons que j'ai remplis d'animaux. Le trajet dure trente ou quarante heures, par suite ou de l'inhabileté des employés, ou des nécessités du service, qui forcent les trains de marchandises à se garer sans cesse. La chaleur est étouffante; toute une partie de mon troupeau meurt en route.

La compagnie va répondre à mes plaintes qu'elle est complétement à l'abri contre les chances du voyage, etc., etc.

Mais, si j'établis, et ce ne sera pas difficile, que les wagons sont tellement mal construits qu'il m'a été impossible de donner ni à manger ni à boire à mon troupeau; que le trajet s'est affectué avec une lenteur insolite; que les animaux devaient forcément se blesser dans les mouvements de va-et-vient, etc., la compagnie sera bel et bien déclarée responsable.

Les cours et tribunaux, sur cent espèces diverses, se sont prononcés dans ce sens.

LIVRE XI

DES OBJETS PERDUS OU NON RÉCLAMÉS

CHAPITRE UNIQUE

L'organisation du dépôt des objets perdus, le mode de publicité fait dans le but de retrouver le propriétaire, sont encore dans les compagnies à l'état d'enfance. Il existe des dépôts, mais ils sont tenus de façon qu'il est impossible de s'y reconnaître. Le désordre y est si complet qu'il est arrivé plusieurs fois de rencontrer, parmi les objets perdus, des choses appartenant à la compagnie elle-même.

De mauvaises langues ont été jusqu'à dire que, grâce au chaos habituel, il n'était pas difficile aux employés, appelés par leur service dans les environs du dépôt, d'user quelque peu de certains objets. On allait jusqu'à remarquer méchamment que jamais ces messieurs ne manquaient de parapluie.

Il est évident que ces allégations constituent des calomnies très-répréhensibles. Il est clair aussi que, si l'ordre le plus parfait régnait dans ce département, personne ne se permettrait ces cancans. Qu'aucun chemin de fer ne néglige les détails, si petits qu'ils soient. Ainsi que la femme de César, une compagnie ne doit pas même être soupçonnée !

Comment le propriétaire pourra-t-il retrouver ses effets perdus ? Et d'abord, sait-il si l'objet a été trouvé par la compagnie ? Rien d'utile et de précis n'a été inventé.

Les compagnies avaient pourtant sous les yeux deux exemples très-précieux :

— Celui de la préfecture de police de Paris. Là, les divisions, classifications, registres, sont tenus avec un soin rigoureux. Pour faciliter au propriétaire ses recherches, le *Moniteur* et plusieurs journaux relatent périodiquement les objets trouvés.

La législation belge est conçue dans le même esprit. Une ordonnance porte :

« Art. 326. — » Il y aura dans une ou plusieurs des stations principales un dépôt des objets quelconques oubliés par les voyageurs et recueillis soit dans les stations, soit dans les voitures, soit sur la route. Tous les trois mois, une liste de ces objets sera insérée dans la colonne des annonces du Moniteur.

Quel est le sort réservé aux objets perdus dans les gares, dans les voitures ou sur la voie ?

Diverses distinctions sont utiles.

Objets non réclamés. — Les compagnies sont soumises aux prescriptions du décret du 13 août 1810. Six mois après l'arrivée au lieu de destination, les objets non réclamés dans ce délai seront vendus par voie d'enchères publiques à la diligence de la régie de l'enregistrement, et après les formalités prescrites (inventaire des objets devant le juge de paix, annonce de la vente un mois à l'avance, affichage détaillé des objets). Pendant un nouveau délai de deux ans, les propriétaires des susdits objets pourront réclamer le produit de la vente dont-il aura dû être fait un état séparé.

Objets perdus dans les voitures et stations. — Certains auteurs assimilent ces objets à ceux non réclamés, sans en donner des motifs bien déterminants. Peut-être pourrait-on dire que ces objets, trouvés dans les stations et voitures, révèlent l'intention d'un dépôt de la part du propriétaire. » Dans tous les cas et quelque soit le fond du droit, c'est aux tribunaux à décider la question.

Objets-trouvés sur la voie. — Ici, la législation laisse à désirer. Si l'on appliquait le droit rigoureux, l'inventeur, après sa déclaration au commissaire de police, deviendrait propriétaire de l'objet (art. 2279), si pendant trois ans le propriétaire ne se présentait pas.

Pour opérer le recouvrement des objets perdus, le voyageur adressera d'abord sa réclamation. Si elle reste sans succès, et qu'il soit convaincu de l'erreur ou de la fraude de la compagnie, il devra la poursuivre devant les tribunaux. Les magistrats pourront exiger la présentation des registres de la compagnie.

La compagnie, en rendant un objet perdu, est-elle fondée à réclamer un droit de magasinage?

Oui, sans doute ; pourvu toutefois que la perte de l'objet n'ait pas eu lieu, en tout ou en partie, par sa faute.

LIVRE XII

DU TÉLÉGRAPHE ÉLECTRIQUE

CHAPITRE UNIQUE

Quoique le télégraphe électrique ne rentre qu'incidemment dans ce travail, il nous paraît utile de signaler un vice dont les conséquences retombent sur les voyageurs.

Une compagnie a toujours à sa disposition un des fils qui courent le long de la voie. Elle peut, sans payer aucune redevance à l'État, envoyer telle dépêche que bon lui semble, pourvu toutefois que ces dépêches soient nécessaires au service de l'administration.

Pour les dépêches qui ne présentent pas complétement ce caractère, l'État prélève la taxe.

17.

Or, voici ce qui arrive. Un distributeur de bulletins de bagages s'aperçoit, je suppose, après le départ du train, qu'il n'a exigé que deux francs d'un voyageur, au lieu de quatre portés aux tarifs. A l'instant, il demande au chef de gare de la station voisine de réclamer le supplément au susdit voyageur.

Le contrôleur de l'administration télégraphique voit cette dépêche sur le registre, et se dit : « Ce n'est pas là une dépêche indispensable aux besoins du service. Elle n'est fondée que sur une erreur d'un employé. Tant pis pour ce dernier. » Il la taxe, et la compagnie la fait payer au malheureux employé.

Qu'arrive-t-il de là?

Les employés commettent souvent des erreurs à leur préjudice et à celui du voyageur. Il ne leur sera jamais possible de les éviter. *Errare humanum est!* On ne peut raisonnablement les condamner que dans le cas où ils n'ont pas travaillé activement à réparer l'erreur.

Comme ils redoutent la taxe de leur dépêche, il s'ensuit qu'ils gardent le silence, ou se contentent d'écrire une lettre qui n'arrivera que le surlendemain. Bref, le voyageur, au lieu d'éprouver un léger retard, va subir des délais qui présenteront le caractère d'un accident. L'histoire de M. Dunet, racontée au livre *De l'arrivée*, en fournit un exemple frappant.

Il serait donc à désirer, dans l'intérêt des voyageurs, que l'emploi du télégraphe fût laissé gratuitement aux employés pour réparer les oublis et les erreurs.

Des parents ou amis qui attendent un voyageur à

une gare peuvent-ils, quand le train est en retard, exiger de l'employé du télégraphe ou du chef de gare une explication sur la cause du retard?

Selon les préceptes de la politesse et des convenances, un chef de gare serait mal avisé de refuser un pareil renseignement; à moins d'impertinence de la part de celui qui adresse la demande, je ne suppose pas qu'il puisse s'y refuser sans mériter l'épithète tacite de mal élevé. Je dis *tacite*, car les injures ne sont admises dans aucun cas.

Au point de vue des principes généraux que nous avons tant de fois rappelés, le chef de gare doit ces renseignements. La compagnie qu'il représente a été créée dans l'intérêt de tous les voyageurs, et l'employé est payé, en somme, avec leur argent; telles sont les causes générales de ses obligations.

En droit strict, le chef de gare doit également les renseignements demandés. Le voyageur subit un retard. Son ami, — correspondant, mandataire, il n'importe, — l'attend pour ses ordres au lieu de destination. La compagnie est déjà en faute vis-à-vis du voyageur. Celui-ci a bien le droit de s'informer des causes de l'accident. Or, l'ami dont nous parlons est, dans l'espèce, le représentant du voyageur; c'est en son nom qu'il parle; c'est dans l'intérêt de ses affaires ou de ses affections. Son attente forcée à la gare établit parfaitement son titre de mandataire du voyageur. Il a donc les mêmes droits que son mandant.

Dans les retards prolongés qui jettent en émoi une

famille entière, ou mettent en suspens des affaires urgentes, je ne doute pas que le voyageur, pendant la route, ne soit fondé à adresser une dépêche à ceux qui l'attendent, et réciproquement ; le tout, aux frais de la compagnie, bien entendu. Elle s'y refusera ? n'importe. Que le voyageur envoie la dépêche, puis assigne la compagnie pour se faire rembourser de ses frais. Rarement la compagnie soutiendra le procès.

LIVRE XIII

COMPÉTENCE

CHAPITRE Ier

Un retour vers le passé.

Les questions de compétence sont toujours graves.

Ici, leur importance ordinaire s'accroît encore.

La législation et la jurisprudence seront un bien ou un mal, une calamité ou un bienfait. L'alternative est rigoureuse.

Autrefois, c'est-à-dire au temps des messageries, une jurisprudence constante avait fait évanouir bien des difficultés. Il était nettement reconnu par tous et par les messageries elles-mêmes, que le destinataire avait droit d'adresser sa réclamation au bureau chargé

18

de faire la délivrance de la marchandise, et de donner l'assignation à l'administration en la personne même du chef de bureau.

Quiconque alors voulait obtenir justice n'éprouvait aucun obstacle préliminaire. C'était le bon temps pour l'expéditeur. Aujourd'hui, il n'en est plus ainsi. Comme nous allons le voir, la jurisprudence actuelle place 80 expéditeurs sur 100, dans l'impossibilité de réclamer le secours de la justice. Sans doute, ils peuvent encore crier aux compagnies : « Nous obtiendrons la répression de vos vexations et la consécration de nos droits, car nous avons des juges à Berlin ! » Oui ; mais la route qui conduit à Berlin s'est allongée démesurément, et il est donné à peu de gens de la franchir.

<hr>

CHAPITRE II

La jurisprudence actuelle. — Déni de justice.

« Les sociétés anonymes sont des sociétés commerciales, non des établissements publics. Or, toute société commerciale doit être assignée au siége social, à peine de nullité. »

Telle est la décision de la cour suprême. Quiconque veut intenter un procès au chemin de fer, sera donc contraint d'assigner la compagnie au siége de la société, c'est-à-dire à Paris, pour la plupart des compagnies actuelles.

J'arrive à Marseille au moment où je prends mes bagages, je m'aperçois que ma caisse, ma malle, sont avariées. Je vais être forcé de payer pour cinq ou dix francs de réparation. En vain j'adresse à la compagnie des réclamations. Si je tiens à ce que justice me soit rendue, je serai contraint de venir à Paris plaider devant le juge du siége social.

Les cours d'appel, effrayées des conséquences que l'application d'un tel principe devait entraîner, s'étaient prononcées en grand nombre dans un sens favorable à l'intérêt des voyageurs. Les considérants de ces arrêts formulaient, en termes énergiques, la gravité de la situation, et le principe supérieur qui dictait leur sentence. « Forcer un homme qui a supporté un préjudice de la part de la compagnie à faire deux cents lieues, pour en obtenir la réparation... ce serait un vrai déni de justice ! »

Faisons des vœux pour que la cour de cassation revienne sur sa jurisprudence, ou plutôt espérons qu'une loi viendra, qui saura répondre à des intérêts aussi légitimes.

Les compagnies ont beau jeu en ce moment. Comment redouter des procès coûteux pour un modique préjudice ? Patience ! le jour où l'ancien état de choses sera rétabli, les assignations pleuvront dans les gares par milliers.

CHAPITRE III

Les exceptions.

Les règles édictées dans nos codes sont toujours ornées de quelques exceptions. En matière de compétence en serait-il différemment? Le demandeur devra-t-il toujours assigner le défendeur à son domicile? L'expéditeur ne pourra-t-il assigner le chemin de fer qu'au lieu du siége de la société?

L'article 420 du Code de procédure civile contient plusieurs exceptions dans les détails desquelles il ne nous est pas possible d'entrer, mais qu'il importe néanmoins de rappeler.

Est compétent : 1.º le tribunal dans l'arrondissement duquel la promesse a été faite et la marchandise livrée ; 2º le tribunal dans l'arrondissement duquel le payement devait être effectué.

Cet article 420, fécond en commentaires, est-il applicable au transport des marchandises?

La jurisprudence a longtemps varié. Cependant, elle s'est prononcée plus généralement dans le sens affirmatif.

Quoi qu'il en soit, l'article 420 ne sera un appui pour les expéditeurs que dans des cas relativement assez rares.

CHAPITRE IV

Un commerçant aux abois.

A***. — Vous êtes fort soucieux, mon cher ami ?

B***. — Hélas ! oui. Encore un préjudice de 80 fr. que m'a fait éprouver le chemin de fer !

A***. — C'est une misère ! Assignez la compagnie, si votre procès est bon.

B***. — Il est excellent. Croyez-vous que j'irai de Bordeaux à Paris dépenser 300 fr. pour m'en faire rembourser 80 ?

A***. — Très-bien ! très-bien ! Vous êtes comme les autres, vous n'avez pas pris vos précautions.

B***. — Comment !

A***. — Je ne vous blâme pas. J'ai agi comme vous dans mon jeune temps...

B***. — De quelles précautions voulez-vous parler ?

A***. — Il me serait difficile de vous les expliquer longuement. Elles ont varié un peu selon les circonstances.

B***. — Donnez-m'en au moins une idée générale.

A***. — Il y a quelques années, le chemin de fer me faisait subir des pertes de toute nature, par ses lenteurs, ses erreurs, les nombreuses avaries, etc. Impossible de courir à Paris passer mon temps à plaider ! D'un autre côté je marchais droit à ma ruine, si le mal continuait. Dans mon désespoir, j'avise au moyen sui-

18.

vant. Je rends visite à tous mes expéditeurs habituels, je leur explique ma situation; nous convenons qu'en cas d'avaries, retards, etc., je leur refuserais partie du montant de leur facture. Alors, ils enverront leurs pouvoirs à un avoué intelligent, m'assigneront devant mon tribunal. Moi, j'appellerai en garantie la compagnie du chemin de fer qui a causé les avaries, et de cette façon la compagnie sera forcée de venir plaider devant mon tribunal.

B***. — Votre idée est bien simple et bien utile; j'en profiterai, soyez-en sûr. Le commerce agirait sainement en introduisant dans ses mœurs cette excellente habitude. Combien alors les compagnies deviendraient prudentes!

A***. — Ajoutez, combien justice et justiciables y gagneraient! La cause du préjudice, l'accident, l'avarie, etc., seraient jugés par les magistrats de l'arrondissement où tous les faits se sont passés. Nul autre, dans ce cas, n'est plus à même d'apprécier le procès que le tribunal de l'appelant en garantie.

LIVRE XIV

LES CHEMINS DE FER CHINOIS

CHAPITRE Ier

Les chemins de fer noirs. — Les expiations.

Un des moyens les plus sûrs de progrès constant pour les chemins de fer est l'étude assidue des améliorations et des perfectionnements que le génie de chaque peuple apporte à l'œuvre grandiose.

Nous l'avons rappelé souvent, tantôt au sujet des voitures, tantôt en parlant des systèmes de précautions ingénieuses employées par nos voisins pour éviter les catastrophes, ailleurs, en signalant l'insuffisance de notre législation actuelle vis-à-vis des besoins nouveaux.

Les peuples éloignés sont trop peu connus. Hier encore, on ignorait que le Céleste Empire possédât des chemins de fer. Les derniers événements de la Chine ont enfin ouvert toutes les routes à nos voyageurs.

Bien vif fut leur étonnement, alors qu'ils rencontrèrent dans l'intérieur un triple réseau de chemins de fer, donnant au commerce une activité prodigieuse.

Un de nos compatriotes et ami s'enrôla comme volontaire dans la dernière expédition contre la Chine. Après la signature de la paix, il obtint son congé et partit explorer les contrées de l'Est.

La narration suivante, qu'il vient de nous faire parvenir, renferme des détails intéressants et peut-être quelques enseignements utiles.

« ... Malgré les fatigues de toutes sortes que nous avions essuyées, rien ne pouvait entraver notre marche. Les récits merveilleux que nous avions entendus le long de la route sur les chemins de fer qui vont de Pékin à la grande muraille avaient piqué au plus haut degré notre curiosité. Ce qui nous rendait plus intrépides encore était le désir d'assister en chemin de fer aux grandes expiations dont le jour était proche. Vous savez que les exécutions criminelles n'ont lieu qu'un seul jour de l'année.

« Nous apprîmes en arrivant que les diverses administrations des chemins de fer avaient eu maille à partir avec la justice dans le cours de l'année. L'autorité supérieure avait exigé qu'aucun coupable, quel que fût son grade et ses richesses, ne pût échapper à la rigueur des lois et règlements. Aussi, une foule immense était-elle accourue pour assister aux supplices des plus hautes notabilités financières du pays. »

« Rien ne peut donner une idée du spectacle auquel
il nous fut permis d'assister. La Chine est par excellence
le pays jaune, bizarre, fantastique. A chaque gare et
station, j'allais dire à chaque poteau, gémissait un malheureux. Les supplices infligés sont ici d'une sévérité
effrayante, là d'un burlesque achevé.

« Le premier objet qui frappa nos regards fut une façon de tourniquet assez élégant, orné de banderoles de
toutes couleurs. Sur la table de cet instrument étaient
assis une vingtaine de Chinois brillamment vêtus. A leurs
bras, levés en l'air, était fixée une plaque portant la
sentence qui les avait condamnés. On nous dit qu'ils
appartenaient à la plus haute classe de fonctionnaires
dans la compagnie.

« Le tourniquet tournait lentement, et s'arrêtait de
temps à autre. Nous lûmes toutes les sentences. L'une
portait :

« Le grand juge a dit : Tu as su hypocritement par
tes richesses faire croire à une capacité que tu n'eus
jamais. Tu as donné des charges à des gens incapables
parce qu'ils t'étaient recommandés par tes amis. Tu as
méconnu les employés intelligents. Tu n'étais même
pas apte à peser leur valeur. Tu n'as pu vérifier des
comptes que tu étais impuissant à faire par toi-même.
En conséquence, je te destitue de ton rang ; tu seras
exposé à la raillerie du peuple que tu as trompé, et cela,
pendant vingt heures. »

« Sur un autre nous lûmes :

« Le grand juge a dit : Tu es un habile calculateur ; tu
as fait donner de beaux produits à ta compagnie, qu'elle

te récompense ! Mais la justice a constaté que tu n'as jamais travaillé que dans ton intérêt personnel, pour obtenir de riches rémunérations. Tu as oublié l'ordre qui t'était donné de veiller à l'intérêt public ; tu n'as rien créé ni inventé pour le bien du commerce et de l'industrie dans les contrées que traversait ton chemin de fer ; tu t'es montré rapace vis-à-vis de tes subalternes, rognant sur les gratifications légalement réclamées. En conséquence, tu subiras l'exposition du tourniquet, et, de plus, tu recevras chaque jour dix coups de bambou sous la plante des pieds, jusqu'à ce que tu aies inventé des moyens nouveaux, des améliorations importantes pour réparer le mal fait, et compenser le bien que tu aurais dû faire. »

« Sur un troisième :

« Le grand juge a dit : Tu as caché tes actes d'administration. Tu as fait faire des travaux importants par tes employés pour la direction de ta charge. Mais tu as dissimulé ces travaux, afin que tes supérieurs, ne pouvant contrôler les détails de ta gestion, n'en puissent constater les vices nombreux.

« Tu as, en outre, commis des actes odieux pour un homme de ta position. Il t'est arrivé de mettre à la demi-solde des employés malades, et de faire faire leur besogne par leurs compagnons, sans augmenter pour cela leurs gages, spéculant ainsi sur des subalternes.

« En conséquence, tu subiras, en punition de ta conduite ténébreuse et de tes fautes, l'exposition du tourniquet, et, de plus, tu ne sortiras de chez toi pen-

dant six mois qu'en portant douze lanternes rouges
sur la tête, etc., etc. »

« A dix pas de ce singulier pilori, un malheureux subissait un horrible supplice. On lui taillait la peau du front et on la rabattait sur ses yeux. Il s'était rendu coupable de faux et de soustractions.

« Plus loin, on préparait le supplice des couteaux. La victime était un puissant fonctionnaire. Il avait trompé le prince lors d'une importante concession, et, pour prix de cette haute trahison, avait reçu sous main, de la part des concessionnaires, des sommes considérables.

« Ce malheureux était déjà mourant de peur. Attaché à un poteau, les bras en l'air, il regardait, les yeux hagards, l'exécuteur qui agitait les dix-huit couteaux dans son panier. (Vous savez que chacun de ces couteaux porte gravé sur son manche le nom d'un membre ou d'une partie du corps : œil droit, cuisse, main droite, nez, œil gauche, cœur, etc., etc. Le panier est couvert d'un voile ; le bourreau doit tirer au hasard et enfoncer le couteau dans le membre indiqué.)

« La famille de là victime suppliait l'exécuteur de diriger le hasard et de tirer de suite le couteau destiné au cœur. Elle lui offrait un sac d'or. Le bourreau le pesait froidement et le rendait en murmurant : « Je ne puis enfreindre les ordres du juge ! » Alors, la famille éplorée arrachait ses bracelets, les franges d'or de ses vêtements, jetait le tout dans le sac qu'elle présentai, de nouveau. L'incorruptible Chinois allait céder, quand survint un messager impérial apportant la commutation de peine du prévenu. La famille éclata en actions de grâces.

« Le train partait, nous nous jetâmes dans un wagon. Au bout de dix minutes, le train s'arrête. A l'instant toutes les têtes apparaissent aux portières, comme des points d'interrogation. Nous étions près d'un tunnel, et, à l'entrée, stationnait un supplicié. C'était un malheureux entrepreneur général. Il avait construit un tunnel trop étroit, si bien que, quelques mois auparavant, un chauffeur, en se penchant en dehors de la machine, avait eu la tête tranchée par le pilastre de la muraille trop rapprochée.

« L'entrepreneur subissait pour ce fait le supplice de la cangue fixe. L'instrument du supplice était solidement cloué à un poteau, de façon à ce que la tête de la victime, tournée du côté de la voie, n'était qu'à un centimètre des wagons. Le convoi se remit en marche, et le malheureux, en sentant ses cheveux frôler les wagons, poussait de lugubres gémissements comme à l'approche de sa dernière heure.

« A la station suivante, spectacle aussi sombre. Un malheureux avait abusé de sa puissance pour tromper le public et enrichir lui et sa compagnie. Il avait fait imprimer des clauses contraires au droit commun, et de nature à fourvoyer le peuple encore si peu lettré. La plaque qui surmontait le poteau auquel il était attaché portait en outre :

« Le grand juge a dit : Tu as fait payer aux marchands qui expédiaient le thé et le riz des taxes supérieures aux tarifs ; tu as exigé que les voyageurs qui perdaient leurs lettres de passage (c'est-à-dire leurs billets de place) payassent deux fois, et quand tu t'apercevais dans tes comptes que tu avais de l'argent qui ne t'appartenait pas, au lieu d'en rechercher les propriétaires, selon la maxime de Con-fut-ze : « Fais aux autres comme tu voudrais qu'on te fît, » tu as gardé l'argent. Tes narines ne se sont pas révoltées à l'odeur malsaine du bien mal acquis.

« En conséquence, pour violation de la loi qui défend de s'approprier indûment le bien d'autrui, tu subiras le supplice de la cangue, et tu auras le nez enduit de miel et rongé par les mouches. »

La description de tous les supplices dont je fus témoin demanderait un volume. Je puis à peine indiquer les principaux.

Les coups de bambou étaient distribués avec une prodigalité inouïe. Un grand nombre de receveurs coupables d'avoir distrait des fonds, outre la peine du bambou, supportaient la marque terrible *tao-quan-yn* (1), sur le bras, entre le coude et le poignet.

A la station d'Hor-ror-fu, je vis un dilapidateur des fonds de la compagnie cruellement puni.

L'infortuné avait, il est vrai, commis bien des fautes. Il avait fait entrer frauduleusement dans les assemblées des maîtres (c'est-à-dire des actionnaires), tous ses valets, portiers et fournisseurs, en leur distribuant ses titres. Par là, il composait une majorité fictive qui ratifiait les actes de sa gestion. Puis un jour, il s'était

____

(1) Traduction : voleur des deniers publics.

allié avec une autre compagnie pour ruiner une concurrence commune ; une autre fois, il avait acheté le silence d'un folliculaire trop instruit, en lui versant deux cent cinquante actions de la compagnie, etc., etc.

La torture qui lui était infligée était effrayante.

Il était attaché nu à un poteau. On avait collé fortement sur sa peau tout l'argent illégitime trouvé chez lui. Les gamins de l'endroit s'amusaient avec de longues baguettes à arracher les pièces. Or, elles étaient si solidement fixées qu'on ne les enlevait qu'en déchirant la peau.

Malgré mon intrépidité naturelle, la vue de tous ces supplices finit par me donner le vertige. Je descendis en grande hâte ; j'entraînai mes compagnons jusqu'au pied d'une colline verte où j'avais aperçu un temple de riche apparence. Des prêtres de Bouddha nous reçurent avec empressement, et nous donnèrent une gracieuse hospitalité.

CHAPITRE II

Voyage à Pro-gray-fu.

« Nous fîmes peu d'honneur au souper que nous offrirent les bons prêtres. Nous gardions un silence triste. Ils comprirent la cause de notre mélancolie et firent de bienveillants efforts pour nous distraire.

« Avez-vous visité, nous dit l'un d'eux, le chemin de fer de *Bonne-Espérance?*

— Vos chemins de fer donnent le frisson. Je vous en prie, ne nous en parlez pas.

— Oh! celui-là a été créé par un fils aimé de Bouddha. Il porte bonheur, travail et richesse. Je vois bien que vous ne le connaissez pas.

— Il ne ressemble donc pas à ceux que nous venons de quitter?

— Assurément! Vous n'avez vu que les chemins de fer noirs.

— Où donc se trouve le chemin de fer de Bonne-Espérance?

— De l'autre côté de la grande muraille. Il part de Pro-gray-fu et s'étend jusqu'à Per-fec-ty-on-ze; il vous faut le visiter; c'est un voyage charmant. Aujourd'hui, pendant que nous assistons à la fête des supplices...

— Oui, fis-je, une vraie fête des morts!

— Pendant ce temps, là-bas, ils célèbrent la fête des récompenses. Ils n'ont pas un coupable et comptent mille candidats aux grandes dignités. La fête se prolongera trois jours. Pendant la dernière soirée, il sera tiré deux mille feux d'artifice le long de la ligne du chemin de fer béni.

Nous savions qu'il faut toujours rabattre beaucoup des récits des Chinois. Néanmoins, c'était plus qu'il n'en fallait pour aiguillonner notre curiosité, et ranimer nos forces. Nous partîmes donc de bon matin, et après douze heures d'un voyage rapide nous étions en vue de Pro-gray-fu.

Le soleil était déjà disparu derrière ces montagnes sombres où pousse le meilleur thé de la Chine. Une brise rafraîchissante se levait de temps à autre. A l'ouest, des nuages s'amoncelaient et semblaient pousser la lune qui montait à l'horizon comme un gros ballon rouge.

La délicieuse soirée ! Tous les plaisirs semblaient s'y donner rendez-vous !

A peine arrivés en face d'une gare vaste, monumentale, dix maîtres d'hôtel vinrent se disputer nos personnes dans les termes les plus flatteurs. La vaste place qui faisait face à la gare était garnie de palais brillamment illuminés.

« Ce sont des hôtels, nous dit notre guide ; ils sont tous construits sur des terrains appartenant au chemin de fer. La compagnie les a alloués aux enchères, aux plus offrant de confortable.

— Que voulez-vous dire par là?

— J'entends, reprit-il, non pas celui qui offrait le prix le plus élevé de location, — prix toujours fixe et très-minime, — mais celui qui s'engageait à fournir aux voyageurs la meilleure nourriture, le meilleur logement, au plus bas prix possible.

— Diantre ! murmura mon compagnon. Je soupçonne les administrateurs de la compagnie de Bonne-Espérance d'être des hommes très-forts !

— Ah ! ah ! vous n'avez encore rien vu, reprit en riant notre guide. Attendez à demain. »

Et ce disant, il nous fit entrer dans 'hôtel le plus proche.

Nous y fûmes traités comme de hauts personnages. En un clin d'œil un repas splendide nous fut servi. Des danseurs et magnétiseurs d'animaux nous offrirent un spectacle fort amusant. Puis nous nous couchâmes, au bruit d'une musique lointaine qui appelait les rêves joyeux.

CHAPITRE III

Conclusion. Le chemin de fer de Bonne-Espérance.

Le lendemain, notre première occupation fut de visiter la gare. Sa grandeur nous causa moins d'étonnement que sa construction monumentale et ses divisions intérieures. Elle révèle un génie supérieur qui a tout embrassé et n'a oublié aucun détail. L'architecte semble avoir compris qu'il élevait un palais pour un roi difficile qui se nomme Public. Il n'a rien ménagé pour qu'il y trouve aisance, instruction, plaisirs.

La salle d'attente est, à vrai dire, une salle d'exposition universelle. Elle est gratuitement ouverte aux produits de tous les artistes et industriels inventeurs. Comme tout le peuple de cette contrée voyage, il ne peut naître une idée nouvelle, un instrument ingénieux, qui ne soient en peu de semaines connus de tous, discutés et appréciés.

Les expositions se renouvelant tous les mois, grand nombre d'individus. font dix à douze voyages uniquement pour visiter les salles d'attente de chaque gare. Celle où nous nous trouvions était déjà remplie d'amateurs.

Nous sortîmes de la salle pour assister au départ du premier train. Rien de mieux organisé! Le prix des places étant d'une somme égale à vingt-cinq centimes, par 100 kilomètres, le voyageur prépare son argent d'avance. A l'arrivée, ses bagages roulent, sans choc possible, sur des plans inclinés, jusque dans une brouette qui, en passant sur une bascule, indique le poids du bagage. Avant cette opération, une adresse, indiquant le lieu de départ et d'arrivée, a déjà été fixée sur les colis. Ceux-ci arrivent jusqu'au wagon-bagages sans crainte de bris ou autre accident.

« La compagnie, dis-je à mon guide, doit être bien pauvre, si elle prélève de si faibles taxes ?

—Elle a perdu des sommes assez fortes pendant les premières années; aujourd'hui elle est colossalement riche. Les gares, les voitures, offrent tant d'agrément que sur toute la ligne, il n'existe pas un habitant qui ne fasse un ou deux petits trajets par jour. L'habitude a été bientôt prise. Les trains sont énormes; ils se succèdent toutes les dix minutes. Ils regorgent toujours de voyageurs. Bien souvent une partie est obligée d'attendre le convoi suivant. Elle profite de ce retard pour visiter la salle d'exposition. Vous avez vu une gare; après le déjeuner nous monterons en voiture ; réservez vos craintes jusque-là. »

Deux heures après, nous descendions sur le quai d'embarquement. Une seule voiture avait ses portes ouvertes et recevait les voyageurs. Cette voiture forme un vaste salon d'attente avec de larges portes. Outre les portes d'entrée, il existe deux portes de communication intérieure, l'une avec les voitures de voyageurs qui sont toutes reliées entre-elles, l'autre avec le wagon-bagages.

Les avantages de cette disposition se devinent. Les voyageurs passent sans fatigues des salons de la gare dans le wagon-salle-d'attente, sans être obligés de courir le long du convoi. Du wagon-salle-d'attente, ils pénètrent dans les autres voitures où chacun s'installe à sa guise.

L'intérieur des voitures est d'une ornementation bizarre. Les siéges sont commodément disposés ; dans plusieurs compartiments, ils peuvent s'allonger en s'abaissant et former des lits de repos.

Dans le train, plusieurs voitures ont des destinations spéciales. Outre les premières dont je viens de parler, il en est une au milieu, quelquefois deux, où est installé un restaurant, et où cinquante à soixante voyageurs peuvent boire et manger tout à leur aise.

Ce wagon-restaurant est loué à l'instar des hôtels des chemins de fer dont nous avons dit un mot. Le bon marché est excessif et la nourriture fort bonne.

A la suite de ce wagon il s'en trouve un autre à air libre, où avec un peu d'habitude on parvient aisément à se promener de long en large pendant la marche du convoi.

Il n'existe qu'une seule classe de voitures; seulement les employés ont le droit d'assigner les derniers compartiments aux gens malpropres.

Le chef du train et ses subordonnés vont et viennent dans toutes les voitures. Le chef de train occupe ici un grade supérieur. Il a sous ses ordres des employés d'un grade important. Son service de contrôle est organisé de façon à ce que les erreurs, les pertes et dommages, tant pour la compagnie que pour le voyageur, deviennent presque impossibles.

Son instrument le plus puissant est le télégraphe électrique. Pendant la marche du convoi, il communique à volonté soit avec les autres trains, soit avec les gares prochaines.

Avant d'arriver à une station, il a annoncé au chef de station le nombre de voyageurs que le train lui apporte, la quantité des bagages et le nombre des expéditions. Celui-ci lui a fourni les mêmes renseignements sur le mouvement actuel de sa gare.

Quelques minutes avant l'arrivée, les employés parcourent le train, visitent les billets. (Les voyageurs ont l'habitude louable de les porter visibles dans de petits passe-partout en acier, attachés soit aux bracelets, soit aux breloques.)

Les destinataires pour la station prochaine sont invités à passer des voitures dans des wagon-salle-d'attente. Là, ceux qui ont des bagages les reconnaissent, car ceux-ci ont été amenés du wagon voisin.

Le train s'arrête, les larges portes du wagon-salle-d'attente s'ouvrent. En s'ouvrant, elles ont fait s'abaisser une sorte de petit pont qui permet de passer de plein pied du salon au quai de débarquement. La brouette des bagages vus et vérifiés roule en un instant. Elle est remplacée par celle qui apporte en bloc les bagages des nouveaux voyageurs. En quelques secondes les lettres de voitures sont échangées et vérifiées. Pendant ce temps-là quarante voyageurs sont entrés dans la salle d'attente, le train s'est remis en marche, tout s'est passé sans bruit, sans tumulte, sans accident, et le temps d'arrêt a été de... une demi-minute ! Grâce à une ingénieuse découverte, le train peut se remettre en marche à grande vitesse en une ou deux minutes.

Cette admirable discipline simplifie les difficultés du service. Tous les trains, même ceux de marchandises, marchent à égale vitesse ; et la force des machines, l'ardeur et l'adresse des employés, rendent les retards excessivement rares. L'année précédente, un seul train avait subi en temps de neige un retard de quinze minutes !

L'emploi de la grande vitesse pour le transport des marchandises avait été longtemps suspendu. Elle paraissait trop préjudiciable à la compagnie. L'expérience de deux années a prouvé que les pertes, conséquences du transport à grande vitesse, étaient couvertes, et au delà, par une foule d'économies : administration moins coûteuse, plus de pertes de temps et de charbon par suite de garages multiples, etc., etc. Un simple employé avait fait tous ces calculs. L'expérience en confirma l'exactitude.

J'ai dit que le chef de train était un employé de premier grade. Aussi est-il entouré d'une haute considération. Il s'en montre digne par son affabilité et son empressement.

Par ses relations journalières avec les grands et petits industriels, il connaît les besoins et les richesses de chaque canton, les industries nouvelles à aider, les branches de commerce susceptibles de développements. Il devient puissant économiste.

Les travaux de ces hommes capables ont permis à la compagnie d'apporter des améliorations telles, que le commerce, l'industrie, le bien-être, la civilisation, les beaux-arts, semblent arrivés en peu d'années à leur apogée.

L'administration du chemin de fer est l'âme de la contrée.

Toutes ces révélations m'étaient faites par un mandarin près duquel je m'étais placé. Je l'écoutais attentivement tout en regardant le magnifique panorama qui se déroulait de chaque côté de la route. J'admirais aussi la végétation luxuriante qui couvrait les palissades. Partout des arbres de la plus rare espèce. Les arbustes nains apparaissaient aussi en quantité prodigieuse. Pas un pouce de terrain qui ne rapportât des fleurs et des fruits.

A de courtes distances résonnait un bruit argentin. Il provenait des petits kiosques où habitent les gardes. Ces habitations sont souvent en porcelaine blanche, avec des tours ornées de grelots qui chantent au moindre souffle du vent.

Cinq minutes avant l'arrivée du train, une décharge électrique fait sonner bruyamment la maison de porcelaine et réveille le garde le mieux endormi.

Le chef de train me tira en ce moment de ma contemplation pour me demander mon billet, s'informer de l'état de ma santé, et m'inviter à me rafraîchir au buffet. Je le remerciai de ses offres, et profitai de l'occasion pour lui exprimer les sentiments douloureux qui m'avaient assailli dans mon voyage sur les chemins de fer noirs et la joie extrême que j'éprouvais en ce moment.

« Je cherche vainement, lui dis-je, les causes de ce contraste singulier; mon esprit se perd en vaines conjectures. »

« Bien simples sont les causes, me répondit-il. Les lois sont les mêmes, ici et là-bas; mais l'organisation est complétement différente. Une courte explication suffira pour vous dévoiler le mystère. »

Il s'assit près de moi, nous fit servir du thé et continua ainsi :

«Là-bas, l'organisation repose sur une vieille et sotte coutume.

« Rien n'arrive directement aux chefs supérieurs. Le public n'est jamais en contact qu'avec des employés subalternes. Les chefs, ne voyant rien par eux-mêmes, ignorent ce qui se passe, et sont impuissants à réparer le mal ou à le prévenir.

« Ici, c'est tout le contraire. On a suivi le système

pratiqué dans le commerce. En entrant dans le plus grand magasin de Pékin, vous serez reçu, non par un valet, mais par le maître de la maison ou son associé. Il vous écoute, transmet ses ordres, et, sans jamais rien faire, sait et voit tout ce qui se fait. Les conséquences sont incalculables. Le service arrive en peu de temps à sa perfection. Ainsi les chefs de train, chefs de gare, tous ceux qui se trouvent chaque jour en contact avec un public nombreux, sont employés de première classe.

« Là-bas, les chefs ne sont stimulés que par l'espérance de gratifications. Ici rien de semblable. Jamais de gratifications; seulement, nos traitements sont triples de la moyenne des leurs. Si notre travail est plus pénible, il est de plus courte durée. Au bout de quinze ans, nous pouvons nous retirer avec une retraite très-honorable. Souvent nous sommes appelés à des fonctions d'État. »

— Comment! m'écriai-je, vous pouvez franchir des distances aussi considérables?

— Il n'existe pas la distance que vous supposez, reprit-il en souriant; vous ignorez l'école préparatoire.

— Quelle école ?

— Dans les chemins de fer noirs, les emplois sont donnés au hasard. Les chefs d'abord ne sont tels que par leurs richesses, leurs relations, leurs familles, et nullement par leur capacité réelle, sauf quelques exceptions. Les emplois ordinaires sont donnés à l'avenant, sur la recommandation d'un des chefs, recommandation obtenue par son valet de **chambre**, ou madame une telle, ou l'ami de monsieur un tel. Chez nous, tout cela fait rire de pitié ; notre seul protecteur est le talent prouvé.

« Pour arriver à ce résultat, la compagnie a créé diverses écoles gratuites et publiques pour tous ceux qui ambitionnent une place dans la compagnie. Là, le travail est rude, les épreuves difficiles, les **concours** nombreux. Quand on sort de là, on est très-savant sur tout ce qui concerne l'administration ; on a subi tous les apprentissages, depuis celui de graisseur jusqu'à celui de chef. On a en outre étudié tous les rapports des chemins de fer avec le commerce intérieur et extérieur, l'industrie, l'agriculture et **la** civilisation.

— Un véritable cours d'économie politique !

—Vous l'avez dit. Comprenez-vous maintenant qu'il ne puisse pas se glisser chez nous une seule capacité équivoque ? Loin de nous abrutir dans l'exécution d'une consigne aveugle, nos études pratiques se continuent pendant notre vie en chemin de fer. Lorsque nous sommes arrivés au grade d'employés de première classe, il n'est pas d'emplois dans l'Etat où nous ne puissions arriver.

— Tout ce que vous me racontez est admirable. Mais comment se fait-il que votre exemple ne soit pas suivi par les chemins de fer noirs ?

—Le mal, quand il est enraciné, est long à détruire. Du reste, l'amélioration pénètre petit à petit. Le prince juste les a déjà forcés de donner la vie aux contrées qu'ils avaient dédaignées, et les a forcés de s'irradier en embranchements multiples. Enfin, le conseil supérieur les surveille et les stimule. Personne n'ignore que leur organisation sent la décrépitude, que leurs bureaux suintent la routine, et que les capacités qui s'y introduisent par hasard y sont comprimées. Ils sont égoïstes, commerçants rapaces; ils n'avaient jamais voulu comprendre qu'ils formaient des établissements d'utilité publique. Mais aujourd'hui, ils leur faut bien plier devant l'opinion générale, et les ordres supérieurs. Du reste, la transformation sera moins difficile qu'on pourrait le croire. La raideur et l'entêtement de tous ces potentast sont plus apparents que réels. Ils sont souples en temps opportun.

Des roseaux peints en fer ! — a dit un sage ! —

En ce moment le sifflet retentit. Nous arrivions à la jolie ville de Per-fec-ty-on-zé. A la station précédente, des employés de l'octroi étaient montés, et avaient appelé séparément tous les voyageurs qui devaient faire visiter leurs bagages, pour éviter des pertes de temps à la gare. Ces employés avaient demandé à tous s'ils désiraient des voitures à l'arrivée, et le télegraphe électrique avait transmis les ordres.

Nous fîmes une entrée brillante en gare. A peine descendus, on nous mit en rapport avec nos voituriers. En un instant, les bagages innombrables furent distribués sur une longue table à rouleaux.

Quelques minutes plus tard, nous assistions à une fête fantastique digne des *Mille et une Nuits;* elle fut terminée par un feu d'artifice grandiose. La pièce principale représentait une locomotive fumante. Au-dessus étincelait une couronne d'où s'échappaient des myriades de paillettes bleues et jaunes. Sur un fond vert se détachait en torsades enflammées la devise de la compagnie : « Je porte l'humanité et sa fortune. »

FIN

Récépissés nouveaux modèles, conformes à l'arrêté ministériel du 1er septembre 1856, et aux nouveaux cahiers des charges imposés aux compagnies des chemins de fer du Nord, d'Orléans et de Lyon–Méditerranée.

PETITE VITESSE.

Souche.

Paris, le 10 juin 1858.

Reçu de M. *X****, demeurant à *Paris, rue*   n^o,   *une caisse* marquée **CT** n° 120, du poids de *cent quatre-vingt-six* kilog, payant pour *cent quatre-vingt-dix*, que je m'engage à faire transporter à raison de 125 kilomètres par vingt-quatre heures, délai de départ et d'arrivée non compris, à l'adresse de M.   *marchand à*   pour le prix total de

L'employé chargé du service d'*Orléans.*

X ***.

Et contre remboursement de la somme de

Retour d'argent *franco.*

GRANDE VITESSE.

Paris, ce 2 novembre 1858.

Reçu de M ***, *marchand,*   demeurant à *Paris,* rue   n^o *une caisse de*   marquée, **CD**, n^o   du poids de *huit* kilog, payant pour *dix*, que je m'engage à faire transporter par le premier train des voyageurs, qui aura lieu à *dix* heures *quinze* minutes du *matin*, à l'adresse de M.   à   en gare, pour le prix total de

L'employé chargé du service du Nord,

***.

Et contre remboursement de la somme de.

Retour d'argent.

TABLE

—

LIVRE III

REGISTRE DES RÉCLAMATIONS.

LIVRE IV

DES SALLES D'ATTENTE.

LIVRE V

PENDANT LE TRAJET. — DES TRAINS ET VOITURES. — DES CRIMES, DÉ-LITS, ET CONTRAVENTIONS COMMIS DANS LES VOITURES. — TEMPS D'ARRÊT. — BUFFET. — DE QUELQUES EMPLOYÉS.

LIVRE VI.

ARRIVÉE.

LIVRE VII

LES TARIFS.

LIVRE VIII

DES ENTREPRISES DE TRANSPORT.

LIVRE IX

TRANSPORT DES MARCHANDISES. RESPONSABILITÉ.

LIVRE X

TRANSPORT DES ANIMAUX.

LIVRE XI

DES OBJETS PERDUS OU NON RÉCLAMÉS.

LIVRE XII.

DU TÉLÉGRAPHE ÉLECTRIQUE.

LIVRE XIII.

COMPÉTENCE.

LIVRE XIV

LES CHEMINS DE FER CHINOIS.

FIN DE LA TABLE.

Paris — Impr. De Soye et Bouchet, Place du Panthéon, 2.